KB170348

젠더 감정 정치

젠더 감정 정치

지은이 임옥희

발행 고갑희 **주간** 임옥희 **책임편집** 사미숙

펴낸곳 여이연

주소 서울 종로구 명륜4가 12-3 대일빌딩 5층

전화 (02) 763-2825 **팩스** (02) 764-2825

등록 1998년 4월 24일(제22-1307호)

홈페이지 http://www.gofeminist.org

전자우편 alterity@gofeminist.org

초판 1쇄 인쇄 2016년 6월 1일

초판 2쇄 발행 2017년 1월 15일

값 22,000 원

ISBN 978-89-91729-29-2 93330

잘못된 책은 바꿔 드립니다.

페미니즘 원년, 감정의 모든 것

젠더 감정 정치

임옥희 지음

도서출판 여이연

차례

서문

　'그 해는 여성혐오가 시대정신이었다.' 이런 구절과 마주한 가까운 미래의 인류들(2045년쯤으로 해두자.)이라면 인류역사상 그토록 야만적인 시절이 있었다는 사실에 화들짝 놀랄 것이다. 마녀사냥이 극심했던 중세의 이야기쯤으로 상상했다가, 고작 한 세대 전인 2016년까지 여성혐오가 그처럼 극성이었다는 사실에 미래의 인류는 충격을 넘어 공포를 느낄 수도 있다. 2016년에 이르기까지 그랬다면, 2045년에도 그런 일이 되풀이되지 말라는 법은 없지 않을까 하는 막연한 불안에 그들은 사로잡힐 수도 있을 것이다.

　여성혐오가 시대정신이라고 한다면, 남성들은 자기들끼리 연대감과 소속감을 다지기 위해서라도 혐오의 한 마디쯤은 거들어야 할 것 같은 강박에 사로잡힐지 모른다. 그런 한 마디는 남성동성사회의 결속을 다지는 젠더정치적 감정으로 작동한다. 이와 같은 현상은 양극화가 초래한 경제적 공포, 다문화사회에 대한 문화적 불안, 계층상승의 좌절로 인한 정치적 혐오와 불가분의 관계에 있다. 한국사회에서 그런 증상은 '이생망'(이생에서는 이미 망했다), 금수저/흙수저, n포

세대에서 보다시피, 초탈, 체념, 우울, 혐오 등으로 나타난다.

페미니스트들이 이처럼 혐오의 대상이 되자, SNS에서 '#나는 페미니스트다'라는 해시태그 운동이 전개되기도 한다. 엠마 왓슨Emma Watson, 비욘세Beyonce 뿐만 아니라 베네딕트 컴버배치Benedict Cumberbatch 와 같은 1세계 백인 남성 부르주아 이성애자 셀렙Celebrity이 '#나는 페미니스트다'라고 선언하는 희한한 시대가 되었다. 과도한 여성혐오가 페미니즘에 대한 관심과 사랑을 촉구하는 '마법적인' 반전의 계기로 작동한 셈이다.

여성혐오/여혐혐(여성혐오에 대한 혐오)에서 보다시피 소셜 미디어가 감정의 정치에 미치는 영향력은 지대하다. SNS로 확산되는 정동affect[1]은 진위의 사실판단과는 상관없이 빛의 속도로 전파된다. 여성들이 실제로 혐오스러운 행동을 했든 하지 않았든 상관없이 그들이 그렇게 할 수만 있었더라면 '그렇게 했었을 것'이라는 가정은 은근슬쩍 '했다'로 전도되면서 정당화된다. 사실이 아닌 것으로 밝혀진다고 한들, '아니면 말고'로 끝나버린다. '내가 그렇게 느꼈다'는 것에 무슨 증거가 필요한 것은 아니다. 이처럼 막연하게 떠다니는 불안과 위협에서 비롯된 혐오감은 사실확인을 책임질 필요가 없으므로 접속자들 사이에 바이러스처럼 퍼져나간다.

우리는 확실하고 명징한 이성적 판단에 이르기 위해 변덕스런 감각과 육감을 억제하려 하지만, 그것은 불가능한 꿈이다. 그 점은

---

1. 포괄적인 개념으로서 정동은 주관적 감정, 인지적 경험, 생리적 요소, 무의식적 환상을 포함하는 복합적인 심리생리학적 상태를 아우르는 감정의 흐름이자 움직임이다. 정동 연구에 관한 것은 『정동 이론』, 멜리사 그레그 외 편저, 최성희·김지영·박혜정 옮김, 갈무리, 2015, 14–55쪽 참조.

사회변혁과정에서 감정의 정치가 합리적 설득과 이성적 판단을 압도한다는 사실에서도 잘 드러난다. 사회변혁운동은 사랑하는 사람을 잃은 슬픔, 불평등과 차별에 대한 분노, 타자의 고통에 대한 연민, 무기력한 자신에 대한 수치심, 부당하고 부패한 질서에 대한 혐오와 공격성 등을 정치적으로 배치하여 정당성을 확보하고자 한다. 정치적 탄력성과 방향성을 상실하고 방황하던 페미니즘이 감정의 젠더정치를 통해 운동성과 추진력을 재활성화하려는 것도 이런 현상과 결코 무관하지 않다. 감정은 고정된 좌표를 갖는 것이 아니라 몸들 사이를 흘러 다니는 강렬한 만남이자 힘들의 흐름이기 때문이다. 그로 인해 페미니즘은 계급/인종/젠더/섹슈얼리티에 접속되는 감정의 정치에서 '새로운' 정치적 상상력을 회복해보고자 시도한다.

초기 페미니즘의 정치적 상상력은 근대적 해방운동과 더불어 시작되었다. 페미니즘은 모든 차별로부터 해방을 지향하는 근대적 진보운동의 한 흐름이었다. 그들은 자유, 평등, 인류애와 같은 근대적 이상이 실현되면 모든 사람들이 행복해지리라 믿었다. 하지만 근대적 꿈이 악몽으로 드러난 이후, 페미니즘의 해방기획은 옛사랑의 잔해로 남은 것처럼 보인다. 근대의 약속이 언제나 약속일 뿐이라고 한다면, 그것이 가진 힘은 구체적인 실현가능성에 있다기보다는 약속 자체에 있다. 근대적인 해방에의 약속은 한 번도 실현된 적이 없으므로 상실할 수도 없다.[2] 실현된 적이 없는 혁명에의 애착은 애도조차 할 수 없는 사랑이다. 좌절된 근대적 약속은 정치적 우울로 귀환한다. 그럼에도 버림받

---

2. Wendy Brown, *Politics Out of History*, Princeton University Press, 2001, p. 21.

을까봐 질 나쁜 애인의 헛된 약속에 매달리는 중독된 연인들처럼, 혁명에 대한 낭만적 사랑은 잔인한 희망고문이 되고 있다. '내일은 나아지리라, 내일은 달라지리라'고 믿으면서.

글로벌 양극화 시대에 더 이상 분노의 조직화나 혁명의 선물은 기대하기 힘들다. 우리 시대는 탐욕을 선으로, 가난을 수치로 여긴다. 그런 의미에서 선악의 윤리는 전도된다. 1886년에 출판된 로버트 루이스 스티븐슨Robert Louis Stevenson의 단편, 「지킬박사와 하이드 씨」에서 지킬은 선량한 인격, 하이드는 악한 인격을 상징한다. 19세기 지킬은 자기 안에 선악의 두 얼굴이 있다 할지라도 악한 하이드가 튀어나오는 것을 억제한다. 반면 21세기에 이르면 하이드는 선한 지킬이 튀어나올까봐 오히려 경계한다. 21세기의 기업가적 주체는 선량한 지킬이 아니라 잔인한 하이드가 되어야 한다. 기업가적 주체entrepreneur subject는 타인에게 공감해서는 안 된다. 조엘 바칸Joel Bakan은 자신의 저서 『기업에 포위된 아이들』에서, 기업을 인격체에 비유한다면, 반사회적 인격장애인 사이코패스라고 주장한다. 농성중인 해고노동자들이 손배소에 시달리다가 수 십 명이 자살해도 냉담해야만 기업은 성장할 수 있다고 한다. 기업가적 주체는 자기 안에 혹시 있을지 모르는 공감세포가 튀어나올까봐 노심초사한다. 기업가적 주체가 '공감'과 '연민'에 사로잡히면, 기업은 살벌한 경쟁시대에 살아남지 못하고, 노동자들은 일자리를 잃게 된다. 그들에게 공감과 연민은 악이고, 냉담과 무심은 선이라는 경제논리가 팽배해있다.

하지만 부채와 고통 사이의 균형을 돈으로 지불하도록 한다는 점에서 자본주의적 회계는 정확할 뿐만 아니라 관용적이다. 전근대적 사회에서 부채는 채무자의 고통으로 탕감되었다. 채권자는 부채에 해당하는 만큼의 고통을 채무자의 몸에서 쥐어짜냈다. 심청전에서 보다시피 아비의 부채는 딸의 목숨으로 갚아야 한다. 그런 측면에서 자본주의는 관용적일 뿐만 아니라 민주적이다. 누구에게나 똑같이 소비하라고 명령한다는 점에서 민주적이고, 고통 대신 돈으로 갚으라고 한다는 점에서 관용적이다. 게다가 모든 사람들을 무차별적으로 호명하여 부채인간으로 만든다는 점에서 평등하다.

소비하라고 명령하는 소비자본주의는 합리적 소비자가 아니라 '부채인간'을 양산한다. 은행, 학교, 금융기관, 기업할 것 없이 부채인간을 만드는 데 공모한다. 가진 자들에게 부채는 곧 자산이지만, 못가진 자들에게 부채는 지연된 파산이다. 기업은 파업노동자들에게 손배소와 범칙금과 가압류를 선물하고, 학교는 학자금융자로, 은행은 주택담보융자로 빚 폭탄을 안긴다. 부채인간의 미래는 선물상품이 되고 부채의 담보물이 된다. 부채에 바탕한 신용$_{credit}$사회는 신앙$_{credo}$을 대체한다. 부채를 권하는 사회에서 윤리적 주체는 무슨 짓을 하든지 간에 부채를 갚아내는 사람이다.

2008년 미국발 서브프라임 모기지로 인한 부채폭탄은 결국 글로벌 금융위기를 초래했다. 그러자 신자유주의로는 더 이상 안 된다는 목소리들이 여기저기서 터져 나왔다. 과거 한 세대 동안 신자유주의 경제정책을 기반으로 한 새로운 자유방임과 시장규제완화가 경제적인 표준$_{normal}$이었다면, 2008년 금융위기 이후부터는 3저 현상(저성장,

저소득, 저수익)이 새로운 표준new-normal이 되고 있다. 중국 또한 이제 10%대의 고도성장이 아니라 성장의 둔화 자체가 정상적인 경제성장 궤도에 진입한 것이라고 주장하면서 그것이 새로운 경제적 표준이라고 말한다. 서브프라임 모기지 등으로 폭등했던 부채비율을 낮추고, 부채인간을 양산했던 정책을 정부가 개입하여 통제해야 한다고들 한다. 3저 현상으로 인해 사회전반은 양극화되고 삶의 질은 하향평준화 되고 있다. 일자리가 급격하게 줄어드는 시대에 노조는 무력화되어 정치투쟁은커녕 '임금'투쟁조차 하기 힘들다. 동일노동, 동일임금, 성별고용평등, 노동할 권리의 요구와 착취에 대한 저항은 언감생심이다. 비정규직이 당연시되는 불안하고 불확실한 시대의 청년들은 무급인턴일지라도, 그저 출근한다는 사실에 안도하게 된다.

뉴 노멀의 시대 사회전반의 보수화가 급격하게 진행되면서 불평등은 당연시된다. 불평등은 철폐의 대상이 아니라 새로운 질서가 되고 있다. 2015년 1월 3일 전미경제학회 연차학술대회에서 『21세기 자본』의 저자인 토마 피케티Thomas Piketty와 『맨큐의 경제학』으로 유명한 보수주의 경제학자 그레고리 맨큐Gregory Mankiew 사이에 논쟁이 있었다. 이 세미나에서 토론자로 나선 맨큐는 '부의 불평등이 어때서?'라고 반문했다. 상위 1%가 부를 독식하는 것은 경제적 기여의 당연한 대가라는 소신을 밝혔다. 맨큐는 자본주의의 목적은 자본축적이므로 자본주의는 부의 불평등을 지향한다는 점에 주저없이 동의한다. 그러므로 상위 1% 가진 자들이 시혜로 나눠주는 떡고물로 살아가는 99%는 권리를 주장할 것이 아니라 시혜와 관용을 간청하라는 것이다. 뉴 노멀의 시대 자유, 평등, 정의와 같은 근대적 약속은 추문거리가 된다.

불안과 불확실성의 시대, 이성적 주체의 자리는 인공지능AI: Artificial Intelligence에게 내어준 것처럼 보인다. 칸트에 의하면 이성적 주체는 무슨 일이 있어도 감정에 흔들리지 않으며 자신의 행복과도 무관하게 사심 없이 보편적 정언명령에 따르는 주체다. AI는 계급, 인종, 젠더, 종교와 무관하고 기분의 기복과 감정의 동요 없이 보편적 준칙(신이 정해준 프로그램을 준수하는)에 따르며, 프로그램된 법칙을 '무차별적으로' '사심 없이' 실행한다. 자기 안에 보편 이성을 설치하려고 했던 칸트의 계몽기획이야말로 AI로 가시화되고 있다.

이성을 AI에게 넘겨버리고 나면, 아이러니하게도 인간이 믿을 곳은 불신의 대상이었던 감정뿐이다. 감정은 끊임없이 움직임으로써 이성적 기획에 완전히 포획되지 않는다. 감정마저 자본의 회로에 포획된 시대라고는 하지만, 그럼에도 불구하고 감정은 변덕과 우연성과 불확실성으로 인해 고착에 저항한다. 인류의 집단지성을 기계적 이성과 자본에 넘긴 시대지만, 아직까지 몸에 각인된 감정과 그런 감정들이 넘나드는 경계선으로서 '피부자아' 만큼은 완전히 수치화될 수 없는 잉여와 포획될 수 없는 (잉여)쾌락으로 남는다. 그런 맥락에서 과거에는 이성과 대비하여 열등한 것으로 무시되었던 감정의 특징들, 즉 예측불가능성, 우연성, 돌연변이성, 변칙성이 변화의 가능성으로 열리게 된다. 그것은 경제논리로 깔끔하게 설명되지 않기 때문에, 자본화, 지수화, 기계화가 어렵고, 그래서 자본주의 너머를 상상하도록 해준다.

흔히 공감, 사랑, 연민, 관용 등은 긍정적 정동이고, 혐오, 증오,

폭력성, 수치심, 모멸감 등은 부정적인 정동으로 알려져 있다. 하지만 감정은 그 자체에 선악의 개념이 실려 있다기보다는 그것을 어떻게 정치적으로 배치하느냐에 따라 윤리적 혹은 비윤리적인 것으로 전환될 수 있다. 페미니즘이 감정의 젠더정치에 주목하는 이유도 그 때문이다.

이 글에서는 자본주의 너머를 상상하기 힘들어진 '자본주의 리얼리즘' 시대임에도 불구하고, 그것에 '마법'처럼 균열을 낼 수 있는 다양한 감정들의 젠더 정치에 주목하고자 한다. 여기서 마법이라고 함은 감정의 우연성, 예측불가능성, 전파력을 의미하는 것이다. 여성혐오가 폭발하면, 복잡다단한 이유들이 '마법적'으로 합류하여 여성친화적 정동으로 전환될 수도 있다. 혐오가 친화로, 증오가 사랑으로 가역적으로 변형되는 정동의 사회심리적 공간에 주목하는 것이 페미니즘의 감정 정치이다. 이런 감정의 젠더정치는 상징적 세계만으로는 포획할 수 없는 전언어적, 신화적 영역에 주목하는 것이기도 하다.

감정은 다양한 얼굴로 다가온다. 행복한 모습 아래 모호한 슬픔이 감춰져 있을 수도 있다. 수치와 낙인이 자부심으로 전환될 수도 있다. 공격성, 우울, 애도, 마조히즘, 혐오, 수치, 자괴감과 같은 온갖 정동들은 지하로 흘러 들어가 서로 뒤섞이게 된다. 이처럼 우연성, 일탈성, 변칙성에 바탕한 감정은 정치경제적, 문화적 맥락에 따라 여러 가지 얼굴로 치환되고 전이된다. 그렇기 때문에 감정의 젠더정치는 감정의 가장무도회에 집중함으로써 젠더의 관점에서 그것을 재/해석하고 재/배치하려는 노력과 다르지 않다.

1장은 젠더 무의식의 귀환과 지형도에 관한 것이다. 젠더 무의식은 타자의 억압의 흔적이다. 젠더 무의식은 다형도착적인 유아가 남자 혹은 여자로 강제적으로 분화되어야 하는 젠더 사회화 과정에서 어쩔 수 없이 경험하는 억압에서 비롯된다. 인간은 다성적 존재임에도 불구하고 사회적 규범과 질서에 따라, 남성으로서의 정체성, 여성으로서의 정체성을 획득해야만 사회적 존재로서 인정받을 수 있다. 사회화되기 위해 자기 안에 있는 특정한 욕망을 억압해야 하고, 그로 인해 의식으로 부상하지 못한 잉여는 부착될 곳을 찾아서 떠돌아다닌다. 그런 현상이 특정한 젠더억압에서 비롯된다는 점에서 그것을 젠더 무의식이라고 명명하고자 한다. 억압된 젠더 무의식은 틈만 있으면 유령처럼 출몰한다. 1장에서는 젠더 무의식의 형성과정을 살펴보고, 맥락과 시대에 따라 젠더 무의식이 귀환하여 가시화된 형태로서 신여성(페미니스트), 팜므 파탈, 레즈비언 뱀파이어, 귀요미, 된장녀 등을 분석한다.

2장에서는 여성폭력의 회색지대를 조명하고자 한다. 모성, 보살핌, 배려, 헌신을 여성적 윤리로 설정하면서 여성에게 폭력은 없다고 주장하는 기존 페미니스트 담론은 여성이 폭력적인 수단을 통해서나마 주도권을 장악하려는 열정을 부정하는 것이다. 폭력성은 젠더와 상관없이 인간의 존재조건을 구성하지만, 그런 폭력이 젠더정치에 따라 재/배치됨으로써 어떻게 젠더이해관계를 달리하는가? 평화와 공존을 외치지만 폭력이 주는 치명적 유혹은 무엇인가? 폭력성은 어떻게 쾌락과 에로티즘, '작은 죽음'으로 연결되는가? 남성적 나르시시즘이 어떻게 윤리적 폭력이 되는가? 이러한 물음과 더불어 여성적 폭력이 어떻게 신화적, 마법적인 여성적 힘/권력으로 기능할 수 있는지를 분석한다.

　3장은 2장에 이어 '여성의 폭력성'이라는 치명적 매력에 매혹되는 남성의 젠더 무의식에 집중한다. 그로 인해 가장 신성한 것이 어떻게 비천한 것이 되고, 쾌락이 어떻게 혐오로 전이되며, 순결한 것이 어떻게 불결한 것으로 전염되고, 아름다운 것이 어떻게 추한 것으로 뒤집히는지 살펴보고자 한다. 여신 메두사는 유일(남성)신의 출현으로 비천한 괴물로 추락하고, 살모충동을 불러일으키는 아이콘이 된다. 하지만 그녀의 억압된 흔적은 남성신의 얼굴 속에서 젠더 무의식으로 귀환한다. 신성가족 안에 봉쇄된 여성의 섹슈얼리티는 성스럽지만, 가족의 경계를 벗어난 여성의 섹슈얼리티는 경멸받는다. 이성적이라고 주장해온 남성들이 머리(이성)를 잃고, 자신들이 여성의 자리라고 규정했던 바로 그곳으로 추락하면서 비체가 된다. 이성/광기, 성녀/창녀, 순결/불결, 비상/추락 등의 이분법에서 '제자리' 혹은 정상성을 규정하는 것 자체가 젠더 무의식의 정치적 배치와 무관하지 않음에 주목하고자 한다.

　4장에서는 마조히즘의 경제성에 관한 수많은 질문들과 대면한다. 여성은 고통스러운 상황에서도 잘 참고 견딘다는 점에서 본성상 수동적인가? 그렇다면 윤리적 마조히즘이라고 할 만한 희생, 헌신, 인내, 겸허를 여성적 윤리로 연결시키는 것은 반페미니즘적이고 반윤리적인가? 여성적 마조히즘과 신 앞에서 자신을 희생하는 성인들의 희생은 어떻게 다른가? 마조히즘적 성향이 누구에게나 있다고 하더라도, 그것을 여성적인 특징으로 만들어내는 것 자체가 젠더정치는 아닌가? 마조히즘은 '이성적 도덕법칙이 잔혹하게 억압해온 여성의 몸에서 리비도 충동과 쾌락을 찾아내는 것'이라고 한다면, 그런 욕구에서 젠더정치성을 찾을 수는 없는가? 마조히즘의 경제는 젠더의 정치와 어떻게 연결될 수 있는가? 마조히즘이 단지 고통의 윤리경제로 환원되지 않고, 상호인정의 욕망과 쾌락으로 연결될 수 있는 지점은 없는가? 이런 물음과 마주하면서 여성적 주이상스에서 마조히즘의 젠더정치성을 찾아보고자 한다.

5장은 수치의 양가성이 젠더의 관점에서는 어떻게 정치화되고 재배치되는지에 관한 글이다. 수치심은 사회적 약자들을 정치적 희생양으로 만들 수도 있다. 다수가 누리는 지배적 문화는 정상적인 것으로 군림한다. 한 사회의 '정상성'은 그런 기준에 미흡한 자들이 스스로를 수치스러워하면서 '자발적으로' 그것을 욕망하도록 만든다. 동일한 사건이라도 국가의 경계선을 따라 명예/치욕, 용기/비굴로 갈라지고 치욕을 당한 민족은 그것을 애국심으로 전환하기도 한다. 이런 민족국가적 전략은 수치심을 여성의 얼굴로 은유화하기도 한다. 이 장에서는 여성적 섹슈얼리티를 수치로 만든 것에 저항함으로써 그것을 자부심으로 만들어내는 안젤라 카터Angela Carter, 엘프리데 옐리네크Elfriede Jelinek의 윤리적 포르노그래피를 중심으로 논의한다.

6장에서는 추락의 재/의미화를 존 쿳시의 소설 『추락』을 통해 분석한다. 몰염치의 시대에 추락의 시학은 받아들이기 힘든 자신의 몰락과 실패를 받아들임으로써 가능해진다. 추락은 인간에게 바닥모를 깊이를 역설적으로 산출해준다. 추락으로 인해 주체는 '타자로서 자기'와 조우하게 된다. 주체의 나르시시즘이 붕괴되는 순간은 굴욕적이고 수치스럽다. 타자와 만나게 됨으로써 자신의 괴물성이 벌거벗겨지고, 주체에서 탈주체화로의 '코페르니쿠스적' 방향전환이 일어날 때, 추락의 시학이 가능해진다. 이 장은 그런 추락의 재/의미화와 젠더의 관계를 분석한 글이다.

7장은 애도의 정치에 관한 장이다. 슬픔과 눈물은 여성의 몫으로 간주되어왔다. 누구나 느끼는 슬픔이지만 슬픔은 젠더정치에 따라 서열화 되고 위계화 된다. 슬픔은 개인적인 것이므로 탈정치적인 감정으로 간주되어 왔다. 하지만 흘러넘치는 슬픔은 전염력이 강하고 공적인 성격을 띤다. 깊은 슬픔은 자기를 잃고 타자의 삶을 유령처럼 껴안는 것이다. 사랑을 상실한 슬픔은 분노로 전환되고 분노의 조직화는 정치적 변혁을 꿈꾸게 해준다. 타인의 슬픔을 자신의 것으로 빌려오고 인용하는 '애도 사이의 대화를 통해, 슬픔은 공유되고 공적인 것이 된다. 그로 인해 애도의 감정은 타자와의 공존의 가능성을 열어갈 수 있는 젠더정치로 작동할 수 있음에 주목한다.

8장은 사랑의 용도에 관한 분석이다. 급진적 페미니스트들은 성, 사랑, 결혼, 가족 등을 권력관계로 해석함으로써, 스윗홈sweet home을 스웻홈sweat home으로 탈신비화시켰다. 슐라미스 파이어스톤Shulamith Firestone에게 사랑은 남성권력의 원천이며, '남성지배'라는 건축물을 유지하도록 해주는 '시멘트'였다. 급진적 페미니스트들은 사랑이라는 이름으로 여성들에게 희생, 헌신, 봉사하게 만드는 사랑, 결혼, 가족에서부터 여성이 해방되어야 한다고 주장했다. 하지만 21세기에 이르러 그와 같은 사랑의 탈신비화는 여성의 욕망을 제대로 읽어내지 못한 것이라고 반박하면서 에바 일루즈Eva Illouz는 사랑의 용도를 다르게 분석한다. 사랑이 젠더 감정불평등의 기원으로 작동하면서도 다른 한편으로는 친밀성을 원하는 여성의 인정욕망이라는 점을 간과하게 되면, 사랑의 정치경제를 제대로 분석할 수 없다. 그런 관점에서 사랑의 물질적 토대와 젠더 무의식적 욕망을 재해석하고 있는 에바 일루즈의 사랑분석은 주목할 만하다.

9장은 21세기에 이르러 '페미니즘은 휴머니즘'이라고 선언하고 있는 마사 누스바움Martha Nussbaum의 이론을 중심으로 한다. 이성적 주체의 죽음으로 인간중심주의의 종언이 선고된 시대에, 그녀는 자유주의 휴머니즘을 재활용한다. 그녀가 말하는 휴머니즘과 페미니즘은 어떤 것일까? 자유주의 페미니스트로서 그녀는 혐오, 수치심, 사랑, 공감, 연민이라는 감정적 영토에 집중한다. 이런 감정들을 '정치적 감정'으로 활용하려면, 서사적 상상력이 필수적이라고 그녀는 주장해왔다. 이 장은 그녀가 주장한 페미니즘이 휴머니즘과 만나 어떻게 재활용될 수 있을 것인지, 그 점을 성찰적으로 살펴보고자 한 글이다.

여기에 실린 글들은 젠더를 넘어서 퀴어젠더를 주장하는 시대임에도 불구하고 다시 한 번 감정의 젠더정치에 주목하는 데서 페미니즘의 정치성을 찾으려는 시도이다. 아직 도래한 적이 없는 미래의 약속으로서 페미니즘을 다시 시작하기 위해 감정의 젠더정치를 분석한 글들이다.

1장

젠더 무의식

1. 젠더 무의식의 지형도

페미포비아 femiphobia

한동안 한국사회에서 페미니즘은 좌파운동이 잃어버린 급진적 해방운동을 위한 구원투수 역할을 해왔지만, 지금은 조롱을 넘어 혐오의 대상이 되고 있다. 페미니즘 운동이 활발하게 전개된 지 한 세대 동안 일어난 변화다. 페미니즘 운동은 그 동안 진보를 향해 뛰었다고 생각했는데, 뒤를 향해 출발선상으로 되돌아온 느낌이다. 마치 『이상한 나라의 앨리스』에 등장하는 붉은 여왕처럼, 페미니스트들은 힘껏 달려서 겨우 제자리를 유지하거나 아니면 '미래의 과거'를 향해 나가고 있는 것처럼 보인다.

이런 상황에서 페미니즘에 관심사가 쏠리는 '마법적인' 순간을 맞이하게 되었다. 그것도 '페미니스트가 싫어요, 그래서 IS가 좋아요.' 라는 메시지를 남기고 시리아로 떠난 '김군' 때문이었다. 게일 루빈 Gayle S. Rubin은 1950년대 미국의 매카시즘 광풍은 1970년대에 이르러 동성애공포증으로 이동했다고 주장한 적이 있다.[1] 반면 반공주의와

---

1. 게일 루빈, 『일탈』, 임옥희 외 옮김, 현실문화, 2015, 229쪽.

냉전논리가 여전히 기승을 부렸던 1970년대 한국의 '빨갱이' 공포는 2015년에 이르러 페미포비아 femiphobia[2]로 출몰한다. 70년대 이승복 소년은 '공산당이 싫어요!'라고 했다면, 2015년 김군은 '페미니스트가 싫어요!'를 외쳤다. 이 사건으로 페미니스트가 한순간 검색어 1위에 오르는 기막힌 반전이 일어났다. 주목받지 못하면 존재하지 않는 것으로 여기는 주목경제attention economy 시대에, 페미니즘 또한 망각되는 것보다는 오명으로나마 기억되는 편이 낫다고 위로해야 할까?

현재 페미니즘 혐오현상은 세계적인 추세처럼 보인다.[3] 글로벌 페미포비아는 글로벌 신자유주의 분위기와 무관하지 않다. 신자유주의시대의 고용유연화 정책은 모든 분야에 불확실성을 초래했다. '유연화,' '최적화'가 지배적인 사회에서는 자본의 순환이 빠르면 빠를수록 좋은 것으로 간주된다.[4] 자본의 빠른 순환으로 단기간에 고수익을 겨냥하는 시장논리가 지배적인 시대에, '장기적인 것long term'은 경직되고 비경제적인 것으로 간주된다. 이런 시장논리에 따르면, 정규직보다는 비정규직이, 비정규직보다는 시간제가 고용유연화에 도움이 된다. 그렇게 되면 미래의 설계가 힘들어진다. 일자리를 얻는다 하더라도 언제 잃을지 모른다는 불안은 경제적 공포와 사회적 우울로 퍼져나간다.

속전속결의 시대에 장기간에 걸쳐 축적되는 가치들은 무너질 수밖에 없다. 헌신, 희생, 신뢰, 정직,[5] 양육, 보살핌과 같은 가치들은

---

2. 페미니즘 포비아feminism phobia가 너무 길어서 필자가 축약한 단어이다.
3. 막말로 유명한 미국 공화당 대통령 후보인 트럼프Donald J. Trump는 페미니스트/동성애자/무슬림/이민자들을 적대세력으로 삼아서 미국 백인 하층민들의 혐오와 울분을 활용하고 있다.
4. 리처드 세넷, 『신자유주의와 인간성 파괴』, 조용 옮김, 문예출판사, 2002 참조.

오랜 세월에 걸쳐 형성된다. 전통적으로 여성들이 담당해온 이러한 가치들은 노력에 비해 경제성은 형편없다. 또한 이윤을 창출하지 못한다는 점에서 노동이라고 하기에는 미흡한 '집안일'에 불과했다. 하지만 여성들 또한 오랜 세월 무보수 가사노동에서 벗어나 성평등을 지향해왔다. 그로 인해 여성의 무보수 가사노동, 감정노동, 양육노동을 당연한 것으로 여겼던 사람들은 그런 역할에서 벗어난 여성들에게 원망과 배신감과 분노의 감정을 드러내게 된다. 아이를 '제대로' 돌보지 않은 엄마들보다 사회적 공분의 대상은 없다. 한편 '맘충'이라는 표현에서 보다시피 개념없는 과잉돌봄 또한 과소돌봄 만큼이나 혐오의 대상이 된다.

앙드레 고르Andre Gorz가 지적하듯, 자본주의사회에서 윤리는 오로지 이윤을 남기는 것이다. 이윤이 윤리인 시장사회에서 끊임없이 이윤을 남기려면 상품은 빨리 소모되어야 하고 자본은 최대한 빨리 회전되어야 한다. 따라서 '최소의 필요'에도 '최대의 소비'가 일어나야 한다. 최소한의 필요에도 최대한의 소비를 욕망하려면 반사회적 감성을 자극해야 한다. 더 많은 소비가 미덕인 사회에서 개인들은 소비를 통해 남들과 구별짓고, 사랑하고, 질투하고, 미워하면서 경쟁하게 된다. 사회적 지위와 인간의 가치가 태생적 신분이 아니라 소비능력으로 규정되는 사회이기 때문이다. 이처럼 소비를 통한 구별짓기가 자기실현의 한 형태로 간주되는 마당에 '반사회적' 감정이 사회적인

---

5. 정직이라는 가치가 사라진 시대다. 정직 대신 시장에서 효율성이 모든 가치를 대체해버린 시대이기 때문이다. 여기서 '정직한' 노동으로서 양육은 투기나 투자와 달라서 정직한 노동과 시간을 필요로 한다.

것으로 통한다 하여 하등 이상할 바 없다. 비정상으로 여겼던 반사회적 감정이 지금은 '정상적인' 사회적 감정이 되고 있다. 반사회적 감정이 새로운 정상new-normal으로 군림한다. 그러다보니 이윤축적을 위한 탐욕은 좋은 것이 되고, 패자를 대하는 냉담한 태도가 '쿨'한 것으로 권장된다.

소비는 노동과 완전히 분리되고 소비자와 생산자는 양극화된다. 생산자가 동시에 소비자라는 사실을 분리시킴으로써 노동자성은 사라지고 소비자성만 부각된다. 노동과정과 분리된 생산자는 시장에서 소비자로만 정의된다. 노동자는 수동적이고 무기력한 반면 소비자는 능력자로 비친다. '필요의 독재'에서 해방된, 소비자로서 고객은 왕이 된다. 소비자로서 왕은 물신의 신전에 경배한다. 존 버거John Berger는 이런 조건 아래서 '힘들게 노동하는 자아'는 '대접받으며 소비하는 자아'를 질투한다고 말한다. 고용이 불확실한 시대, 한가롭게 소비하는 자아처럼 보이는 여자들은, 일하고 싶어도 일자리가 없는 남성들의 불안한 심기를 불편하게 만든다. 남성이라고 하여 하나의 남성인 것은 아니므로, 일자리를 위협받는(다고 가정하는) 남성들은 자신들과 경쟁하는 여성들이 얄밉다. 그러다보니 경제적 걱정없이 한가롭게 소비하는 자아의 이미지로 포장된 '된장녀'는 선망과 미움의 대상이 된다. 여기서 한 걸음 더 나아가면, 여성이라면 누구라도 될 수만 있다면 '된장녀'가 되고 싶었을 것이라는 '가정'은 기정 '사실'이 되어버린다. 현실을 살아가는 실제 여성들이 된장녀인지 아닌지는 그다지 문제가 되지 않는다.

자본의 회전속도가 빨라지고 생산성이 높아질수록, 사람이든 물건이든 신속하게 쓰레기가 된다. 이런 사회에서 임금노동자의 최종목표는 그가 생산해내는 물건이 아니라 자신의 생산활동을 통해 벌어들이는 임금이다. "노동과 자본은 돈 벌기가 그들의 궁극적 목적인 한 서로의 대립을 통해 공범이 된다. 자본의 눈으로 보면 생산의 성격은 그 수익률보다 덜 중요하고, 노동자의 눈으로 보면 생산은 그로 인해 창출되는 일자리와 그로 인해 받게 되는 임금에 비해 덜 중요하다."[6] 노동과 자본 양자 모두에게 이윤을 가져다주기만 한다면, 생산품 자체의 가치와 용도는 그다지 중요하지 않다. 이렇게 본다면 자본가와 노동자 양쪽 모두 의식적이든 무의식적이든 간에 자본의 가치증식에 봉사한다. 앙드레 고르의 입장에서 보자면, 이제 노동운동이 혁명의 미래를 담보한다는 말은 결코 실현될 수 없는 공허한 약속이 되어버린다. 노동운동이 더 이상 희망이 아니라는 사실을 인정하기 두려워서 아직도 좌파들은 '잔인한 낙관주의'에 매달린다.

아직도 노동운동의 혁명성을 신앙처럼 믿고 있는 좌파들에게 고르의 주장은 인정하고 싶지 않은 일종의 저주다. 신자유주의 시대 이후 노동자들이 자본의 이윤창출에 기여하고 공모해왔다고 하더라도 그들이 원하는 것처럼 고용이 증가되는 것도 아니다. 투쟁이 아니라 자본의 요구에 양보하여 이윤을 극대화시킬수록 노동자 자신은 더욱 열악한 환경에 내몰리게 된다. 기업의 고용유연화정책에 양보할수록 노동자들은 정규직에서 비정규직으로, 비정규직에서 계약직으로, 계

6. 앙드레 고르, 『에콜로지카』, 임희근·정혜용 옮김, 생각의 나무, 2008, 37쪽.

약직에서 시간직, 파견직으로 내몰린다. 노동자가 역사의 주체이자 혁명세력이라는 자부심은 좋았던 시절의 향수에 불과해진다. 기업의 성장은 있어도 고용의 창출은 일어나지 않는 시대다. 오히려 더 많은 이윤을 내기 위해, 기업은 더 많은 고용유연화를 요구한다.

신자유주의 시대가 말하는 '새로운' 자유는 시장에서의 무한경쟁의 자유다. 새로운 자유에는 삶의 불확실성이라는 대가가 따른다. 자유로운 주체가 스스로 선택한다고 강조하는 '선택의 이데올로기'는 선택주체의 '자유'보다는 오히려 '선택의 독재[7]에 방점을 찍는다. '선택의 독재'에는 책임이 따른다는 논리로 인해 구조적 분배불평등의 문제는 증발하고 선택에 따른 개인적 책임만 남게 된다. 인생의 성공, 자아성취, 자기실현 등 모든 행위는 한 개인의 의지와 능력에 달린 문제가 된다. 그로 인해 개별적이고 사적인 영역뿐만 아니라 공적인 영역에서 동시에 해결해야 할 젠더, 인종, 계급, 종교, 교육 등과 같은 제반범주 또한 개인적으로 해결하거나 견뎌야하는 문제로 전가된다.

다른 한편 뉴 노멀 시대의 지속적인 불황과 3저 현상은 '자비롭게도' 선택의 독재에서 사람들의 욕망을 해방시켜준다. 취업이 힘들어진 우리사회 젊은 세대들은 치열한 경쟁에 내몰리다가 자연스럽게 3포세대(연애, 결혼, 출산 포기), 5포세대(3포 + 내집마련 포기, 인간관계 포기)가 되고 있다. 삶의 하향평준화는 소비욕망을 최소화시켜, 맛있는 밥 한 끼 먹는 것으로 만족하도록 해준다. 저임금으로 살아야 하는

7. 레나타 살레츨, 「선택이라는 이데올로기」, 박광호 옮김, 후마니타스, 2014, 23−28쪽.

세대에게는 비대해진 삶의 욕망을 강제적으로 감량하게 만든다. 글로벌 자본주의 시대에 이런 현상은 한국적인 것만은 아니다. 일본의 사토리 세대, 영국의 차브chav 세대처럼 연애, 결혼, 가족을 포함하여 삶의 거의 모든 영역이 불안정하고 불확실해짐에 따라, 절대다수의 삶은 프레카리어트precariat[8]로 추락한다. 일본의 사토리 세대[9]는 욕망을 줄임으로써 삶의 만족도와 행복지수를 높인다.

하지만 불확실성 속에서 상시적 고용불안과 살인적 경쟁을 견뎌야 하는 한국사회 구성원들 대다수는 먹고 사는 문제를 해결했음에도 그다지 행복해보이지 않는다. 초등학생들의 행복지수는 OECD국가 중 꼴찌다. 출산율 또한 꼴찌다. 노인자살률과 20대의 자살률은 1위다. 이런 통계수치대로라면 소년/소녀들, 젊은이들, 여자들, 노인들, 누구도 행복해보이지 않는다. 아이들은 놀 권리를 박탈당하고, 젊은이들은 일자리가 없고, 노인들은 폐기용품이 된다. 이제 약자들끼리 서로를 벌레로 여기면서 혐오를 발산한다. 맘충, 노인충, 사배충(사회배려자충), 일베충, 심지어 설명충, 진지충, 한남충(한국남자충) 등, 인간이 벌레로 변신하는 카프카의 세계가 도래한 것처럼 보인다.

경제적 성장이 고용으로 연결되는 것도 아니고, 양극화는 극심해져도 버티고 견디라고 한다. 고용유연화라는 슬로건 아래 누구든지

---

8. 불안정한precarious+프롤레타리아트proletariat의 합성어로 비정규직, 계약직, 시급직, 파견직과 같이 상시적으로 고용이 불안정한 노동자들을 일컫는 말이다.

9. 루이치 노리토시, 『절망의 나라의 행복한 젊은이들』, 이언숙 옮김, 민음사, 2015 참조. 일본의 사토리 세대는 집, 자동차, 취업, 결혼 등을 포기하고 소비와 욕망을 최소화하면서 마치 도 닦은 사람들처럼 사는 젊은 세대를 뜻한다. 부모세대는 그들을 연민과 걱정으로 바라보지만 당사자들의 행복지수는 무려 80%에 가까웠다. 그들은 포기하고 미니멀하게 사는 것에 만족한다고 했다.

자기임금 이상의 실적을 내지 못하는 피고용인은 언제든지 해고할 수 있는 일반해고가 시행되고 있다. 경제적 공황은 사회심리적 공황상태를 동반하고, 이는 다양한 모습(불안, 분노, 공격성, 혐오, 자기파괴)으로 드러나게 된다. 많은 사람들이 불안, 불행, 좌절, 불만에 시달린다면 어딘가 쏟아낼 곳이 필요해진다. 그런 분노와 공격성이 바깥으로 향하지 않으면 자기파괴와 자기학대로 향할 것이다. 자기파괴의 공포에서 벗어나기 위해서라도 탓할 대상이 필요하다. 탓할 수 있는 가장 '만만한' 대상이 여성이다. 여성은 세상의 절반이므로 여성혐오는 다른 어떤 혐오보다 더욱 두드러져 보인다. 여성은 남자들의 머릿속, 마음 속, 집안, 학교, 직장 등 어디에나 존재한다.

　여성이 남성과 경쟁하는 시대가 열렸다고는 하지만, '동일노동 동일임금', 젠더평등, 젠더분배정의의 실현은 아직 요원하다. 2015년 3월 8일 영국경제전문주간지 『이코노미스트』가 '세계 여성의 날'을 맞이하여 발표한 OECD 국가들의 '유리천장지수Glass Ceiling Index'에서 한국은 꼴찌10를 차지한 바 있다. 한국 여성의 지위는 대단히 후진적임에도 불구하고, 한국 사회는 이미 오래전에 '성' 평등을 달성했다고 사람들은 착각한다. 한국사회에서 젠더불평등은 유리장벽처럼 투명해서 막상 부딪히기 전에는 그것이 있는지도 모르는 것처럼 보인다. 그래서 요즘 젠더평등이라는 말만 꺼내도 혐오가 터져 나온다. 노동할 권리라는 말조차 꺼내기 힘든 마당이다. 최선이 아니라, 최악이 아닌 것에 안도할 정도다. 인간을 쓰레기로 양산하는 시대에 인간에 대한

10. http://www.huffingtonpost.kr/2015/03/07/story_n_6820754.html 참조.

존중은 교과서에서나 찾아볼 수 있는 구절이 되고 있다. 이런 상황에서 영악하고 '나쁜 여자'가 되어 자기 이해관계만을 따지는 것처럼 보이는 여성들에게 억제하기 힘든 분노가 쏟아져 나온다. 여성혐오를 한 몫 거드는 것이 여성이 남성의 보호대상이 아니라 경쟁상대가 되었다는 인식이다. 남자라는 이유만으로 절반의 여성들보다는 우월하고 우월'해야 한다'는 의식이 남성들에게 아직 무의식으로 남아있는데, 이제 동등한 경쟁상대가 된 여성들은 남성들이 자기자리라고 여겼던 것들을 빼앗아 가는 위협적인 대상이 되고 있다. 전통적인 역할을 거부하는 여성에 대한 남성들의 무의식적인 두려움은 혐오로 투사된다. 전통적인 여성역할의 거부와 더불어 이제(물론 과거에도) 여성들은 성적 자율성까지 주장하고 나선다. 정치·경제·젠더의 평등과 더불어 섹슈얼리티 영역은 인간이 자신의 자유를 확장할 수 있는 영역 중 하나다. 하지만 아직까지 한국 남성들이 가장 견디기 힘들어하는 것이 여성들의 성적인 주도권이다.

이런 상황에서 터져 나오는 감정들을 이 글에서 젠더 무의식으로 분석해보고자 한다. 젠더 무의식이란 '다형도착적인' 인간이 '강제적으로' 남성 아니면 여성의 성별을 획득하기 위해 다른 성을 억압함으로써 무의식으로 가라앉은 타자의 흔적을 의미한다. 하나의 젠더로 정체화하는 것만을 정상으로 보는 사회에서 남성이 되기 위해서는 여성적인 것을 억압해야 하고, 여성이 되기 위해서는 남성적인 것을 억압해야 한다. 억압된 젠더의 흔적은 잉여로 남아 있다가 상황에 따라 다양한 정동으로 귀환한다. 여성혐오라고 하지만 혐오에는 혐오감

만 있는 것이 아니다. 혐오감은 쾌감과 밀접하게 붙어 있다. 젠더정체
성의 구성과정에서 잔여이자 잉여의 정동은 언제든 상황에 따라 모습
을 바꿔서 다르게 표현될 수 있기 때문이다. 혐오는 깊은 쾌락이 충족
되지 않을 때 사랑과 관심을 요구하는 것일 수도 있다.

따라서 젠더 무의식은 다형도착적인 유아시절 남자, 여자로 분화
되어야 하는 사회화 과정에서 경험하는 억압에서 비롯된 것이다. 사회
화되기 위해 자기 안에 있는 특정한 욕망은 억압하지 않을 수 없고,
그로 인해 의식으로 부상하지 못한 잉여를 젠더 무의식이라고 할 수
있겠다. 하지만 눌러두었던 젠더 무의식은 틈만 있으면 유령처럼 출몰
하려고 한다.

젠더 무의식은 깊은 사랑이 뒤집힌 폭력성, 살인충동으로 나타나
기도 하고, 슬픔의 자기파괴적인 모습을 보이기도 한다. 젠더 무의식
은 절박한 사랑, 불안, 공포, 분노, 슬픔, 혐오로 치환되기도 한다. 이런
정동은 성별과 상관없이 누구나 갖는 '보편적' 감정이지만, 그것을 젠
더에 따라 구획하고 배치하는 것이 감정의 젠더정치다. 그것은 젠더
이해관계가 걸린 위협적인 사건이 드러나는 순간, 의식의 표면으로
부상한다.

그렇다면 젠더 무의식은 기존의 가부장제 이데올로기와 어떻게
다른가? 구태여 젠더 무의식이라고 개념화해야 할 이유가 있는가?
젠더 무의식은 어떻게 구성되는가?

젠더 무의식과 가부장제

여성해방운동에서 '가부장제'는 핵심적인 개념이었다. 가부장제는 막스 베버Max Weber가 처음 사용한 개념으로서 아버지가 확대가족 안에서 가족 구성원들을 지배하고, 가족의 경제를 장악하고, 가족의 우두머리이자 법이 되는 특별한 가구조직 형태를 의미했다.[11] 페미니즘은 가족과 가축떼를 위시하여 대가구를 통솔하는 가족장으로서 가부장이라는 개념을 넘어서, 남성이 여성을 지배하는 현상전체로 가부장제 개념을 확장시켰다. 케이트 밀레트Kate Millett 에게 가부장제는 생물학적으로 남성이라는 이유만으로 생물학적인 여성을 지배할 수 있는 이데올로기 구조다. 사회주의 페미니스트들은 가부장제가 단순히 이데올로기가 아니라 물질적 토대를 가진 하나의 생산양식임을 규명하려 했지만 그것은 미완의 기획으로 끝났다. 다른 한편 정신분석학적 페미니스트들은 가부장제를 남성 지배/여성 종속의 구도가 아니라, 아버지와 딸의 관계로 설정했다.

줄리엣 미첼Juliet Mitchel은 가부장제의 기원을 심리적인 것에서 찾았다.[12] 『정신분석학과 페미니즘』에서 그녀는 알튀세Louis Althusser의 이데올로기론을 수용함으로써 가부장제를 이데올로기의 효과로 분석하고자 했다. 알튀세가 말하는 이데올로기는 경제적 하부구조로부터 상대적 '자율성'을 지닌다. 알튀세의 이데올로기 정의 중 하나에 의하면 이데올로기는 '실재와 맺는 상상적 관계'다. 개별주체가 이데올로

---

11. 미셸 바렛, 『페미니즘과 계급정치학』, 신현옥 옮김, 여성사, 1995.
12. Juliet Mitchel, *Psychoanalysis and Feminism*, London: Kern Associates, 1975 참조.

기와 맺고 있는 오인과 허구성을 인식한다고 해도 그런 상상적 관계에서 풀려나오기는 쉽지 않다. 따라서 경제적 계급문제가 해결되어도 '허위의식'은 해소되지 않은 채 끈질기게 남아 있을 수 있다. 미첼은 알튀세의 이데올로기론을 가져와서 계급문제가 해결된 뒤에도 여성억압이 여전히 지속되는 현상을 설명하고자 했다. 프로이트의 무의식이 무역사적인 것처럼, 미첼의 이데올로기 또한 무역사적이다. 그녀에 의하면 가부장제 이데올로기는 무의식적인 것이므로 계급 해방 이후에도 집요하게 남아 있게 된다. 최종심급으로 간주되었던 계급보다 더 끈질긴 것이 가부장제 이데올로기인 것이다. 여성해방은 계급 해방 이후에도 남아 있는 최후의 해방이며 최종의 혁명이자 가장 장구한 혁명이 되기에 이른다.

여성문제는 자본과 계급의 문제일 뿐만 아니라 젠더(섹스, 젠더, 섹슈얼리티를 포괄하는) 문제라는 점을 설명하기 위해 페미니스트들이 애용한 개념적 장치가 가부장제였다. 하지만 가부장제는 여성을 억압하는 남성지배의 여러 형태 중 한 가지 형태일 뿐이다. 그럼에도 많은 페미니스트들이 시대착오적인 가부장제 이데올로기에 거부할 수 없는 유혹을 느꼈던 것은 여성억압의 모든 책임을 가부장제 탓으로 떠넘길 수 있었기 때문이었다. 여성억압이 가부장제 이데올로기 하나 때문이라면, 그것만 척결하면 여성해방은 자동적으로 성취될 것으로 믿었기 때문이다.

이 글에서는 목축시대의 가족장을 연상시키는 가부장제 대신 젠더 무의식으로 젠더의 감정정치를 설명하고자 한다. 기존의 남성지배/

여성종속이라는 가부장제 개념으로는 남녀의 성차화 과정에서 무의식적으로 형성되는 정동을 제대로 설명할 수 없기 때문이다. 아이가 대상으로부터 분리될 때 느끼는 원초적 분리불안은 깊은 두려움을 맛보게 한다. 자신이 소멸될지도 모른다는 불안은 대상에 대한 공격성으로 전환되기도 한다. 이런 공격성은 동시에 타자의 상실에 대한 애도의 표현이기도 하다. 이처럼 주체의 형성은 대상과 맺는 다양한 정동과 애초부터 분리될 수 없다.

젠더 무의식은 오로지 여성, 혹은 남성으로만 구획하려는 사회에서 억압된 타자의 흔적이다. 그런 억압으로 인해 발생하는 정동들, 즉 타자의 상실로 인한 애도의 감정은 사랑하는 대상을 소멸시켰다는 죄책감으로 인해 공격성으로 변하거나 자기처벌로 향하기도 한다. 자신에게 쾌락을 주었던 대상이 자신을 버리고 떠났다는 것에서 쾌감은 혐오로 뒤집힌다. 이런 정동들은 그 자체로 고정된 것이 아니라 젠더 이해관계가 충돌하는 사건이 발생하면 다양한 감정으로 분화되어 표출된다. 프로이트가 말했다시피 억압된 무의식은 틈만 나면 의식으로 귀환하고자 한다. 이렇게 본다면 가부장제 이데올로기는 젠더 무의식화의 한 형태이다. 인간의 존재론적 취약성은 자기 안에 타자를 무의식으로 품고 있을 수밖에 없다. 젠더해방이 가장 장구하게 지속되는 '영구혁명'일 수밖에 없는 것도 그런 이유에서다.

시각경제와 젠더스크린

　젠더 무의식의 가시화 과정은 시선eye과 응시gaze의 관계에서 통찰을 얻을 수 있다.[13] 서구 근대 휴머니즘적 관점에 따르면, 인간은 세계에 의미를 부여하고 해석하고 변혁시켜나가는 주인이다. 인간은 세계의 중심이며 세계를 변혁시킬 능력은 인간에게 있다. 인간은 세계를 해석하는 중심인 만큼, 자신을 시선의 주인으로 여긴다. 데카르트에게서 보다시피, 코기토적 개인은 생각하는 사람이다. 생각하는 사람은 아는 사람이고, 아는 사람은 보는 사람으로 등치된다. 생각하는 사람은 세계를 봄으로써 세계를 인식하고 의미화한다. 하지만 라캉에 의하면 데카르트적 코기토는 환상의 산물이다. 개인은 세계의 중심이 아니라 세계에 '던져진' 존재일 따름이다. 던져진 존재로서 개인은 소외와 분리를 경험하면서 상징 질서로 들어가야만 주체로 호명된다.[14] 기존의 상징질서 속으로 들어간다는 것은 가부장들인 신, 왕, 아버지의 명령에 복종한다는 점에서 거세를 뜻한다. 이제 개인은 자기 자신의 주인이 아니라 거세되었다는 점에서 복종하는 '주체'로 탄생한다. 복종함으로써 거세된 주체가 세계에 의미를 부여하는 시선의 주인이 될 수는 없다. '나는 본다'에 앞서 '타자가 본다'는 것이 선행하기 때문이다. 주체는 '보는 나'가 우선이라고 생각하지만 사실은 '보여지는

---

13. 자크 라캉, 『세미나 11』, 맹정현·이수련 옮김, 새물결, 2008, 6장 「눈과 응시의 분열」 참조.
14. 상징질서와 사회적인 질서는 다른 영역이다. 아버지의 법을 상징하는 상징질서는 사회적인 질서를 넘어 초월적인 기표처럼 군림하고 있다는 점에서 버틀러와 같은 신역사주의자들로부터 비판을 받는다. 이 글에서는 젠더 무의식이 사회화 과정의 억압에도 불구하고 다양한 흔적, 진해로 남아 있다가 집요하게 귀환하는 것 자체가 상징계와의 관계에서 비롯된다고 이해하고자 한다.

나가 먼저인 셈이다. '나를 둘러싼 세계가 나를 먼저 보고 있다. '나는 그런 타자의 시선 가운데서 탄생하는 것이다. '나는 타자인 세계에 의해 보여지는 존재다. 타자가 본다는 말은 타자가 주체의 인식대상으로 고정될 수 없음을 의미한다. 이런 구도 속에서 '나는 보는 존재이지만 동시에 타자에게 보여지는 존재이기도 하다.15

　　타자의 응시에 포획되어 있는 주체의 시선은 주변을 완전히 장악할 수 없다. 그로 인해 주체의 시선이 갖는 가시적 확실성은 무너지게 된다. 기존의 인식론에서 시각은 지식을 획득하는 데 가장 우월한 감각으로 간주되었다. '백 번 듣는 것보다 한 번 보는 것이 낫다'는 속담이 있듯, 지적 인식에 있어 시각경제의 탁월성은 자명한 것으로 여겨졌다. 하지만 라캉에 의하면 시각의 우월성과 효율성은 데카르트가 주장했던 것처럼 확실하고 자명한 것이 못된다. 시각 자체가 눈으로 만지고 만져지는 것이며, 그것은 촉각으로 둘러싸인 것이다. 보는 시선을 둘러싸고 있는 타자가 있어야만 시선의 경제가 가능해진다. 주체에 앞서 세계(혹은 세계로서의 타자)가 이미 언제나 있고 그런 세계가 주체에게 의미를 부여한다. 말하자면 역사적 유물론자들이 희망하듯, 주체가 세계를 변혁시키는 것이 아니라, 기존 상징질서가 나를 빚어내는 것이다. 이런 논리의 연장선상에서 본다면, 주체의 봄은 타자의 응시로 인해 분열되어 있으므로 세계 인식의 확실한 토대가 될 수 없게 된다.

　　그렇다면 주체는 기존 질서 속에서 복종만 하고 있다는 것일까?

---

15. 라캉, 앞의 책, 8장 「선과 빛」 참조.

주체의 시선에 앞서 타자의 응시가 먼저임에도 불구하고 주체는 자신이 본다는 행위의 선재성과 우월성을 철석같이 믿는다. 이 단계가 주체의 상상계적 동일시가 일어나는 거울상 단계다.[16] 자신이 세계를 보는 시선의 주체가 되려면 타자의 응시를 억압하고 망각해야 한다.[17] 거울에 상이 맺히려면 거울 뒷면을 불투명한 박箔으로 칠해야 하는 것과 마찬가지다. 그런 의미에서 타자의 응시를 망각해야만 주체는 '본다'는 자기 행위의 주인이 될 수 있다. 타자의 응시와 시선의 주체가 겹쳐짐으로써 시각적 이미지가 스크린에 만들어진다.[18]

　따라서 시선의 주체는 스크린 너머에 있는 타자의 응시를 억압하고 망각할 때 비로소 가능해진다. 타자의 응시를 가리는 것이 스크린으로서 베일이다. 타자의 응시를 가리는 베일로 인해, 타자가 보고 있다는 사실은 은폐된다. 그럴 때 주체는 자기가 본 것의 가시성visibility이 곧 가지성intelligibility[19]이라는 상상계적인 환상을 유지하게 된다. 시선의 주체는 사실상 타자의 스크린에 투영된 것만을 보게 된다. 그럼에도 시선의 주체는 '나는 본다, 고로 나는 안다'로 착각한다. 하지만 가시성을 곧 가지성으로 등치시키는 것은 상상계의 오인과 다르지 않다. 자신의 쓸쓸한 뒷모습조차, 자기 얼굴조차 볼 수 없는 주체가

16. 라캉 이론에 대한 혼란이 초래된 것은 초기 거울상 단계에서는 대상 a가 상상적인 것의 영역에 속해 있던 반면, 후기 라캉은 상상적인 대상이었던 대상 a를 실재계의 영역에 위치시켰기 때문이다. 이로 인해 상상계에서 주체는 자신의 거울 이미지와 완전한 동일시가 일어나는 것으로 간주되지만, 후기의 이론에 의하면 주체는 상상계 너머에 있는 것을 욕망한다는 점에서 주체의 나르시시즘이 상상계의 미끼에 완전히 사로잡히지 않을 수 있는 가능성을 지젝, 콥젝 등은 주장하고 있다.

17. 이때 억압과 망각으로 인한 무의식은 페티시의 구조로 연결하고자 한다.

18. 라캉, 앞의 책, 164쪽 참조.

19. 사카이 다카시, 『통치성과 '자유'』, 오하나 옮김, 그린비, 2011, 3장 「적대의 전위: 법, 규범론」 참조.

세계를 전부 이해한다는 것은 오만이다. 아는 주체라는 환상을 심어주는 것이 베일로서 스크린의 기능이다.

이미지가 맺히는 스크린의 기능은 보여주면서 동시에 감춘다는 것이다. 또한 스크린은 감추면서 동시에 가리킨다.[20] 베일로서 스크린은 그 너머에 '무엇'이 있을 것이라고 유혹할 뿐만 아니라 베일 너머를 보고 싶다는 욕망을 유지시킨다. 베일 뒤에 있는 것이 아무 것도 아닌 '무'라고 할지라도 베일 너머에 있다는 사실이 주체에게는 관건이 된다. 베일은 베일 너머의 것이 '날 것'으로 출현할까봐 두려워하는 주체의 불안으로부터 적당한 거리를 유지해줌과 동시에 주체의 욕망을 부추기고 지속시킨다.

스크린이 전부 감출 수 없는 가장자리에 현실이 있다. 그렇기 때문에 타자의 응시 또한 완벽하지 않으며 주체를 완벽하게 포획하지 못한다. 타자의 응시는 모든 것을 포괄하는 완전한 세계가 아니다. 타자의 응시에 주체가 완전히 포획될 수 있다는 것 또한 상상계적인 착각이다. 주체가 보는 이미지와 타자의 응시는 서로 포개지고 겹쳐지고 주름이 잡힌다. 여기서 시선과 응시는 겹치면서도 분열의 틈새를 남기게 된다. 타자를 가리는 스크린 위에는 기존의 문화적 표상이 투사되고, 그것을 주체는 자신의 것으로 내투사한다. 그렇다고 해서 주체가 스크린 위의 표상과 자신을 완벽하게 동일시하여 기존질서에 오로지 복종만 하는 것은 아니다. 복종하는 주체로서 실패하는 잉여의 지점이 남아있기 때문이다.

---

20. 맹정현, 『리비돌로지』, 문학과 지성사, 2009, 2장 「새들의 사유와 제욱시스의 욕망」 참조.

주체는 타자의 응시를 모방하고 반복하면서도 타자의 가면/의태/ 위장/위협[21] 너머에 있는 것과 유희할 줄 안다. 주체는 스크린 위의 이미지와 가면놀이를 할 수 있다. 그러므로 주체는 상상계적인 미끼에 '완전히' 기만당하지 않는다.[22] 주체는 모방하되 모방은 동일한 것이 아니므로 완벽한 반복에 도달할 수 없다. 그런 맥락에서 주체는 자기 자신과 '타자의 거울에 비친 자신'의 차이를 파악하고, 틈새와 균열을 보게 되는 것이다. 이로써 주체가 이데올로기에 완전히 포획되지 않을 수 있는 가능성이 열리게 된다. 그렇기 때문에 주체의 나르시시즘은 스크린 위의 이미지와 완벽한 동일시가 아니라, 그것의 불완전성과 틈새를 발견하고 초월하려는 욕망을 지칭하는 것이라고 조앤 콥젝[Joan Copjec][23]은 주장한다. 주체가 되려면 기존질서에 복종해야 하지만, 완벽 하게 복종하지 않는다는 점에서 세계에 흠집을 낼 수 있다는 말이다. 이런 주장은 인간의 오만, 즉 세계를 변혁시키는 주인이라는 오만을 해체한 것이다. 이제 주인이 아니라 분열된 주체는 기존질서에 흠집이 나 낼 수 있으면 다행인 셈이다.

주체에게 욕망을 불러일으키면서 동시에 억압하게 만들고, 보여 주면서도 보지 못하도록 하는 이 베일은 젠더관계를 작동시키는 젠더 무의식에 대한 유비적 관계로 전환될 수 있다. 기존의 남성중심적인 사회에서 시선의 주체가 남성이라면 베일로서 타자는 여성적인 것으

---

21. 라캉, 앞의 책, 166-167쪽 참조.
22. 위의 책, 166쪽.
23. Joan Copjec, *Imagine There's No Woman: Ethics and Sublimation*, MIT Press, 2004.

로 등치된다. 타자로서 여성은 남성주체에게 시선의 주체라는 환상을 지속하게 만든다. 자신이 시선의 주체라는 남성적 환상의 베일이 찢기는 순간, 젠더 무의식이 작동한다. 자신이 시선의 주체이기는커녕 타자의 응시에 포위되어 있다는 진실과 마주치는 순간, 베일 너머에 있는 음험한 구멍으로서 타자에게 집어삼켜질지도 모른다는 공포가 스며 나오기 때문이다. 그런 공포를 가려주는 환상적 타자가 여성이라고 할 때 여성적인 베일은 감추면서도 가리키는 것이다. 여성성은 베일 너머에 있는 것을 가리킴으로써 그 너머를 보도록 유혹하는 것이다.24 이때 남성은 자신의 분열을 알면서도 감추고 싶어한다. 그런 젠더 무의식은 페티시의 마술로 나타난다.

페티시의 마술

프로이트는 남자아이가 오이디푸스화를 견뎌내는 대체방식으로서 페티시의 마술을 개념화한다. 처음에 남아는 자신이 거세될 수 있다는 사실을 모른다. 하지만 함께 놀고 있는 여자아이를 보고 거세불안을 느끼게 된다. 남자아이는 자신에게는 있는 물건이 여아에게는 없다는 사실을 뒤늦게 발견하고 비로소 거세불안에 사로잡힌다. 남자

---

24. 프로이트는 『억제, 증상, 그리고 불안』에서 무의식은 삶의 절멸annihilation, 즉 죽음을 모른다고 했다. 반면, 멜라니 클라인은 무의식에는 삶의 절멸에 대한 공포가 있다고 주장한다. 눈과 응시에서 스크린으로 스크린 너머를 은폐하려는 것은 궁극적으로는 죽음 자체와의 외상적인 만남을 은폐하고 망각하려는 것이라는 점에서, 죽음충동에 대한 반응이 삶의 절멸에 대한 두려움의 형태로 무의식 가운데 있다고 보아야 할 것이다.

아이는 엄마가 여자아이와 마찬가지로 거세된 존재임을 보고see 알지만know, 보지 않은 척함으로써 그 사실을 베일로 감춘다. 말하자면 아이는 '엄마는 거세되었어, 하지만yes but 거세되지 않았어'라는 모순적인 전략을 통해 자신이 거세될지도 모른다는 공포를 베일로 가리고 무의식으로 가라앉힌다. 엄마가 거세되었다는 사실을 인정하면, 자신에게도 그런 위험이 닥칠 수 있다는 두려운 불안이 찾아오기 때문이다. 아이는 엄마의 거세를 부인함으로써 자신의 불안을 잠재우려고 한다. 그래서 엄마의 거세를 덮어줄 수 있는 마술적인 물건들, 즉 모피, 신발, 속옷 등을 베일로 이용한다. 프로이트에 의하면 그런 물건에 리비도를 싣게 됨으로써 아이는 거세공포와 타협하고 손쉽게 성적인 만족을 얻게 된다.25

프로이트와 달리 멜라니 클라인Melanie Klein에 오면, 거세를 위협하는 존재는 아버지가 아니라 어머니다. 아이의 환상 속에서 거세시키는 어머니의 젖가슴에는 남근까지 포함되어 있다.26 남근까지 포함하고 있는 전능한 젖가슴은 원초적 초자아로 기능한다. 초자아로서 어머니는 아이의 상상 속에서 무소불위의 힘을 휘두른다. 이처럼 잔혹한 어머니는 단지 거세가 아니라 생사여탈권을 쥐고 있으므로 아이에게는 공포의 대상이 된다. 이 태곳적 어머니에 대해 아이는 오레스테스처럼 살모충동을 느낀다.27 원초적 어머니는 언제든지 자신을 죽일지 모르

---

25. 다른 남성들은 힘들게 성적 만족을 얻어내야 하는 반면, 남성 페티시스트fetishist는 페티시로부터 손쉽게 성적 만족을 얻을 수 있다. 그런 점에서 그는 자신의 거세공포와 행복하게 타협하고 상징계에서 '정상작인' 생활을 영위한다고 프로이트는 주장한다.
26. 멜라니 클라인, 『아동 정신분석』, 이만우 옮김, 새물결, 2011, 221-235쪽 참조.

기에 죽이고 싶은 존재가 된다. 오레스테스는 왕이자 자기 아버지인 아가멤논을 시해한 어머니 클라이템네스트라를 살해해야만 어머니로부터 분리되어 아버지의 유산을 물려받을 수 있다. 모친살해는 오레스테스에게 죄의식을 불러일으키지만, 그런 살해의 제스처를 통해 그는 왕권을 물려받을 수 있는 상징적 능력을 획득하게 된다.[28] 모친살해야말로 자신의 거세를 감추는 한 방식이 되는 것이다.

아이는 자신을 절멸시킬 수도 있는 어머니에 대한 공포와 증오로 인해 모친살해 충동을 느끼지만 그것을 모친숭배로 쉽사리 뒤집어놓을 수도 있다.[29] 공포를 사랑과 숭배라는 스크린으로 가려야만 자신이 죽을지 모른다는 두려움에서 벗어날 수 있기 때문이다. 이렇게 본다면 살모충동과 모친숭배는 동전의 양면이다. 어머니 숭배 내지는 모성의 과도한 이상화는 유아의 공포심이 뒤집힌 형태와 다르지 않다. 위기상황이 닥칠 때마다 주문처럼 불러내는 어머니는 공포스러운 실재를 베일로 가려주는 스크린으로 작동한다.

로라 멀비는 『페티시즘과 호기심』에서 거세위협에 대한 남성의 공포는 결국 여성을 과도하게 이상화하여 페티시의 대상으로 만들며, 이로써 남성관음증이 가능해진다[30]고 주장한다. 여성의 이상화는 남

---

27. 줄리아 크리스테바, 『정신병, 모친살해, 그리고 창조성: 멜라니 클라인』, 박선영 옮김, 아난케, 2006, 241–246쪽 참조.
28. 줄리아 크리스테바, 앞의 책, 241–245쪽 참조.
29. 그것은 마치 스타에 대한 팬들의 광적인 사랑이 쉽사리 증오로 뒤집히는 것과 유사하다. 숭배의 대상은 공포를 은폐하기 위한 것일 수 있으므로, 틈새만 있으면 사랑은 증오로 드러날 수 있다.
30. Laura Mulvey, "Pandora's box: Topographies of Curiosity", *Fetishism and Curiosity*, London: BFI, 1996, p. 56.

성 자신의 거세를 감춰줄 수 있는 베일로 기능할 때 가능해진다. 하지만 자신의 구멍이자 거세를 노골적으로 드러내는 여성은 공포의 대상이 된다. 베일 너머에 있는 공포스러운 무無로 다가올지 아니면 베일로 가린 채 아름다운 존재로 다가올지 알 수 없는 수수께끼의 존재이자, 신비스러운 존재로서의 여성은 대단히 양가적일 수밖에 없다. 남성의 시각경제에서 벗어나 있는 파악하기 힘든 여성은 기괴한uncanny 존재가 된다. 겉과 속의 차이, 아름다운 외면 안에 공포스러운 내면이 도사리고 있다는 가정은 서사의 차원에서도 자주 사용된다. 남성적인 인식의 그물망에 포획되지 않는 경우, 성모가 마녀로, 성녀가 창녀로 뒤집히는 것은 한순간이다. 무엇이 들어있을지 알 수 없는 음험한 판도라의 상자는 여성의 아름다움과 위험한 호기심이라는 이중성을 상징한다.

판도라의 이미지는 여성성이 갖는 전혀 다른 이중적인 지형을 응축하고 있다. 내면의 공간은 모성적 여성성(자궁, 집)에 대한 함축을 나타내겠지만 그것은 또한 감춰진 비밀의 공간(상자, 방)과도 연결된다. 여성스럽다는 것이 곧 비밀스럽다와 연결되는 이러한 관념은 여성성이 내면/표면의 축으로 나눠진다는 말이 된다. 프로이트는 「여성성」에서 그것은 상형문자처럼 비밀스런 수수께끼여서 해독이 필요하다고 주장한다. 여성의 표면(가면)적 아름다움은 위험과 공포를 감추기 위한 위장이자 베일이다. 그것은 어머니의 숨겨진 상처(거세된 존재)에 대한 남성의 시선을 왜곡해서 스크린의 표면에 투자하는 페티시즘의 구조로 드러난다.[31]

---

31. Laura Mulvey, *Ibid*., pp. 56-57.

여기서 젠더 차이를 형성시키는 이미지에 대한 근접성/거리의 문제가 남는다. 서구인식론에 의하면 시선은 거리유지가 가능하므로 지식의 가능성을 열어주게 된다. 거리유지와 시각에의 의존은 촉각의 직접성보다 훨씬 우월한 것으로 받아들여진다. 그것이 시각의 경제다. 사라 코프만Sara Kofman은 주체가 어머니에게서 아버지로 이행하는 과정은 감각에서 이성으로 이행하는 것과 유사하다고 말한다. 어머니에 대한 향수는 어머니의 몸과 직접적·감각적으로 맺었던 경험을 소환하고 소망하는 것이다. 아이가 어머니의 몸과 맺는 관계는 직접적이기 때문에 양자 사이에는 거리가 발생하지 않는다. 거리가 발생하지 않으면 대상을 분리시켜 '볼 수' 없다는 점에서 주체는 앎의 주체가 되기 힘들다. 반면 아이가 아버지와 맺는 관계는 추상적이다. 이런 추상적 거리유지는 볼 수 있고 알 수 있는 시각경제를 가능하게 해준다. 그러므로 몸과 맺는 추상화의 정도는 문명화의 척도가 된다[32]는 것이다.

따라서 여성은 몸의 직접성으로 인해 의미화 연쇄 속에서 남성과 같은 위치를 차지할 수 없다. 여성의 특수성은 공간적인 근접성과 관련하여 이론화된다. 여성이 몸과의 관계에서 근접성을 갖는다면 남성은 몸과 거리유지에 의해 공간적인 거리가 생기고 그로 인해 지식의 형성에서 시간적인 거리가 만들어진다. 이 점은 프로이트의 '안다고 가정된 주체'에 관한 분석에서 잘 드러나 있다. 여기서 연관된 지식은 시선의 구조와 관련하여 조직된 성차의 지식이다. 말하자면 페니스의

---

32. Sara Kofman, *The Enigman of Woman: Woman in Freud's Writing*, N.Y.:Cornell University Press, 1997.

가시성에 관한 것이다. 프로이트의 이론에 의하면 어린 여자에게는 보는 것과 아는 것이 동시적이다. 보는 것과 아는 것 사이에 시차가 없다. 여자아이는 페니스를 보는 순간 자신에게는 결핍된 그것을 소망하게 된다. 「여성성」에서 프로이트는, 여아는 보는 순간 젠더 차이를 간파하고, 그 사실을 인정하고, 그 의미 역시 인정해야 한다는 사실 또한 안다고 주장한다. 첫눈에 현상을 꿰뚫을 정도로 여아가 어떻게 그처럼 인식론적으로 탁월한지에 관해서 프로이트는 설명하지 않는다. 남자아이는 거세공포로 인해 성차를 인식하는 반면 여자아이는 거세 이전에 자신이 거세되었다는 사실을 알고 있는 셈이 된다. 여아에게는 여아로서의 젠더의식(페니스의 유무)이 이미 형성되어 있다는 것을 전제하지 않는 한, 여아의 탁월한 인지력에 대한 프로이트의 설명은 설득력을 잃는다.

　남자아이는 처음에는 젠더차이를 알아채지 못한다. 여아의 생식기를 처음 본 순간, 남아는 그것에 관심도 없고 차이도 알지 못한다. 거세의 위협에 직면했을 때 비로소, 남아는 여아의 이미지를 다시 읽어내고 그것의 의미를 깨닫게 된다. 아버지의 금지를 어기고 엄마를 사랑하면 여아와 같은 처벌을 받게 될 것이라는 위협 때문에 남아는 거세가 무엇인지 인지하게 된다. 이처럼 보는 것과 위협의 감지 사이에 초래된 시차 때문에 남아는 성차에 관한 자기지식을 형성한다. 남아는 여아와 달리 최초의 사건을 소급하여 이해하게 되고 그 사건에 사후적 의미를 부여하게 된다. 그러므로 보는 것/아는 것 사이의 시차와 틈새야말로 자신이 본 것을 부인할 수 있는 가능성을 열어준다.

이런 의미에서 남성(관객)은 상처의 구멍을 채울 수 있는 물신주의자가 되며, 지식과 믿음 사이에 균형을 유지하게 된다.

하지만 남성이 페티시와 맺는 행복한 관계를 위협하는 것은 실재계와 마주치는 순간이다. 페티시의 마술로 은폐했던 실재계가 구멍으로 드러나는 순간, 자신이 이성적으로 통제할 수 있다고 믿었던 물신주의자의 믿음은 붕괴된다. 그런 공포와 상처로 인해 물신주의자는 이성을 상실하고 자제력을 유지하지 못하게 된다. 찢어진 틈새를 봉합하려고 하지만 완전한 봉합은 실패로 돌아간다. 이성적이고 합리적인 주체의 자기의지가 상실되면서 제정신을 잃고 타자에게 완전히 삼켜질 수도 있다는 공포에 사로잡히는 순간, 남성의 환상 속에서 여성은 상형문자와 같은 수수께끼, 팜므 파탈, 레즈비언 뱀프, 페미니스트, 신여성, 여배우, 기계 여성, 단발머리 소녀, 사이보그 등 시대적 정치적 맥락에 따라 다양한 모습으로 귀환하게 된다.

젠더 무의식으로 인해 출현하는 다양한 정동들(쾌락, 혐오, 공포, 사랑, 불안, 애도 등)은 젠더이해관계와 시대적 맥락에 따라 다양한 모습으로 가시화된다. 환상의 베일을 찢고나온 여성이 '나를 똑바로 봐!'라고 선언하게 되면, 젠더 무의식은 시대적 상황과 맥락에 따라 성녀, 마녀, 페미니스트 신여성, 팜므 파탈과 같이 모순적이면서도 다양한 모습으로 가시화된다.

2. 젠더 무의식의 귀환

신여성 : 자기 시대의 전위

시대마다 전위에 자리했던 새로운 여성은 있었다. 자신이 주인임을 의식하는 예외적인 여성은 어느 시대나 있었다. 그런 신여성들은 자의식을 가지고 있다는 점에서 자기 시대의 페미니스트라고 말할 수 있다. 그리스 신화시대에는 메데이아가 그런 여성에 속한다. 고대 그리스인들은 어떤 것을 결정할 때 신탁에 따랐다. 이러한 시절에 '내 운명은 내가 책임진다는 오만한 자의식을 가진 여성이 메데이아였다. 그녀는 자기 운명을 결정하는 것은 신이 아니라 '나 자신이라고 인식한다. 콜키스의 왕녀였던 메데이아는 황금양털을 찾으러 온 이아손과 사랑에 빠진다. 그녀는 여사제였을 뿐만 아니라 당대의 과학적·의학적 지식을 가진 여성이었다. 그런 기술을 이용해 황금양털을 이아손에게 넘겨주고 그와 함께 탈출한다. 그녀는 사랑하는 사람과 함께 새로운 여정에 올랐다. 하지만 이아손은 메데이아의 용도가 다하자 그녀를 저버린다. 그녀는 이아손에 대한 분노로 자기가 낳은 아이들을 죽여서 그에게 먹인다. 그런 짓을 저지르면서도 그녀는 자신이 무엇을 도모하고 있는지 분명히 의식하고 있다. "내가 얼마나 참혹한 짓을 하려고 하는지를 잘 알고 있다"[33]고 말한다. 그녀는 신탁을 기다리지 않고 자신이 직접 정의라는 이름으로 복수한다. 그런 자의식을 가지고 있었

---

33. 브루노 스넬, 『정신의 발견: 서구적 사유의 그리스적 기원』, 김재홍 옮김, 까치, 1994, 216쪽.

다는 점에서 메데이아는 그 당대 찾아보기 힘든 새로운 여성이었으며, 근대에 이르러 보통명사화된 신여성의 신화적 모델이라고도 할 수 있다. 그래서 브루노 스넬Bruno Snell은 현실적으로는 메데이아가 아무런 법적인 권리가 없음에도 불구하고, 법을 넘어서 "신비스럽기까지" 한 메데이아 곁에서 "이성적이고 분별력이 있어 보이는 이아손은 시시하고 초라한 남자라는 인상밖에 주지 못한다."[34]고 말한다.

자기 시대의 전위로서 '신'여성은 기존의 성별질서를 위배한다는 점에서 위험한 여성들이었다. 근대시기의 신여성 올랭프 드 구즈 Olympe de Gouges는 절대다수의 여성들이 가부장제에 복종하면서 적당히 타협하고 있을 때, 여성의 주도권과 권리를 주장한 여성이었다. 프랑스 혁명의 소용돌이 속에서 <인간과 시민의 권리 선언>(1789)이 선포되고 많은 사람들이 감격하고 있었을 그 순간, 올랭프 드 구즈는 '여자는 과연 인간과 시민에 속하는가?'라는 질문을 제기했다. 그녀는 <인간과 시민의 권리 선언>에 빗대어 <여성과 여성시민의 권리선언>(1792)을 썼다. 구즈는 '여자는 과연 인간에 속하는가', '여자는 시민에 속하는가', '여자는 국민에 속하는가'라는 질문을 했다는 이유만으로 목을 내놓아야 했다. 그녀는 당시 '여성적 덕목'을 상실했다는 이유로 처형되었다. 말하자면 최초의 여성단체를 만들고, 여성인 주제에 공화국 건설에 참여하려는 정치적 야심을 드러낸 것은 죽어 마땅한 일이었던 것이다. 여성의 덕목인 가정주부로서 의무를 저버리고(이혼 요구), 남성의 영토인 정치적 영역을 감히 넘봄으로써(여성 참정권 주장), 그녀

---

34. 브루노 스넬, 앞의 책, 214쪽.

는 남자와 여자가 살아가는 '자연스러운 질서'에 의문을 제기했다.

식민지 근대라는 특정한 시기의 신여성이라고 하면 단연 나혜석이 떠오른다. 일찌감치 일본유학을 떠났고, 그 시절 파리에도 머물렀던 나혜석은 서구 근대적 사유와 페미니즘의 영향으로 인간이자 여성으로서 '나'를 주장했다. 나혜석은 흔히 오해하는 것처럼 자유를 단지 자유연애에서만 찾았던 인물은 아니다. 그녀는 「독신여성의 정조론」에서 마흔 살 노처녀 S의 입을 빌어, 성욕을 해소할 목적으로 일찍 결혼할 필요는 절대 없으며 유곽을 통해 해소하면 그만이라고 말한다. "그러기에 女子公娼만 필요한 거시 아니라 男子公娼도 필요해요. 왜냐면 정조관념을 직히기 위하야 신경쇠약에 드러 히스테리가 되난 것보다 돈을 주고 性慾을 풀고 명랑한 기분으로 사러가는 거시 아마 현대인의 사교상으로도 필요할 걸이오."[35]라고 S는 말한다. 또한 S는 결혼을 앞둔 K와 Y 커플에게 결혼을 하면 사랑의 감정이 무뎌져서 권태로울 수 있으므로 '서로 파트너를 바꿔서 춤도 추고 사교생활을 하는 것이 좋을 것'이라고 조언한다. 요즘식이라고 한다면 기혼자들이여 '인생은 짧다, 바람을 피워라'라고 광고하는 애슐리 매디슨[36]이나 할 법한 말을 나혜석이 먼저 했던 셈이다.

이런 입장이었던 만큼 그녀는 『삼천리』 지면에 실린 모윤숙의 「나의 연애관」을 정면으로 반박한다. 사랑하는 사람이 있다면 평생 마음에 품고 그리워하되 결혼하지 말 것이며, 그것이야말로 진정으로

---

35. 나혜석, 「독신여성의 정조론」, 『삼천리』, 1935년 10월호.
36. 2001년 설립된 세계 최대 기혼자 만남 알선 사이트.

상대방을 사랑하는 것이라는 모윤숙의 연애관에 대해 '순결한 성처녀 이미지를 내재화한 것'이라고 나혜석은 비판한다.

그녀는 정절과 순결을 보물단지로 여겼던 시절에 실절失節하고 이혼할 수도 있는 '나', 예술가로서의 '나', 식민지 조선 여성으로서 '나', 남자에게 유혹받고 버림받는다 하더라도 책임지는 '나'를 주장한 여성이다. 한국의 근대사에서 자신의 행동에 책임지는 자의식을 가진 개별 여성으로서의 '나'의 탄생을 그녀만큼 열렬히 주장한 인물은 드물다.

그녀는 자유연애뿐만 아니라 매춘의 합법성을 주장하면서 성의 '소유' 관점을 해체한다. 일부일처제의 성적 소유개념을 해체하려고 했다는 점에서 그녀는 오히려 알렉산드라 콜론타이Alexsandra M. Kollontai와 같은 붉은 연애주의자와 유사점을 갖는다. 그녀는 이처럼 성, 사랑, 결혼, 정조, 섹슈얼리티, 모성, 이혼의 문제 등에서 철저히 급진적이었다.

반면 기독교 신여성(박인덕, 김활란, 모윤숙 등)들은 정절을 강요한 조선시대의 가부장을 '기독'으로 대신하고 순결한 성처녀, 성모, 단정한 일부일처제 현모양처를 이상으로 삼았다. 그 결과 그들은 해방 이후에도 승승장구했다. 100년 전 성적 자율성을 주장했던 나혜석이 그 당시 처벌받지 않았다면 그 점이 오히려 더 이상했을 것이다. 유교적 가장부제가 가장 견딜 수 없어하는 것이 여성의 성적 자율권 주장이기 때문이다.

20세기 초반의 신여성 의식은 해방 후 6·25 전쟁을 경험하게 되면서 단절된다. 그러다가 1980년대 후반 민주화와 더불어 온갖 신사회운동이 부상하게 되고, 페미니즘의 부상 또한 그런 사회적 분위기와 무관하지 않았다. 현대의 신여성들인 페미니스트들이 한때는 우리사회를 변혁시킬 수 있을 것으로 간주되었지만 지금은 '나쁜 여자'들의 대명사가 되고 있다. 자기 시대의 전위로서 페미니스트들은 사랑의 대상이자 동시에 혐오의 대상이 되기도 한다.

팜므 파탈: 기도하는 사마귀

통상적으로 팜므 파탈은 치명적인 성적, 지적 매력을 통해 남성을 몰락으로 몰아가는 상투적인 여성 이미지다. 이들은 남성을 유혹하여 자신의 욕망(권력, 부, 신분상승)을 충족시키는 수단으로 이용하고 가차없이 저버리는 사악한 여성으로 간주된다. 초기 페미니스트들은 통제되지 않는 여성의 섹슈얼리티와 그 주도권에 대한 남성의 혐오와 공포가 팜므 파탈이라는 이미지로 드러난다고 해석했다. 남성의 공포가 투사된 해석에 저항하면서 페미니스트들은 팜므 파탈을 페미니스트 주체로 재전유하고자 한다. 엘리자베스 코이Elizabeth Cowie[37]가 그런 초기 이론가에 해당한다. 그녀는 여성의 성적인 모험과 능동성을 긍정하면서, 누아르 필름에 등장하는 여성의 위험하고 위협적인 욕망을 가부장제적인 규율(순종적이고 희생적이며 모성역할에 치중된)에 대한 저항으로 읽어낸다. 여성이미지에 대한 상투적 이분법인 빅토리아조 집안의 천사/요부, 백합/장미에서 악의 축으로 간주되었던 여성들

---

37. Elizabeth Cowie, "From Fantasia", *Contemporary Film Theory*, ed. by Anthony Easthope, New York: Longman. 1993. pp. 147-161.

을 긍정적으로 구출하려고 했으며, 가부장적 이데올로기를 위반하려는 욕망에서 팜므 파탈의 힘을 찾고자 한다.

하지만 콥젝 같은 정신분석이론가는 페미니스트 영화이론가들(코이, 로라 멀비 등)이 라캉의 응시 개념을 단순화시킴으로써 '라캉의 푸코화'라는 실수를 저지르고 있다고 비판한다.[38] 말하자면 그들은 젠더 정치학을 정립하기 위해, 자신들이 비판하는 바로 그 남성이론가들이 저질렀던 실수를 반복한다는 것이다. 남성이론가들이 남성을 시선의 주체로 만들고 여성을 시선의 대상으로 고착시키려고 했다면, 그와 마찬가지로 페미니스트 이론가들 또한 주체/대상의 이분법에서 구조는 그대로 두고 위치만 바꿔치기하려고 했다는 것이다. 정신분석학적인 접근에 따르면, 시선과 응시의 관계에서 주체가 고정되어 있는 것도 아니고 타자로서의 대상이 완전한 것도 아니다. 콥젝에 따르면 팜므 파탈을 기존의 가부장제의 희생양이라거나 혹은 그것에 저항하려는 투사이미지로 격상시키는 것, 이런 양극화는 동전의 양면이다. 팜므 파탈은 사회적·계급적·문화적·정치적·심리적·지리적 맥락에 따라서 다양한 모습으로 드러나는 것이지 고정된 이미지와 시선의 대상으로 머물러 있는 것이 아니라는 것이다.

팜므 파탈을 젠더 무의식이 전이된 하나의 현상으로 파악해보면, 여성이미지가 왜 모순적이고 양가적으로 드러나게 되는지 알 수 있다. 앞에서 보았다시피 남근적인 어머니에 대한 공포는 전능한 모성 혹은

---

38. Joan Copjec, "The Orthopsychic Subject: Film Theory and the Reception of Lacan", *Film and Theory: An Anthology*, ed. by Robert Stam and Toby Miller, Oxford: Blackwell, 2000, pp. 437-455.

여신과 같은 숭배의 대상으로 이상화되기도 하고, 그 반대의 경우 살 모충동을 불러일으키기도 한다. 억압해두었던 남아의 불안과 공포가 엄습하게 되면, 이상화된 여성은 한순간에 팜므 파탈로 변하게 된다.

팜므 파탈은 세계를 확실하고 분명하게 판단할 수 있다고 믿는 코기토적 남성주체의 자부심에 상처를 입힌다. 팜므 파탈은 겉으로 보이는 것과 실재가 일치하지 않는다는 것이 특징이다.[39] 겉과 속이 달라서 도무지 예측불가능하고, 통제할 수 없으므로 속내를 알 수 없다. 팜므 파탈의 위협적이고 위험한 특징은 바로 이 수수께끼, 비밀스러움에 있다. 비밀이자 수수께끼로서 팜므 파탈은 공격적으로 밝혀내야할 인식폭력의 대상이 된다. 그녀는 서사의 인식론적인 충동과 해석학적인 구조의 핵심이다. 그녀의 몸은 지식과 섹슈얼리티가 교직되는 장이다. 남성의 인식애호증epistemophilia이나 절시증scopophilia과 같은 다양한 담론들에서 성적인 차이를 재현하는 데 핵심이 되기 때문이다.

여성의 팜므 파탈화는 이처럼 인식론적 불확실성에서 비롯된다. 남자들에게는 여성의 치명적인 매력에 사로잡혀 이성을 잃고, 제정신도 잃고, 결과적으로 머리가 날아갈지 모른다는 깊은 불안이 있다. 19세기 문학에서 특히 팜므 파탈이 부각되었던 것도 그런 이유로 설명할 수 있다. 모더니티의 출현과 더불어 도시의 삶이 가져다주는 급속한 변화, 우연성, 불확실성, 유랑하는 빈곤한 삶, 익명성은 사람들에게 불안을 불러일으켰다. 19세기에 들어 여성의 팜므 파탈 이미지는 도시

---

39. Mary Ann Doane, *Femmes Fatales: Feminism, Film Theory, Psychoanalysis*, New York: Routledge, 1991.

화, 근대화, 기계화, 생산과 재생산의 새로운 수단들의 상호영향 아래 부각되었다. 이렇듯 19세기 후반 젠더 위상의 변동이 불러일으킨 공포와 불안의 지표가 팜프 파탈이다. 20세기 양차 대전을 경험하면서 남성들은 자기 안의 죽음충동을 팜프 파탈의 이미지에 투사하기도 한다.

줄리 그로스만Julie Grossman은 빅토리누아르Victorinoir[40]라는 신조어로 통해 빅토리아조 문학에 등장하는 여성들을 분석한다. 여성의 몸은 문학, 예술, 철학에서 집요하게 알레고리가 되고 신비화되어 왔기 때문이다. 결과적으로 팜프 파탈은 생산을 물신화하는 사회에서 무無를 생산하고, 타인에게 경제적으로 기생하면서도 숙주인 타자를 파멸시키는 존재가 된다. 주제도 모르고 과도하게 사치스러워서 중산층의 윤리의식을 지닌 남자를 추락시키거나(『미들마치』의 로자먼드), 육체자본 하나만으로 자기 신분을 넘어서 신분상승을 꿈꾸는(『허영의 시장』에서의 베키 샵) 하층여자들이다. 자본주의 초기 단계로서 저축과 근검절약을 강조했던 생산의 물신화 시대에는, 경제적으로 남성을 파탄으로 이끌고 과도하게 소비하는 여자에게 팜프 파탈 이미지가 부여된다. 노동계급의 남성이 성실하게 노력해 대학을 가고 중산층으로 발돋움하는 데 있어 걸림돌이 되는 것은 사회적인 제도가 아니라 섹슈얼리티를 주도적으로 행사하여 남자를 유혹하는 여자들(『이름 없는 주드』의 아라벨라)이다. 영화와 같이 시각이미지가 부상하는 시대에는 남성의 시각중심성을 좌절시키는 존재가 팜프 파탈이 되는 셈이다.

40. Julie Grossman, *Rethinking the Femme Fatale in Film Noir*, New York: Palgrave Macmillan, 2009, 4장 참조. 빅토리아조에 등장하는 전형적인 여성이미지가 집안의 천사다. 그로스만은 그와 반대항에 있는 여성을 분석하기 위한 장르적 의미로 빅토리누아르라는 신조어를 사용한다.

이렇게 본다면 자기통제와 이성을 상실하는 것에 대한 남성의 공포로 인해 처벌받는 존재가 팜므 파탈이다. 사마귀 암컷은 교미의 끄트머리에 숫사마귀를 먹어치운다. '기도하는 사마귀'[41]는 자기 머리를 먹힐지 모른다는 남성들의 공포를 상징한다. 남성들의 상상 속에서 팜므 파탈은 교미의 끝자락에 숫사마귀를 잡아먹는 암사마귀의 이미지다. 남자의 목을 베는 여자들은 서구신화에서는 콜키스의 왕녀인 메데이아로부터 시작하여 살로메, 유디트가 그 뒤를 잇는다. 살로메는 매혹적인 춤으로 헤롯왕을 기쁘게 한다. 왕은 살로메의 청이면 무엇이든 들어주겠다고 말한다. 살로메는 자기 어머니 헤로디아의 사주를 받고 헤롯왕에게 세례 요한의 목을 달라고 한다. 자기가 한 말에 발목이 잡힌 헤롯왕은 살로메의 소원을 들어주지 않을 수 없었다. 단지 춤을 잘 춘 소녀로 묘사됐던 살로메는 세기말에 이르면 몽환적이고 신비하며, 잔인하고 유혹적인 여성으로 변한다.

귀스타브 모로Gustave Moreau가 그린 <환영L'Apparition>에서 살로메는 꿈결처럼 황홀하고 매혹적이다. 남자들은 그녀의 따스한 품에 한 번만이라도 안길 수 있다면 자비로운 죽음이 찾아와도 좋다고 생각한다. 그녀는 사이렌의 노랫소리처럼 사람의 혼과 넋을 빼놓는다. 남성들의 성적 충동과 죽음충동이 투사된 모로의 살로메는 마법적인 팜므 파탈로서 세기말 남성들의 상상 속에서 도저히 거부할 수 없는 치명적인 아방가르드 여성의 아이콘이 되었다.

---

41. 사마귀가 다리를 모으고 있는 모양이 기도하는 자세와 비슷하다고 하여 영어권에서는 '기도하는 사마귀 praying mantis'라고도 한다.

▶ 환영
귀스타브 모로

레즈비언 뱀파이어 : 성적 경쟁자

신자유주의 시대는 삶의 불확실성과 불안이 지배한다. 이성애는
더 이상 자연 현상으로 간주되지 않는다. 다양한 정체성(예를 들어
LGBITT)[42]이 서로 경합하는 퀴어적인 시대다. 테크놀로지의 덕분에
보철화를 통해 남성이 여성이 되기도 하고, 여성이 남성이 되기도 하

42. LGBITT: 레즈비언, 게이, 바이 섹슈얼, 간성, 트랜스 젠더, 트랜스 섹슈얼.

는 트랜스젠더의 시대이기도 하다. 그들의 섹슈얼리티 또한 현상적으로 볼 때는 불확실하다. 성적 정체성의 경계가 허물어지고 이성애가 자연적인 질서라고 더 이상 주장하기 힘든 시대, 그러한 시대의 불안을 상징하는 존재가 레즈비언 뱀파이어들이다. 이성애 질서를 교란하는 그들은 사랑하는 여성을 사이에 두고 남자와 '감히' 경쟁하고자 한다. 그들은 남자에게서 남근과 지식을 빼앗아 다른 여자를 유혹하는 데 활용하는 '나쁜 여자'들이다. 남성의 소유물이 되는 것에 만족하는 것이 아니라 자신이 만족을 주는 성적 주체가 되어 남성권력에 도전하는 '주권적' 여성들은 사회적 혐오와 처벌에서 벗어나기 힘들다.

여성의 목소리가 강해진 시대에 이르면, 바바라 크리드Barbara Creed가 『여성괴물』에서 지적하듯 여성의 섹슈얼리티에 대한 막연한 두려움은 레즈비언 뱀파이어로 형상화되기도 한다.[43] 이미 고전이 된 영화 <헝거The Hunger>(1983)에서 미리엄과 존 블레이릭은 상상초월의 우아한 삶을 사는 현대판 귀족이다. 재능있는 첼리스트로서 고전음악과 예술에 둘러싸여 더할 나위 없이 우아하고 화려한 삶을 살지만, 그들은 인간의 피를 빨아먹는 뱀파이어들이다. 이집트 출신이자 클레오파트라를 연상시키는 미리엄은 인류의 역사만큼이나 오래된 4천살이다. 미리엄은 18세기 귀족이었던 존에게 불멸의 아름다움을 주겠다고 유혹하여 2백 년 동안 부부로 함께 살고 있다. 존 블레이릭(데이빗 보위)은 타인의 피를 착취하면서 살아남았다. 죽지 않는 뱀파이어이지만 노화를 막을 수 없다는 사실을 알게 되면서, 존은 노화방지 전문가인

---

43. 바바라 크리드, 『여성 괴물』, 손희정 옮김, 여이연, 2008.

사라(수전 서랜든)를 찾게 된다. 처음에 미리엄은 존에게 신선한 피를 공급하기 위해 사라를 유혹하는 듯하지만, 나중에는 오히려 사라의 유혹에 넘어가면서 존을 매개로 두 여자가 레즈비언 관계가 된다. 인간인 사라는 불멸에의 유혹과 죽음의 공포 사이에서 갈등하다 결국은 영원히 살아남는 것을 선택함으로써, 미리엄을 대신하여 치명적인 레즈비언 뱀파이어가 된다. 일레인 쇼왈터Elaine Showalter가 지적하듯, 이 영화는 레즈비언 뱀파이어의 전통에 서 있으면서도 그것을 양성적인 것으로 해석해냄으로써, 1980년대 미국에서 남자든 여자든 '권력, 돈, 섹스'에 대한 허기, 갈망, 욕망을 다같이 지니고 있음을 보여주었다고 할 수 있다.[44]

이제 문화적 경합을 통해 퀴어적인 것이 새로운 노멀로 부상하는 시대다. 유연성의 이름 아래 모든 것이 불확실해진 한국사회에서 팜므 파탈은 어떤 모습으로 귀환하게 되는가? 2008년 경제 위기 이후, 경제적 공포와 더불어 페미니스트는 낙인이자 추문거리가 되었다. 살아남기 위해 여성들은 거세하는 이미지로 비치지 말아야 했다. 페미니스트들은 강하고 지적이고, 독립적이고, 자율적인 여성을 주장했지만, 그런 이미지가 그다지 도움이 되지 않는다는 것을 잘 알게 된 여성들은 자신을 귀엽고 깜찍한 존재로 포장한다. 얻고 싶은 것을 투쟁해서 얻어내는 것이 아니라 콧소리 섞인 애교 한 번으로 얻어내려 한다. 이제 팜므 파탈의 이미지는 순치된 귀요미로 전환된다. 귀요미는 팜므 파탈

---

44. Elaine Showalter, *Sexual Anarchy: Gender and Culture at the Fin de Siecle*. Virago Press, 1995, p. 184.

처럼 환상의 베일을 찢고 치명적인 위협과 유혹으로 다가오는 것이 아니라, 위협적이지 않은 것처럼 가면무도회를 하는 여성들이다.

귀요미 : 고양이 발톱

신자유주의 시대, 보수적인 여성을 흉내내는 네오 팜므 파탈의 한 형태가 귀요미들이다. 여성의 귀염떨기는 위협적으로 보이지 않는다. 생존이 관건인 시대에 이르러 여성은 무엇보다 위협적으로 보이지 않아야 한다. 귀요미는 연약하고 보호해주고 싶은 대상으로 자신을 연출한다. 작고 부드러운 44사이즈의 연약한 존재들은 위협적으로 보이지 않는다.[45]

국민여동생으로서 아이유는 '삼촌팬'들의 지극한 사랑을 받는다. 보호해주고 싶고 사랑해주고 싶은 소녀의 이미지이기 때문이다. 귀요미는 자신의 공격성, 주체성을 최소화하여 연출함으로써 남성의 보호욕망을 자극한다. 절대적으로 무기력한 약자는 공격성보다 보호본능을 자극하기 때문이다. 그처럼 연약하고 앙증맞은 귀요미는 팜므 파탈과는 동떨어진 여성의 모습처럼 보이지만, 신자유주의 시대의 팜므파탈의 일종이라고 볼 수 있다. 그들은 귀여운 척하다가 어느 순간 앙큼한 발톱을 드러내어 할퀸다. 귀요미로서 아이유는 <Chat-Shire>를 발매하면서 앙큼한 발톱을 드러냈다. 4집에 실린 <제제Zeze>는 롤리타

---

45. Sianne Ngai, "The Cuteness of Avant-Garde", *Critical Inquiry 31*, The University of Chicago, 2005.

이미지로 소비되던 아이유를 단숨에 소아성애자46로 만들어버린다. 아이유는 귀요미 롤리타의 전략으로 대중문화시장에서 살아남았지만, 제제를 통해 감춰둔 자기 목소리를 드러내고 있다. '나를 순진한 국민여동생에 묶어놓고 삼촌팬들은 환호하겠지만 난 그렇지 않아. 나를 똑바로 봐. 순진한 듯, 어린아이처럼 투명한 듯해도 나는 어딘가 교활하고 '더러워'서 삼촌팬들이 보고 싶은 것만을 보여주지는 않겠어'고 선언하는 것처럼 보인다. 그녀는 애써 감췄던 고양이 발톱을 드러낸다. 남성들의 욕망이 규정한 방식을 넘어서 그들의 기대에 충격을 가한다. 순수하고 귀여운 아이유가 비천하고 유혹적인 시선으로 자기 욕망을 말하는 순간 젠더 무의식은 드러난다. '삼촌팬'들의 순결한 소녀에 대한 숭배는 혐오로 드러난다.

33사이즈, 긴 팔다리, 긴 생머리, 인형 같은 몸매의 아이유는 품어주고 싶은 보호본능을 자극한다. 여자들이 자기 몸피를 축소하고 가늘고 길게 보철화하는 데 올인하는 것 또한 전통적인 유혹의 전략이다. 목숨 걸고 다이어트 하는 것 또한 목숨을 유지하려는 아이러니에서 비롯된다. 무력하고 예쁘고 고분고분한 존재는 연민과 동정심을 불러일으킨다. 통상적으로 귀여운 존재는 여자, 소녀, 아이, 타자, 순수한 백치들이다. 아이들의 언어가 귀엽게 여겨지는 것은 혀 짧은 소리로

---

46. 제제는 『나의 라임오렌지 나무』에 나오는 소년의 이름이다. 아이유는 〈제제〉 가사에서 이렇게 말한다. '나쁜 상상이 사랑스러워 제제 어서 나무에 올라와 잎사귀에 입을 맞춰 장난치면 못써 나무를 아프게 하면 못써 못써 제제 어서 나무에 올라와 여기서 제일 어린잎을 가져가 하나뿐인 꽃을 꺾어가 Climb up me Climb up me 꽃을 피운 듯 발그레해진 저 두 뺨을 봐 넌 아주 순진해 그러나 분명 교활하지 어린아이처럼 투명한 듯해도 어딘가는 더러워 갈 길이 없어 당장에 머리 위엔 햇살을 띄우지만 어렴풋이 보이는 너의 속은 먹구름과 닮아있네 Oh'

재잘거리기twittering 때문이다. 사랑받고자 할 때면, 곰 같은 여자라도 갑자기 혀 짧은 소리로 여우처럼 애교를 부린다. 하지만 귀요미는 귀여워해주는 주체의 감정 변화와 시혜에 의존한다. 귀엽다는 것은 대상화되었다는 것과 다르지 않다. 주체가 귀요미에게 느끼는 애정과 사랑은 이중적이다. 귀요미의 수동성/취약성은 주체의 가학적 욕망 또한 자극한다. 주체는 자신이 통제하고 조종할 수 있다고 믿기 때문에 귀요미를 귀여워해 줄 수 있다. 하지만 귀요미는 '장난감을 갖고서 그것을 바라보고 얼싸안고 기어이 부숴버리는 아이'들의 장난감처럼, 언제든지 파괴되거나 버림받기도 한다. 귀여운 것을 보면 깨물어 주고 싶다는 것은 일종의 파괴적인 충동이다. 아이유의 사태에서 보다시피, 귀요미는 상대방에게 보호와 배려뿐만 아니라 공격성과 파괴충동을 불러일으키기 때문이다.

귀염과 재롱으로 생존을 보장받는 여성의 지위는 불안정하다. 그렇기 때문에 귀요미는 가끔씩 발톱을 드러내고 날카로운 각을 세운다. 귀엽다는 영어의 형용사 큐트cute 앞에 접두사인 a 가 붙어서 아큐트a/cute가 되면, 후벼 파는 날카로운 날이 있다는 뜻이 된다. 이처럼 상반된 의미가 이 단어에 공존한다. 귀여운 대상은 무기력하고 의존적으로 보이지만 동시에 수동적 공격성을 발휘하기도 한다. 이 역설적인 이중성paradoxical doubleness이 귀요미에게 내포된 속성이다.[47]

귀요미들의 보수화는 그들 나름의 생존 전략이다. 속물화된 시대[48]에 비굴과 남루를 전시하는 것쯤은 대수롭잖은 일이다. 남자의

---

47. Sianne Ngai, 앞의 글 참조.

명예, 여자의 품위와 같은 가치는 사라졌다. 상황에 따라 안면을 바꾸도록 요구하는 시대다. 그런 편집분열증적인 인격이 심지어 매력으로 간주된다. 보드리야르Jean Baudrillard가 말했다시피 여성적인 유혹전략으로 얼마든지 얻어낼 수 있는 것을 왜 여성들이 피터지게 싸워서 얻어내려고 하겠는가.

카와이 미학의 대표자라고 할 수 있는 다카시 무라카미Takashi Murakami가 디자인한 루이뷔통 명품가방49을 걸치고 남성의 페티시가 됨으로써, 신자유주의 시대 남성의 불안을 막아주는 베일로 기능하고자 하는 것이 귀요미의 정치다. 귀염떨기의 끝에 가끔씩 고양이 발톱을 드러내고 귀염의 가면을 찢고 공격성을 드러내기도 한다. 하지만 소비하고, 소비하고, 소비하라는 지상명령에 따르는 귀요미들은 서로의 틈새와 상처를 보지 못하거나 혹은 보고도 못 본 척한다. 어떤 대상과도 무한히 교환될 수 있는 외설적인 시대에 귀요미들은 섬처럼 외롭다. 소비하고 소비하더라도 자기 존재의 구멍은 채워지지 않으므로, 여성 스스로가 보철화된 물신이 되어 서로의 상처를 보지 않으려고 덮어주고 막아버리는 것, 그것이 신자유주의 시대의 귀요미의 젠더정치처럼 보인다.

---

48. 김홍중, 『마음의 사회학』, 문학동네, 2009, 79-83쪽.
49. 다카시 무라카미는 일본의 앤디 워홀을 지향하는 팝아티스트이자 오타쿠다. 팝아트와 오타쿠의 합성어인 포구Poku를 만들었으며, 루이비통에서 무라카미의 디자인으로 출시된 가방은 공전의 히트상품이 되었다. 그것이 다카시의 루이비통 가방이다. 무라카미가 만든 캐릭터인 돕을 보면 귀여움의 끝에 묘하게 위협적으로 느껴진다. 돕이 공격성의 희생자로 보이면 보일수록, 기이하게도 공격의 행위자로 보인다. 무라카미의 돕 프로젝트는 귀여운 대상이 무기력하고 의존적이면서도 동시에 폭력적이고 공격적으로 보이게 한다. Ngai의 앞의 글 참조.

된장녀 : 계급의 젠더화

2007년 『88만원 세대』에서 우석훈은 지금의 10, 20대는 앞으로 열심히 노력해도 88만원 세대에서 벗어나기 힘들다고 일찌감치 선언했다. 신자유주의 질서 속에서 젊은이들이 스펙을 쌓으면서 취업하겠다고 부단히 노력해도 결국은 88만원 세대가 될 것이라는 예측이었다. 스펙을 쌓고 쌓아도 각자도생조차 힘들다면, 차라리 짱돌을 들고 지금의 질서에 저항하는 것이 나을 것이라는 대안을 그는 제시한 바 있다.[50] 연이어 2008년 글로벌 금융위기를 경험하면서 상황은 더욱 열악해졌지만, 젊은 세대들은 짱돌을 들기보다는 체념적일만큼 체제에 순종적이 되었다. 글로벌 시대 한 나라도 아니고 전세계를 상대로 짱돌을 든다는 것의 무모함을 이미 알아버렸기 때문이다. 이제 20, 30대가 된 그들 대다수는 자신들을 무한포기 세대라고 자조하고 있다.

2007년 그 무렵 인터넷 신조어로서 검색 1위에 오른 단어가 '된장녀'였다. 남성들이 88만원 세대가 되기 시작했다면, 여성들은 '된장녀'가 되었다. 아무리 노력해도 88만원 세대라는 암담한 전망으로 젊은 남성들은 자기연민에 빠져들었다면, 그와는 대조적으로 여유로워서 얄미운 여성들은 된장녀가 되고 있었다. 남녀 대학생 성비가 동수에 이르고, 여성사법시험합격자 비율이 마침내 남성보다 높아지고 사회 전반에 여성이 두각을 드러냄으로써, 외관상 젠더평등이 실현된 것처럼 보이던 그 시절, 꼴보기 싫은 여성들의 모습을 투사한 것이 된장녀

---

50. 우석훈·박권일, 『88만원세대』, 레디앙, 2007 참조.

다. 남자친구의 경제력으로 루이뷔통 가방을 선물받아 걸치고 다니지만 정작 자신은 경제 활동을 하지 않는다. 남녀가 평등하게 일하는 마당에 그녀들의 생활은 기본적으로 기생寄生이다. 된장녀는 라면을 먹으면서도 커피는 한 끼 밥값에 해당하는 '스타벅스'[51] 커피를 즐겨 마신다. 한국사회가 커피천국이 되어버린 지금과는 달리, 그 당시 스타벅스는 젊은이들의 문화 공간으로 소비되었다. 그런 만큼 된장녀는 취향소비를 위해 스타벅스 커피 한 잔 쯤 테이크아웃하여 강의실이든 길거리든 겉멋으로 종일 들고 다닌다. 된장녀는 소비 활동의 대부분을 남들에게 의존하는 젊은 여성을 경멸하는 보통명사로 자리잡게 된다. 말하자면 된장녀는 여자라고 하여 경제활동을 하지 못하는 시대가 아님에도 불구하고, 남성의 경제력에 의존하면서도 필요할 때면 전가의 보도처럼 남녀평등을 내세우는 젊은 여성들을 경멸적으로 표현한 호칭이다.

그렇다면 된장녀는 경제활동은 하지 않고 기생하면서 스타벅스에 죽치기만 했을까? 된장녀의 이미지는 좌절한 남성들의 자기연민과 여성혐오가 투사되었다는 혐의가 짙다. 남성들은 경제적 자립을 추구하면서 경쟁상대가 되고 있는 여성들을 거꾸로 남성에게 기생하는 존재로 전도시킴으로써, 계급적인 좌절을 젠더혐오로 치환하고 있었던 것처럼 보인다. 여성이라고 하여 하나의 여성으로 묶일 수 없는

---

51. 일본의 경우 지금 스타벅스는 하룻밤을 새기 위해 노트북을 펼쳐놓고 앉아 있는 사토리 세대가 모여드는 공간이다. 한국의 경우 스타벅스는 이제 무료로 와이파이를 사용하면서 24시간 모여 공부할 수 있는 공간쯤으로 간주되는 곳이지만, 10년 전 스타벅스는 단지 커피가 아니라 문화를 판다고 광고했고, 일종의 새로운 미국문화의 수입을 상징하는 공간이었다.

것이나 마찬가지로, 남성이라고 하여 하나의 남성은 아니다. 남성의 이름으로 남성동성사회와 연대가 쉬운 것처럼 말하지만 그렇지 않다는 점을 잘 보여주는 것이 '남성연대(지금의 양성평등연대)'다. 그들은 계급적인 갈등에 짱돌로 대처하기보다는, 맞장 뜨는 여성들에게서 느끼는 위협을 여성혐오로 투척하면서 손쉬운 만족감을 얻는다.

된장녀는 혐오와 경멸의 표식일 뿐만 아니라 선망과 부러움의 표상이기도 하다. 그것은 스타벅스로 상징되는 미국유학, 국제적인 경험, 해외연수, 해외여행의 경험으로 새로운 문화를 앞서서 즐기고 누리는 아방가르드하고 '배운' 여성들에 대한 양가적인 감정의 표출이라고 볼 수 있다. 그래서 된장녀는 '극단적 페미니즘'을 주장하는 나쁜 여자들로 알려지기도 했다. 1910년대 신여성들이 신교육과 새로운 소비문화를 주도했을 때 그들에게 쏟아졌던 비난을 생각해본다면, 된장녀는 그로부터 백 년 후인 2010년대의 신여성으로 읽어낼 수 있을지 모른다. 백 년 전 신여성들이 사치와 성적 방종으로 매도당했던 것처럼, 새로운 신여성으로서 된장녀는 새롭게 부상한 극단적 페미니스트들이다. 그들은 나쁜 여자들의 표본이다.

좌절된 남성들을 대변하듯 극우 보수성향의 인터넷 커뮤니티들에게 된장녀는 결혼, 연애까지 포기하게 만드는 '이기적이고 몰염치한', '무능하고 한심한', '공동체 의식이 부족한', '성적으로 방종한'[52] 여성들이 된다. 짱돌을 들지 않았던 88만원 세대는 속수무책으로 3포 세대, 5포 세대를 넘어, n포 세대가 되었고, 마치 그들의 분노를 대변하

---

52. 윤보라, 「김치녀와 벌거벗은 임금님」, 『여성혐오가 어쨌다구?』, 현실문화, 2015 참조.

듯, 극우화된 커뮤니티들은 '된장녀'에게 혐오발언을 집중적으로, 노골적으로 토해냈다. 이기적이고, 무능하고, 공동체의식이 부족하고 성적으로 방종하다는 이러한 비난들은 1920년대 신여성에게도 그대로 적용되었던 표현이다. 나혜석, 김명순, 김일엽 등은 자유연애를 주장한다는 이유로 많은 좌파남성들로부터 성적으로 방종하고, 식민지 강점기 시대에 민족적인 공동체 의식이라고는 없고, 몰염치하며 사치스럽다는 비난을 받았다.

여성이라고 하여 고유한 여성 하나로 묶일 수 있는 것은 아니다. 여성들 사이의 편차 또한 크고, 여성이라는 이름만으로 연대하자는 구호가 공허하게 들리는 시대다. 이런 시대에 소위 잘난 여자 혹은 잘난 척하는 여자, 배운 여자로서 또 다른 여성과 남성들에게 군림하고자 하는 여성들의 대명사가 된장녀이기도 하다. 그런 된장녀와 나쁜 페미니스트가 사실의 진위여부와는 상관없이, 그 사이의 엄청난 편차와 모순과 갈등과는 무관하게 동일시되는 데는 그다지 많은 시간과 노력이 필요치 않다.

이처럼 젠더 무의식은 모순을 모른다. 상황에 따라 여성들은 극단적이고 모순적인 얼굴로 나타난다. 요부/창부, 성녀/마녀, 신여성/페미니스트가 되기도 하고, 귀요미와 된장녀의 모습으로 등장하기도 한다. 페미니즘의 정치적 역량이 강해지면 젠더 무의식은 의식의 저변으로 가라앉지만, 그것은 해소된 것이 아니라 억압되어 있다가 여러 가지 얼굴로 귀환한다. 이런 젠더 무의식은 젠더의 이해관계가 첨예한 곳에서 어김없이 드러난다. 젠더 무의식은 정치적·경제적·문화적 맥락에 따라 다양하게 모습을 바꾼다. 「여성의 전문직」[53]에서 버지니아 울프가 말한 '집안의 천사'라는 유령처럼 젠더 무의식이라는 유령은 젠더적 주체 속에 들어와 있는 타자로서 멀고도 가까운 것이다. 그것은 유령이므로 한 번 죽었다고 영원히 죽일 수 있는 것이 아니다. 그렇기 때문에 언제나 모습을 바꿔가면서 귀환할 것이다.

53. 버지니아 울프, 『자기만의 방』, 이소연 옮김, 펭귄클래식코리아, 2010, 190쪽 참조.

2장

폭력의 에로티시즘

***

전지구적으로 전쟁, 학살, 기아가 넘쳐난다. 가정폭력, 학교폭력, 성폭력, 상징폭력, 언어폭력, 경제적 폭력, 구조적 폭력, 국가 폭력 등 우리는 온통 폭력에 포위되어 있다. 국민에게 복종을 명령하는 국가법 자체가 근원적으로 폭력적이다. 개인은 국가의 명령에 공손히 따르겠다고 서약함으로써 국민이 되고 시민이 된다. 그와 같은 복종의 대가로 얻는 것이 사회에서 주체의 위상이다. 이런 주체의 탄생 가능성은 기존의 언어질서와 분리될 수 없다.

또한 생존 자체가 타자를 먹어치워야만 가능하다는 점에서 우리는 식인주체다. 살아남기 위해 "가장 서정적인 시인들조차", "가장 엄격한 금욕주의자들도 끊임없이 씹고, 삼킨다." "살아남기 위해 우리는 다른 생명을 먹고", "사망한 양배추를 곁들인 돼지고기 사체"[1]를 씹고 삼킨다. 삶 자체가 이처럼 폭력적인 것이다. 그런 의미에서 '식인'주체이기도 한 인간이 폭력을 주고받는 것에서 어떻게 벗어날 수 있을까?

여기서 또 다른 의문은 '폭력이 젠더에 따라 다르게 나타나는가'라는 점이다. 라캉식으로 말하자면 기존질서에 복종함으로써 상징세계로 편입되는 남성들과는 달리, 남성중심적 질서에 완전히 편입될

---

1. 비스와바 쉼보르스카, 『충분하다』, 최성은 옮김, 문학과지성사, 2016, 77쪽.

수 없는 여자들은 몸으로 남는다. 국가폭력에 복종함으로써 거세를 받아들일 때 시민주체가 된다면, 거세로부터 자유로운 여성들은 어떻게 주체가 될 수 있는가? 몸을 가지고 있다는 것 때문에 여성은 온갖 폭력에 노출되고 때로는 희생양이 되어왔다. 그렇다면 여성은 자신에게 일어나는 폭력과 맞서면서도 어떻게 자기 행동의 주도권을 가질 수 있는가? 평화를 갈망하면서도 폭력이 근절되기 힘들다고 한다면, 폭력이 갖는 치명적 매력은 무엇인가? 폭력이 주는 파괴적 쾌락이 있는가? 남성이라는 이유만으로 정복적이고 폭력적인 '죽임'의 원칙을 상징하며, 여성이라는 이유만으로 부드럽고 섬세하게 보살피는 '살림'의 원칙을 대표한다고 말할 수 있는가? 젠더에 따라 폭력의 성격이 달라질 수 있는가? 젠더 정치에 따라 폭력성은 어떻게 배치될 수 있는가?

1. 여성폭력이라는 회색지대

폭력의 문제와 관련하여 초기 페미니즘의 경우 약자들끼리 서로 비판하거나 공격하지 말아야 한다는 묵계가 있었다. 뿐만 아니라 여성적인 것이 세계를 구원할 수 있을 것이라는 낙관적 믿음도 있었다. 특히 여성폭력의 문제는 아직도 페미니즘의 '회색지대'로 남아 있다. 무엇보다 남성폭력을 해체하는 것이 급선무라고 보았기 때문이다. 여성운동에 있어서 '무엇을 해체의 대상으로 삼아야 하는가'라는 문제에서 여성폭력이 핫이슈로 등장하기는 힘들었다. 역사적으로 남성들이 여성들에게 휘둘러온 압도적인 폭력 앞에서 여성의 폭력은 미미한 것으로 간주되었다. 페미니즘은 무엇보다 폭력적인 남성성과 남성중심적 사회의 젠더 억압을 강조해왔다. 루스 이리가라이에 따르면 여성들과 달리 남성들은 어디서나 전쟁을 일삼고, 육식주의자이며 경우에 따라서는 식인종이며, 먹기 위해 죽이고, 자연을 굴복시키고 착취한다.[2] 이처럼 남성은 남자라는 이유만으로 가부장제의 억압적인 권력을 함께 누리는 특권적 존재로 여겨져 왔다. 그러다보니 남성=폭력·식인주체, 여성=평화·보살핌주체라는 등식에 대해서 그다지 문제삼지 않았다. 젠더권력관계에서 오랜 세월 억압받아온 여성들이 '어쩌다 우연히 방어적으로' 휘두른 폭력을 언급하는 것은 부당하다고 많은 페미니스트들은 역설했다.[3] 여성에게 가해지는 혐오폭력, 성폭력, 가정폭력, 여성살해femicide[4] 등이 넘쳐나는 상황에서 여성이 저지른 폭력은 '하찮은' 것이고 남성폭력에 대한 정당방위로 간주되었다. 하지만 남성만이 식인주체인 것은 아니다. 인간의 조건 자체가 식인주체에서 벗어날 수 없다. 절대적으로 무력한helpless 존재로서 세상에 던져진 인간유아는 타자(어머니, 자연의 산물)를 삼켜 자신의 피와 살로 만들어야 한다. 뿐만 아니라 자기 안의 다른 젠더를 삼키고 억압해야만 자신의 '온전한' 젠더정체성을 구성해나갈 수 있다는 점에서 폭력적이면서도 슬픈 식인주체로 출발하지 않을 수 없다.

2. 쉼보르스카, 앞의 책, 75쪽에서 재인용.
3. 엘리자베트 바댕테르, 『잘못된 길』, 나애리·조성애 옮김, 중심, 2003, 83–112쪽 참조.
4. 황주영, 「여성살해」, 『페미니즘의 개념들』, 동녘, 2015 참조.

여성이라는 이유만으로 윤리적이라는 주장은 설득력을 잃어가고 있다. 권력을 갖고 있는 남성은 폭력적인 '악'이고, 억압받는 희생자로서 여성은 '선'하다는 식의 윤리적 위상이 맥락의 고려없이 주장될 수는 없기 때문이다. 이 말은 '선'한 여성들끼리 오로지 자매애를 발휘해야 한다는 환상을 깨는 소리이기도 하다. 다른 한편으로는 정치적 올바름의 강령에 따라 여성들 사이의 무수한 차이(인종, 계급, 종교, 학력, 섹슈얼리티)에도 불구하고 서로 공감하고 연대할 수 있는가에 대한 비판적 성찰이기도 하다.

무엇보다 그런 논리는 폭력적인 젠더이분법을 영속화하는 것이다. 젠더이분법이 성별분업과 서로 맞물려 있다는 점을 감안해본다면, 그것은 젠더불평등을 해체하는 전략이 아니라 오히려 공모하는 전략이 될 수도 있다. '여성에게 폭력은 없다', '여성폭력은 자기방어적인 폭력뿐이다'라는 주장이야말로 여성들을 무기력한 희생자, 피해자로 만들 수 있다.

역사적으로 살펴본다면 여성 또한 폭력에 가담해왔다. 직접적인 폭력이 아니더라도 손가락으로 가리키는 행위 혹은 '말로써 죽이기'의 하나인 밀고만으로도 수많은 사람들을 총살대 앞에 세우고, 가스실이나 단두대로 보낼 수 있었다. 혹은 순전히 타인을 모욕하는 것에서 자신의 힘과 쾌감을 맛보기 때문에 폭력을 행사하는 여성들도 있다. 혹은 어떤 체제든 그것에 대한 충성심으로 폭력적 해결책을 수행하고 실천한 여성들도 있다. 스베틀라나 알렉시예비치Svetlana Alexievich의 『전쟁은 여자의 얼굴을 하지 않았다』에서 보다시피, 여성들 또한 '가슴은 애국심으로 뜨겁게 불타올라[5] 전쟁터에서 독일군을 사살하기도 했다. 스베틀라나의 글은 전부 인터뷰 형식으로서, 전쟁에 직접 참가했던 여성들의 입장에서 여자가 겪고 경험한 전쟁을 여자의 입으로 이야기하고 있다. 그 점에서 그녀의 글은 전쟁과 여성에 관한 보기 드문 '사실적' 기록이다. 그래서 여자의 입으로 들려주는 여자의 전쟁은 '더 현실적이고 더 잔혹하며 더 실제적이다.'

2004년 4월 『뉴요커』지의 세이모어 허쉬Seymore Hersh 기자는 아부 그레이브 수용소에서 미군병사들이 저지른 폭력과 고문에 대해 보도했고, 이 사건은 세상을 충격에 휩싸이게 했다. 아부 그레이브 수용소 소장은 유일한 여성장군인 재니스 카핀스키Janis Karpinski였다. 고문을 담당하고 사진을 찍으면서 만족스럽게 웃고 있는 미군들 중에는 여군인 린디 잉글랜드Lyndinne England, 사브리나 하먼Sabrina Harman도 있었다. 여군들이 인격말살적인 잔혹극장에 적극적으로 가담했다는 사실은 가히 충격적이었다.

여성의 윤리적 우월성을 강조해왔던 페미니즘 진영은 여군들이 보여준 폭력적이고 외설적인 장면 앞에서 난감하지 않을 수 없었다. 상투적으로 여성의 윤리성(평화, 구원, 이타성, 영성)을 강조해왔던 페미니스트들은 곤혹스러웠다. 여성폭력에 대해 그들이 내놓은 설명은 '군대라는 환경 자체가 폭력적이고, 그로 인해 여성 또한 남성과 마찬가지로 폭력을 행사하게 만든다'는 것이었다. 그렇기 때문에 여군들이 저지른 폭력은 명령체계에 대한 복종이라는 설명이었다. 그들

5. 스베틀라나 알렉시예비치, 『전쟁은 여자의 얼굴을 하지 않았다』, 박은정 옮김, 문학동네, 2015, 67쪽.

또한 군대라는 기계의 한갓 부품으로서 도구적으로 사용된 것에 불과하다고 주장했다. 하지만 이라크 포로들에게 가한 그들의 고문형태는 이슬람 문화에서는 죽음보다 견디기 힘든 것이었다고 한다. 그들은 벌거벗겨진 채 떨고 있는 이라크 포로들 앞에서 득의만만한 웃음을 지으며 카메라를 보고 윙크하고 있었다. 자신의 힘과 우월한 위치를 과시하고 있는 이들 여성을 단지 명령체계에 따른 자동인형쯤으로 간주할 수 있을까?

아부 그레이브 수용소에서 여군들이 보여준 폭력성은 여성성=비폭력성·윤리성이라는 공식의 상징적 몰락을 보여준 사건이 아닐까? 군견을 풀어 위협하는 등 그들이 보여준 폭력성은 나치 수용소에서의 여성간수들과 고문자들을 떠올리게 만든다. 베른하르트 슐링크Bernhard Schlink의 소설 『책읽어주는 남자The Reader』에서 한나는 여자포로수용소에서 여자간수로서의 역할을 법의 이름으로 어김없이 수행한다. 이렇게 본다면, 아이히만Karl Adolf Eichmann만이 법의 이름으로 '최종해결책'[6]을 실행한 것은 아니었다. 아우슈비츠의 간수였던 한나 또한 법과 질서의 이름으로 자신의 폭력을 정당화했다. 제3제국[7]에서 여성들이 저질렀던 것과 유사한 폭력이 아부 그레이브에서 재연되었을 때에도, 여성에게 폭력성은 없다고 강변할 수 있을까? 그들이 폭력적인 명령체계에 따른 순전히 수동적인 희생양이었다는 분석이 여전히 유효할까?

---

6. 수용된 유대인들을 가스실로 보내라는 명령. 이런 미사여구로 인해 아이히만은 유대인 십만 명을 가스실로 보냈지만 최종해결책을 실행하라는 명령에 따랐을 뿐 누구도 죽인 적이 없다고 항변할 수 있었다.
7. 제3제국Drittes Reich: 히틀러가 권력을 장악한 시기의 독일제국을 일컫는 용어.

아드리아나 카바레로Adriana Cavarero는 회색지대로 남겨져 있던 여성의 폭력성을 본격적으로 조명한다. 그녀는 정의의 실현이라는 명분 아래 여성들이 자살테러에 적극 가담하는 폭력적인 현상을 보면서 경악한다.8 여성의 자살테러를 어떻게 해석할 것인가? 임신한 여성들마저 남을 죽이기 위해 자폭하는 일도 서슴지 않는다. 생명을 보살피는 것이 여성의 덕목으로 간주되어왔던 것과는 달리 생명을 대량학살하기 위해 자기 몸을 폭탄으로 사용하는 여성들이 있다. 가장 오래된 공포의 귀환인 '현대판 메데이아'들의 가차없는 폭력성을 단지 테러리즘이라고 부르는 것은 적절치 않다고 카바레로는 말한다. 여성의 자살테러를 표현하기 위해 그녀가 만든 신조어가 호러리즘horrorism이다.

여성이 자신의 몸을 생명의 선물이 아니라 죽음의 도구로 사용하는 현상을 어떻게 받아들여야 하는가? 이슬람 문화에서 여성들은 침묵하는 존재들이었다. 그런 여성들이 폭력의 주체가 된다는 것은 충격적이다. 그들의 폭력은 오랜 세월 견뎌냈던 모욕, 불의, 좌절과 절망을 더 이상 참을 수 없어서 자행된 것이라는 설명도 있지만, 그들을 세뇌의 희생양으로 보려는 강력한 유혹도 있다. 그들의 테러는 자발적 행동이라기보다는 테러조직이 조종한 결과이므로 그들 또한 희생양이라는 입장이다. 말하자면 그들은 배후세력에 의해 조종당한 불쌍한 여성이라는 것이다. 여성이라는 이유만으로, 여성은 윤리적 존재이기 때문에 그런 폭력을 행사할 수 없다고 해석해버리면, 여성은 목숨을

---

8. Adriana Cavarero, "Suicidal Horrorism", *Horrorism: Naming Comtemporary Violence*, Columbia University Press: New York, 2007, trans by William McCuaig, pp. 89-96.

내놓더라도 수동적인 희생양에 불과해진다. 이제 그들은 무기력한 희생자에서 세뇌된 암살자가 되어버린다. 하지만 여성은 단순히 수동적인 피해자가 아니다. 여성 또한 폭력을 통해서라도 자신의 주체성과 주도권 획득을 원한다.

여성들이 국가법과 질서에 언제나 공손하게 복종했던 것만은 아니다. 그렇기 때문에 남성은 폭력적·정복적·공격적이고, 여성은 부드럽고, 섬세하고, 수동적이라는 식의 젠더이분법은 대단히 문제적이다. '여성=보살핌 원리에 바탕한 윤리적 주체'라는 공식은 문제를 해결하는 것이라기보다 더 많은 문제를 산출한다. 여성은 여성이라는 이유만으로 과연 보살핌의 원리를 대변하고 전담해야 할까? 오히려 여성적인 보살핌의 윤리가 부권적 국가의 이해관계에 바탕한 젠더정치의 한 축과 공모할 수도 있다. 보살핌, 배려, 관계지향성이 여성적인 윤리 덕목이라는 주장은 그런 윤리가 사회적 약자에게 부과된 것이며, 여성의 생존전략일 수 있다는 점을 간과한 것이다. 근대 이후 성별 노동분업에 따라 남성에게는 생계부양자, 정치적 시민, 산업역군, 국방의무자와 같은 위치가 할당되어왔다면[9], 여성에게는 가정주부, 돌봄제공자 역할이 할당되었다. 근대 국민국가nation state의 탄생과 더불어 남성은 국방의 의무와 정치적 투쟁을 통해 시민이 되었고 노동투쟁을 통해 산업역군으로서 자리를 확보해나갔다. '가족임금제' 덕분에 남성의 생계부양자 역할이 강화되었다면, 다른 한편에서는 가정주부라는 무임

9. Nancy Fraser, "A Genealogy of "Dependency"", *Fortunes of Feminism: From State-Managed Capitalism to Neoliberal Crisis,* New York: Verso, 2013, pp. 89-100.

금 일자리가 발명되었다. 여성의 가사노동은 보수가 주어지는 것이 아니므로 여성은 남성생계부양자에게 의존하지 않을 수 없다. 그로 인해 여성들에게는 '집안의 천사로서 가족을 돌보고 자녀를 양육하는 것이 천성이자 천직처럼 되어왔다. 이와 같은 성별분업을 통해 남성에 게는 '일'을 해서 가족을 먹여살리는 생계부양자라는 자부심이 부여된 다면, 여성들에게는 '사랑'을 통한 배려가 강조된다. 여성이 집안일, 양육, 보살핌을 주로 도맡으면서 관계지향성을 추구한 것은 여성의 존재론적인 윤리였다기보다는 젠더정치에 따른 여성의 생존전략과 삶의 조건이었다고 볼 수 있다.

남성은 주체적·폭력적·독립적이며 여성은 모성적·평화적·관계 적이라는 관점이야말로 젠더의 정치경제라는 점에 주목할 필요가 있 다. 1, 2차 대전 당시 남성들이 비운 자리를 차지하면서 전쟁특수를 누렸던 여성들이 남성들의 귀향과 더불어 다시 가정으로 유배된 것에 서 보다시피, 보살핌에 바탕한 여성적 윤리는 사회적 필요에 따라 발 명된 것이다. 여성들을 가정에 배치하는 탁월한 전략 중 하나가 여성 에게 모성성을 호소하는 것이다. 여성이라면 누구에게나 모성애가 본 능적으로 주어져 있다고 한다면, 모성애를 부인하는 여성은 이기적일 뿐만 아니라 비정상적인 존재가 된다. 경제적 공포가 엄습할 때면 어 김없이 모성이 강조된다. 갑자기 모유수유의 우수성을 입증하는 과학 적 논문이 쏟아져 나오고, 모유수유를 하지 않으려는 여성은 죄인이 되거나 죄의식을 느끼게 된다. 엄마가 직접 양육한 아이들의 정서가 훨씬 안정적이라는 사실 또한 강조된다. 그러면서도 공적인 공간에서 모유수유를 하는 여성은 부끄러운 줄도 모르는 여성이 된다. 여성이 젖먹이는 모습을 공적 공간에서 보이지 말아야 한다는 것 자체가 여성의 주변화에 한몫을 해왔다. 그 말은 모성은 집안에 머물러 있어야 한다는 말과 다르지 않기 때문이다.

주기적으로 반복되는 경제적 위기 때마다 모성본능의 강조는 은연중에 자본주의와 공모해왔다. 경제적 공포가 지배했던 1980년대 프랑스에서는 일자리가 부족했다. 그 시절 프랑스 정부는 여성들이 가정으로 돌아가면 '자녀교육을 위한 부모 수당'이라는 명목으로 어머니에게 수당을 지급하겠다고 약속했다. 여자들은 일하지 않고(?) 양육수당 받아서 좋은 엄마노릇을 할 수 있으니 일석삼조라고 착각했다. 하지만 아이가 자라고, 수당은 끊기고, 집으로 돌아갔던 엄마들은 실직자가 되었다. 그들은 남편에게 의존하지 않을 수 없고 때로는 혼자 살아야 했지만 원래 직장으로 복귀하는 것은 불가능해졌다. 재취업을 했다고 할지라도 시간제 일자리로 돌아갈 수밖에 없었다. 결과적으로 그 여성들은 최저임금을 받는 계층으로 전락했다.[10] 여성의 모성과 보살핌 노동을 강조하면서 집안에 들어앉히는 대신, 미래세대를 한 사회가 다함께 보살피는 사회적 양육을 시도했더라면 어땠을까? 아마도 여성의 빈곤화와 의존성은 어느 정도 극복할 수 있었을 것이다.

여성의 모성적 특징을 자연화하면서 모성적 윤리에 호소하는 것은 여성으로서는 자승자박일 수도 있다. 경제적 침체기, 구조조정시마다 여성은 자기 자리인 가정으로, 어머니의 역할로 되돌아가야했다.

---

10. 엘리자베트 바댕테르, 앞의 책, 213-215쪽.

여성은 폭력적인 남성과 달리 선천적으로 평화롭고 보살핌에 어울린
다면서 모성을 강조한 대가는 아이러니하게도 여성을 자유롭게 하려
는 페미니즘의 의도와는 달리 여성의 불평등을 강화시키는 것으로
귀결된 측면이 있다.

2. 윤리적 폭력으로서 나르시시즘

인간은 자기 안에서 자기와 편안한 관계로 있지 못한다. 프로이
트 이후, 인간은 자기 자신의 주인이 아니라 탈중심화되어 있다는 점
은 이제 그다지 의문시되지 않는다. 탈중심화는 타자로 인해 내가 구
성되는 것임을 받아들이는 것이다. 주체는 세계를 구성하는 행위자이
기는커녕 타자에게 포획되어 있다. 따라서 주체의 자기동일성 주장은
환상에 불과해진다. 프로이트의 뒤를 이어 장 라플랑슈Jean Laplanche는
「책임과 반응Responsabilite et reponse」에서 우리는 꿈에서까지 타자의 사유와
욕망을 등록하는가를 질문한다. 타자의 사유와 욕망이 나의 꿈에 등록
된다면 주체는 심지어 무의식적 층위에서마저 타자에게 포획되어 있
는 셈이다.

그럼에도 주체의 나르시시즘적인 환상은 쉽게 사라지지 않는다.
나르시시즘적인 주체는 자기 안에서 자신을 주체/대상(나I/나를me)으
로 분리시킨다. 그래야만 자신을 대상으로 사랑할 수 있기 때문이다.
주체로서의 '나'와 대상으로서 '나' 사이에는 틈새가 있다. 그런 의미에

서 나는 이미 언제나 내 안에 타자를 품고 있다. 나의 자아는 박탈당하고 상처입고 취약성에 노출되어 있다는 점에서 탈아적이다. 따라서 나의 정체성은 필연적으로 실패할 수밖에 없다. 그것은 '나'가 '너'라는 타자'에게서 기원하기 때문이다. 이렇게 본다면 나르시시즘적인 주체는 이미 자기 안에 들어와 있는 이질성과 수많은 타자성을 식민화하고 동화시켜 하나의 정체성을 주장하는 것이다. 자족적이고 완전한 정체성을 갖기 위해 타자로서의 여성성, 차이의 이질성을 삭제한다는 점에서 나르시시즘적인 주체는 폭력적이다. 그것이 나르시시즘적인 주체가 저지르는 '윤리적 폭력'이다.

    나르시시즘적인 주체가 저지르는 '윤리적' 폭력성을 탁월하게 묘사한 작품이 발자크Honore de Balzac의 중편 「아듀」[11]다. 이 소설은 기억을 상실한 여인의 신체에서 솟구치는 광기를 나르시시즘적인 남성주체와 공유하는 것의 불가능성을 그린 작품이다. 사실 윤리적인 것과 폭력적인 것은 형용모순이다. 그렇다면 대단히 윤리적으로 보이는 주체가 어떻게 폭력적일 수 있다는 것일까? 사랑에 모든 것을 바친 헌신적인 남성을 폭력적이라고 말하는 것의 의미는 뭘까? 한 여성을 못 잊어서 평생 그리워하며 우울하게 지내는 지고지순한 남성의 사랑을 폭력적이라고 단언할 수 있는가? 「아듀」에서 필립이 보여주는 지고지순한 궁정풍 연애는 여성을 여신으로 받들어 모시는 것이다. 하지만 필립이 보여주는 궁정풍 연애의 구조 자체가 어떻게 남성적인 나르시시즘의 한 형태인지 살펴본다면, 우리는 폭력의 문제가 생각만큼 간단하지

---

11. 오노레 드 발자크, 「아듀」, 『사랑과 행복의 비밀』, 큰나무, 2004 참조.

않음을 알 수 있다.

필립 드 수시Phillip de Sucy 대령은 검사인 달봉d'Albon과 함께 사냥을 나갔다가 길을 잃는다. 그들은 깊은 숲속의 수도원 근처에서 헤매다가 두 여자를 만난다. 하지만 그들이 있는 곳이 어디쯤인지를 두 여자로부터 알아낼 수가 없다. 한 여자는 귀머거리이고 다른 한 여자는 정신이 나가서 '아듀'라는 말밖에 하지 못한다. 이 미친 여인이 필립의 과거 연인이었던 스테파니 드 방띠에르Stéphanie de Vandières 백작부인이다. 그녀는 나폴레옹 전쟁에 출정하게 된 필립을 따라 러시아 전선까지 동행한다. 러시아 전선에서 프랑스군은 대패한다. 러시아 군의 포위망이 좁혀드는 상황에서 일행은 얼어붙은 베리지나 강을 건너야 한다. 하지만 배는 겨우 두 사람이 탈 정도의 나룻배다. 필립은 스테파니와 그녀의 남편을 태워 보내고 자신은 뒤에 남는다. 나룻배에 오른 스테파니가 필립을 향해 마지막으로 외친 말이 '아듀'였다.

하지만 방띠에르 백작은 나룻배에서 떨어져 빙하의 모서리에 목이 찔려 죽는다. 스테파니는 적군에게 붙잡혀 2년 동안 러시아 병사들의 위안부로 끌려다닌다. 스테파니가 의사인 큰아버지에게 발견되었을 때는, 사교계의 꽃으로서 화려하고 우아했던 백작부인의 모습은 오간데 없다. 자기 몸에 새겨진 폭력의 기억을 견디다 못해 그녀는 정신줄을 놓는다. 전쟁과 남성폭력이 새겨놓은 기억을 그녀는 감당할 수가 없었던 것이다.

한편 천신만고 끝에 살아 돌아온 필립은 스테파니만을 찾아 헤매며 우울하게 지낸다. 사냥을 나갔다가 그토록 그리워하던 스테파니를 숲속에서 우연찮게 만난다. 하지만 그녀는 짐승처럼 변해 옛 연인인 필립을 알아보지 못한다. 그는 온갖 수단을 동원해 그녀의 기억을 되돌리려고 한다. 그래서 러시아군이 추격해오던 1812년 11월 28일의 혹한의 베리지나 강변의 모습을 무대 위에서 재현한다. 필립은 두 사람이 헤어지던 날의 극적인 장면을 연출해 보여주면 그녀의 기억이 돌아올 것이라는 희망을 품는다. 닳아서 해진 군복을 입은 농민들이 외치는 고함소리는 그들의 뒤를 바짝 추격해오던 러시아 병사들의 외침 그대로였다. 무대 위에서 강가로 다가오는 나룻배를 보자 스테파니는 기억을 되찾는다. 필립을 알아본 그 순간 그녀는 '아듀'를 외치고 죽는다. 그에게 궁극적인 작별을 고한 셈이다.

필립의 모든 관심사는 성폭력으로 인해 정신줄을 놓은 스테파니가 광기에서 벗어나, 원래 모습을 회복하는 데 집중되어 있다. '광인의 치유는 타자의 이성 속에서 존재하는 것'이라면, 스테파니는 필립의 이성 속에서만 존재할 수 있다. 기억 속에 존재하는 우아한 귀부인이자 오염되지 않은 스테파니의 모습을 되찾으려는 필립의 노력은, 곧 그녀의 연인으로서의 자신의 이미지를 복원시키려는 것이나 다름없다.12 스테파니는 필립의 연인이었음을 반드시 기억해내고 '인정'해야 한다. 그래야만 필립은 영광스러웠던 과거로 되돌아갈 수 있다. 그래서 필립은 끊임없이 '내가 누군지 알아보겠소?'라고 묻는다. 자기를 알아봐 줄 수 있는 '나의' 스테파니로 되돌려 놓은 것이 관건이므로,13

---

12. Shoshana Felman, "Women and Madness: The Critical Phallacy(Balzac, 'Adieu'", *What Does a Women Want? Reading and Sexual Difference*, Baltimore and London: The Johns Hopkins University Press, 1993, pp. 33-35.

그녀가 어떤 폭력과 고통으로 이 지경에 이르렀는지는 그다지 문제되지 않는다. '당신은 나의 스테파니이고 나는 당신의 필립'이라는 문장에서 필립=스테파니가 됨으로써, 필립은 스테파니가 지닌 어떤 차이도 삭제하고 자신의 모습을 그녀에게서 확인받고자 한다. 그의 사랑은 자신의 확장이며 스테파니의 완벽한 삭제에 바탕한 것이다. 필립 속에서 타자로서의 그녀는 존재할 공간이 없다.

아이러니하게도 스테파니에게 치유는 죽음이다. 그녀가 제정신으로 돌아온다는 것은 고통의 기억과 트라우마의 순간으로 되돌아오는 것이다. 필립의 나르시시즘적인 치유의 야망은 결과적으로 살인이 되어버린다.[14] 필립은 그녀를 사랑한다기보다 그녀의 기억 속에 있는 자신의 이미지를 복원하려고 한다는 점에서, 사랑하고 있는 자신의 자족적인 모습을 사랑한 것이다. 그의 나르시시즘은 미친 그녀가 아니라 화려하고 고귀했던 여성성 속에 투영된 자신의 모습을 되찾도록 이끈다. 그런 필립으로서는 그녀의 현재 상태를 도무지 인정할 수 없고 그녀의 말을 알아들을 수도 없다. 그녀가 온몸으로 보여주는 몸의 말들을 이성적인 언어로는 포착할 수가 없다.

필립은 "비록 당신이 미쳤다고 하더라도 **여인의 본성**[15]을 잃지 않았다면, 나는 어떤 고통이라고 참고 견딜 수 있었을 것이오. 하지만 얌전함마저 상실한 야만성을 보게 되면……그런 당신을 보게 될

---

13. 오노레 드 발자크, 앞의 책, 77쪽.
14. Shoshana Felman, *Ibid.*, p. 38.
15. 강조는 필자의 것.

때……"16라고 중얼거린다. 제정신을 잃어버린 그녀의 짐승 같은 행동에 필립은 한숨짓는다. 이런 필립을 보면서 스테파니의 큰아버지는 빈정거린다. "미친 사람이 아름답고 품위까지 있어주기를 바라는가? 그건 자네의 편견 때문이지. 자네의 사랑과 헌신에 믿음이 가지 않네. 슬픔만 가득한 이곳을 떠나주게. 나는 저 녀석의 몸짓 하나하나에서 마음을 읽는 법을 배웠네."17 하지만 필립은 스테파니의 아듀에서 아듀 밖에 듣지 못한다. 마치 고양이의 가르릉거리는 소리는 그냥 가르릉거리는 소리일 뿐 어떤 의사소통도 불가능한 것으로 여기듯, 필립은 스테파니의 전언어적 언어를 도무지 이해하지 못하고 이해하려는 노력도 없다. 반면 스테파니와 항상 함께 있었던 동네 귀머거리이자 백치여성인 주느비에브는 스테파니의 머리카락을 빗겨주면서 동물적인 언어로 서로 소통한다. 주느비에브는 동네 벽돌공을 사랑했지만, 벽돌공은 그녀의 재산을 갈취한 뒤 다른 여자와 함께 달아나버린다. 버림받은 그녀와 스테파니는 서로를 의지하면서 살아간다. 두 여자는 새처럼, 사슴처럼, 고양이처럼 서로 소통한다. 하지만 필립은 그들의 말을 전혀 알아들을 수 없다. 스테파니의 큰아버지가 말한다. "내 조카딸과 이 불쌍한 여자는 어떤 면에서는 보이지 않는 운명의 사슬에 묶여 있어요. 그들이 미치게 되었던 그런 감정에 의해서 말이오."18

스테파니가 체험한 전쟁의 폭력성(성노예로 끌려다닌 경험)은 그

---

16. 오노레 드 발자크, 앞의 책, 78쪽.
17. 위의 책, 78쪽.
18. 위의 책, 70-71쪽.

사건의 당사자이자 유일한 체험자인 그녀로서는 말할 수 없는 것이 된다. 폭력을 온몸으로 경험한 사람은 그것을 일관성 있게 말할 수 없다. 트라우마의 순간은 서사화의 불가능성을 의미하는 것이다. 따라서 아도르노의 유명한 말, '아우슈비츠 이후에 시를 쓴다는 것은 야만이다'라는 말은 수정될 필요가 있다[19]고 지젝은 지적한다. 홀로코스트를 경험한 증인이 자신의 수용소 체험을 아주 일관성 있고 명료하게 기억하고 있다면, 오히려 그런 증언의 신빙성이 의심스럽지 않을까?[20] 아우슈비츠 이후에 일관된 산문은 불가능하지만 논리의 비약이 심한 은유적인 언어, 혹은 트라우마의 언어로서 시는 가능하다. 도무지 이해할 수 없는 폭력적인 사건이 벌어졌는데 이성적인 언어로 말한다는 것 자체가 불가능하기 때문이다. 스테파니의 광기는 '폭력의 언어화'가 불가능함을 온몸으로 말해주고 있다.

견딜 수 없는 폭력에서 살아남기 위해 여자들은 자신과 자신의 몸에서 일어난 일을 망각하고 기억을 삭제한다. 스테파니의 망각은 철저했다. 자신이 당한 폭력에 무감각하려면 여성이라는 젠더와 섹슈얼리티를 잊어야만 했다. 기억을 되찾은 이후 어쩌면 스테파니는 그 옛날 우아한 귀부인의 몸과 마음을 가진 존재로 돌아올 수 있었을지도 모른다. '아듀'라는 말은 그러한 과거 흔적의 각인처럼 보인다. 동시에 그것은 남자들의 욕망과 폭력을 온몸으로 겪어낸 고통스러운 사건의

19. 슬라보예 지젝, 『폭력이란 무엇인가 : 폭력에 대한 6가지 삐딱한 성찰』, 김희진·정일권 외 옮김, 난장이, 2011, 27-28쪽.
20. 위의 책, 27쪽.

기억과 불가분의 관계를 맺고 있다. 의식이 사건을 거부함으로써 육체는 가까스로 그런 폭력적인 사건에서 살아남았지만, 사건의 폭력성이 다시 의식으로 회귀했을 때 육체는 단호히 그것을 거부한다.

「아듀」는 기사가 귀부인을 숭배하는 궁정풍 사랑의 전형처럼 보인다. 평생 한 여인을 그리워하다가 마침내 만나지만, 그녀는 더 이상 예전의 그녀가 아니다. 미친 옛 연인을 치유하려고 갖은 노력을 다하는 필립의 순애보는 감동적으로 다가올 수도 있다. 혹은 이 소설을 나폴레옹 전쟁에 관한 사실주의 역사소설로 읽을 수도 있다. 그런 비평가들은 러시아에서 벌어진 베레지나 전투라는 역사적 사실에 초점을 맞추면서, 스테파니의 광기와 죽음이라는 사건을 서사의 과잉으로 무시해버린다. 그러나 이 텍스트를 사실적인 역사소설로 해석하고자 할 때, 텍스트에서 설명될 수 없는 부분이 바로 스테파니의 광기의 언어이다. 그들은 스테파니가 반복적으로 되풀이하는 '아듀'라는 말을 무의미하고 설명불가능한 것으로 배제시킴으로써, 전쟁이라는 사건을 재현가능하고 사실적으로 완결된 서사로 재구성한다. 쇼사나 펠만 Shoshana Felman은 이러한 해석들이 여성에게 가해지는 폭력과 트라우마에 대한 무의식적인 부인과 공모하고 있다는 점을 읽어낸다.[21] 그런 해석은 여성이 당한 폭력을 비언어화, 비가시화함으로써 텍스트에 완결성을 부여하려 한다는 점에서 두 겹으로 폭력적이다. 이처럼 젠더 무의식에 의해 부인된 여성으로서, 완결된 서사에서 배제된 여성으로서 스테파니는 이 텍스트에서 이중적 타자이다. 「아듀」에서 타자는

---

21. Shoshana Felman, *Ibid.*, pp. 26-30.

젠더 무의식으로 귀환하는 광기의 여성이다. 타자의 목소리를 나의 언어로 식민화하여 이성적인 목소리만을 허용하는 것은 사랑이라기보다는 여성에게 가해진 윤리적인 폭력의 한 형태라고 볼 수 있다.

「아듀」에서 필립의 폭력성은 스테파니의 광기를 이성의 언어로 치유하려는, 주체로서의 윤리적 폭력이다. 자신의 나르시시즘을 만족시키기 위해, 타자의 광기를 자신의 이성적 언어로 식민화하려는 열정이 결국 타자를 죽음에 이르게 한다. 필립이 보여준 사랑의 언어는 폭력의 언어와 맞닿아 있다.

이처럼 사랑이라는 이름 아래 여성들에게 일상적으로 행해지는 다양한 형태의 폭력이 있다. 여성살해, 가정폭력, 성폭력, 데이트 폭력, 성추행 등이 그런 폭력에 해당한다. 젠더를 넘어서, 사랑을 넘어서, 윤리를 넘어서, 폭력이 근절되기 힘들다고 한다면 폭력이 갖는 치명적인 매력은 무엇일까? 사랑이 폭력적이라고 한다면, 폭력이 사랑으로 다가올 수는 없는가?

3. 폭력과 죽음의 에로티시즘

위대한 범죄자를 보면서 대중들이 느끼는 매혹은 한때는 자신들에게도 있었을 '입법가나 예언자로서의 흔적'22에서 기인한다. 사람들은 가족 납치범이나 강간범을 법에 호소하지 않고 직접 처단한 인물을

---

22. 자크 데리다, 『법의 힘』, 진태원 옮김, 문학과 지성, 2007, 92쪽.

종종 두둔한다. 가족 중 딸이나 아내가 납치당해 죽거나(영화 <테이큰>) 혹은 살해당했을 때(드라마 <추적자>), 뒤에 남은 남편이나 아버지는 진범을 찾아달라고 법에 호소하는 것이 아니라 정의의 이름으로 범인을 직접 처단하고 복수한다. 그들은 범인을 잡기 위해 범죄자가 되지만, 그럴 경우 관객은 사적으로 복수하는 그들을 오히려 응원하기도 한다. 폭력에 맞서는 개인의 복수와 사적인 정의실현을 응원하는 것이다. 자신은 국가에 반납해버린 폭력을 그들이 직접 구사한 것에서 대리만족을 느끼기 때문이다. 법질서에 모든 폭력을 반납하지 않고 자신이 자기행위의 주인이 될 수 있었던 시절에 대한 향수가 사람들에게는 남아있다. 그래서 우리는 신화적 영웅, 대범죄자, 혁명가, 무정부주의자들이 기존의 법을 위반하는 '법 정립적' 폭력에 환호하기도 한다.

또한 집단적 폭력을 통해 사람들은 공동체의 구성원으로서 정체성을 확인받는다. 어떤 전쟁이든 전쟁은 적으로 간주된 일군의 사람들을 죽이는 행위에 참여하는 것이며, 그로 인해 국민과 비국민, 적군과 아군, 적과 이웃의 경계가 확실시 된다. 전쟁은 살해가능성 뿐만 아니라 살해당할 가능성을 동시에 열어놓는다. 병사들은 '살해함으로써 혹은 살해당함으로써 국가의 구성원으로 소속된다.'23 이처럼 폭력은 개인에게 국민적 정체성을 부여해주고 공동체의 구성원으로 속하게 하는 효과가 있다. 이렇게 본다면 전쟁은 국가의 강제동원에 의한 것일지라도, 사람들의 협력(자발적이든 마지못한 것이든지 간에)에 의해 가능해진다. 전쟁터에서 남성은 자부심, 애국심, 민족감정 등을 통

---

23. 사카이 나오키, 『번역과 주체』, 후지이 다케시 옮김, 이산, 2005, 184쪽.

해서 남성다움 혹은 남성답지 못함을 확인받는다.

여기서 한걸음 더 나아가 인간에게는 자유의지 혹은 선의지만 있는 것이 아니라 공격충동, 혹은 죽음충동이 있다. 1, 2차 대전을 경험하면서 『문명속의 불만』을 저술했던 프로이트는, 사람들에게는 쾌락원칙을 넘어 죽음충동이 있다는 점을 전쟁의 사례를 들어 설명한다. 말하자면 모든 유기체는 원래의 상태, 비유기체 상태로 되돌아가려는 자기소멸에의 욕망이 있다는 것이다. 제임스 힐만James Hillman은 『끔찍한 전쟁 사랑 A Terrible Love of War』에서 융의 '원형'에 바탕하여 그 점을 이론화한다. 힐만에 따르면 전쟁은 우리의 영혼 안에 우주의 원형적 진실로서 자리잡고 있다.24 그 말은 전쟁본능, 즉 잔혹한 비인간성으로서 폭력을 발휘하는 것 자체가 인간의 본성이며, 광기가 아니라 '정상'이라는 것이다. 전쟁은 심지어 숭엄한 것이며 종교적 영역에 속한다25고까지 그는 주장한다. 그렇다고 하여, 힐만이 전쟁상태의 지속을 원한다는 말은 아니다. 다만 평화주의자들의 소박한 수사학처럼 인간들이 '평화롭게 공존'하는 것이 쉽지 않다는 것을 직시하라는 뜻이다. 힐만의 주장은 전쟁과 폭력을 씨네마화cinematization하고 즐기는 시대에, 인간에게 있는 폭력적 충동을 외면하는 것은 인간의 정신세계를 이해하는 데 도움이 되지 않는다는 뜻으로 들린다.

사람들은 폭력, 죽음, 전쟁 등에서 공포와 환멸만을 느낄 것 같지만 그렇지만은 않다. 오히려 폭력에서 에로틱한 도착적 쾌락을 맛본다

---

24. James Hillman, *A Terrible Love of War*, New York: Penguin, 2004, p. 214.
25. *Ibid.*, p. 214.

면 어떻게 할 것인가? 폭력의 에로티시즘을 고찰했다는 점에서 사드 Marquis de Sade와 마찬가지로 바타유Georges Bataille 또한 20세기의 저주받은 철학자로 알려져 있다. 바타유는 사드가 '인간을 파괴하고 그들의 죽음과 고통을 생각하는 데서 즐거움'[26]을 맛본다고 말한다. 성애적 잔인성 속에서 쾌락을 보는 것, 그것이 바타유가 사드에게 그토록 매료된 이유다. 성적 광기와 폭력은 일관된 형상을 분해하고 소멸시켜버린다. 인간의 형상은 성적 광기와 폭력으로 얼룩져 있다. 폭력은 '유한한 것'을 해체하여 '무한한 것'으로 만든다. 타자와의 합체 속에서 자신을 잃어버린다는 점에서 '작은 죽음'으로서의 에로티시즘 또한 '폭력'[27]에 기반해 있다.

바타유에 따르면 "노예적" 주체가 아니라 "주권적" 주체는 유용성, 자기보존, 자본축적의 원리에 따르는 존재가 아니라 자기파괴, 상실, 소멸, 에로스에 탐닉하는 존재다. 그에게 에로티시즘은 완벽하게 자신을 폭발시키고 소진시켜 죽음과 대면하게 만드는 '작은 죽음'이다. 그것은 유한한 개체가 순간적으로 불타올라 소진됨으로써 삶과 죽음의 경계가 폭발적으로 해소되는 것이다. 폭력을 이런 식으로 해석하는 것 자체가 1차 대전을 경험한 전선세대의 특징일 수도 있다. 셀린느Louis-Ferdinand Céline와 같은 전선세대들에게 전쟁터는 "불타는 묘지"이며, 참호에서 뛰쳐나가 갈가리 찢겨서 산산조각 나는 곳이자 "썩은 시체덩어리"[28]가 나뒹구는 곳이다. 셀린느에게 우리의 몸은 진부한

26. 조르주 바타유, 『문학과 악』, 최정윤 옮김, 민음사, 1995, 130쪽.
27. 조르주 바타유, 『에로스의 눈물』, 유기환 옮김, 문학과 의식, 2002, 27-29쪽.

분자들이며 잔혹한 소극笑劇에 반발하면서 존재한다. 따라서 인간의 몸은 미세한 분자로 분해되어 가능한 빨리 우주 속으로 해소될수록 좋은 것이다. 그럴 때 '나'라는 존재는 황홀하게 사라져서 '우리'로 분해된다. 따라서 셀린느에게 전쟁은 "모든 고깃덩이들"[29]이 자기 해체와 분해를 통해 우주적인 무한성으로 녹아들어가는 것이다.

셀린느와 흡사하게 바타유 또한 인간의 총체적 해소는 죽음과 희생과 에로티시즘에서 절정에 이르는 것으로 이해한다. 사랑의 본질은 "두 존재 사이의 집요한 불연속성을 경이로운 연속성으로 대체한 것"[30]이라고 한다면, 오직 폭력만이 그런 사랑을 정당화할 수 있다고 바타유는 주장한다. 그에게 자기보존 본능에 반反하는 죽음충동은 주권적 영혼의 자유를 규정한다. 그는 죽음을 통해 단속적인 존재가 지속성으로 들어가게 되며, 죽을 수밖에 없는 개별성으로부터 자유로워진다고 말한다. 바타유의 잔혹극장과 폭력적 파괴는 역설적으로 유한성의 절대부정에 이르는 길이다. 바타유는 존재의 특이성 혹은 개인의 유한성을 파괴함으로써 무한성으로 열릴 수 있다는 점에서 파괴의 혜택에 주목한다. 심지어 폭력은 인간의 특이성이라는 점에서, 필연적이고 신성한 것이기도 하다. 피에 대한 매혹으로 인해 바타유는 폭력이 만연한 시대에 이르러 새롭게 조명되고 있다.

한나 아렌트는 『전체주의 기원』에서 잔인성, 폭력성을 덕목으

---

28. 루이 페르디낭 셀린느, 『밤의 끝으로의 여행』, 이형식 옮김, 동문선, 2004, 17쪽.

29. 위의 책, 30쪽.

30. Adriana Cavarero, *Horrorism: Naming Comtemporary Violence*, New York: Columbia University Press, 2011, p. 51.

로 끌어올리는 바타유, 셀린느와 같은 '전선세대'에게 혐오감을 드러낸다. 그녀는 '문학적 아방가르드들이 추의 미학에서 숭고를 추구하는 경향을 발전[31]시켰으며, 에로티시즘에 탐닉하여 자아 소멸을 주장하는 것이야말로 전체주의 체제 아래서 자아 없는 인간들을 상징하는 것이자, "전선세대의 반인본주의, 반자유주의, 반개인주의, 반문화주의 충동"이라고 공격한다. 이런 현상은 인간의 잉여성과 공모하는 것이며 그 결과 절멸 캠프extermination camp로 끝나게 된다는 것이다. 1차 대전으로 인해 전선세대는 폭력에 대한 열광에서 치유된 것이 아니라 오히려 중독된 것이며, 살육과 도륙을 정당화하고 미학화하며, 허무주의를 넘어서 존재론적인 범죄로 나갔다[32]는 것이 아렌트가 그들을 비판하는 요지다.

한나 아렌트의 비판과는 달리, 바타유의 주권적 주체는 부르주아적인 자족적 자아를 해체하는 것이라고 카바레로는 읽어낸다.[33] 바타유의 주권적 주체는 수동적으로 타자에게 열리는 것이며, 상호노출 속에서 상처 입으면서 죽음과 대면하는 것이다. 부르주아적 가치인, 질서와 안정, 조화와 용도(쓸모 있음), 축적에 대한 혐오로 인해 그는 주체의 소멸을 즐겁게 받아들인다. 주체의 소멸을 가져다주는 바타유의 '주권적 소비'는 자본주의의 자본축적을 해체할 수 있는 하나의 대안처럼 간주되기도 한다. 주권적 소비는 잉여를 남김없이 예술, 사

---

31. Adriana Cavarero, *Ibid.*, pp. 49-52에서 재인용.
32. *Ibid.*, p. 49에서 재인용.
33. *Ibid.*, "Erotic Carnages" pp. 49-53.

치, 전쟁 등에 낭비하고 쏟아부어버림으로써 자본축적의 회로에서 벗어나는 것이다. 따라서 바타유의 "상호 파괴"로서의 소통 개념은 자율적 자아라는 부르주아적 이상에 상처를 입히는 것이다. 그것은 자족적인 개인이라는 오만에 굴욕을 안기는 것이자 인간의 나르시시즘을 파괴하는 것이다. 그는 부르주아적 소유주체처럼 자기축적이 아니라, 자신을 내려놓음으로써 소통하는 공동체를 상상한다. 그와 같은 '죽음의 공동체'는 개별성의 원자화뿐만 아니라 소통에 대한 휴머니즘적인 향수에 반대한다는 점에서 파시즘적인 것과 성격을 달리한다. 이는 난교, 고문, 육체적 고통 속에서 남김 없는 소비와 소멸을 갈망하는 바타유가 폭력, 테러, 호러의 시대에 주목받는 이유이기도 하다.

바타유에 이어 은둔의 철학자 모리스 블랑쇼 Maurice Blanchot는 죽음의 불가능성을 주장한다. 블랑쇼는 근대성의 환상(이성적 인간, 주체의 자율성, 예술의 절대성, 공동체의 이념 등)이 파국에 이른 시대를 상징하는 인물이자, '근대성의 조종을 울리는 사제'[34]다. 그에게 죽음은 불가능한 사건이다. 도대체 죽을 수밖에 없는 인간에게 죽음이 불가능한 사건이라는 말이 무슨 의미일까? '나의 죽음은 주체가 경험할수 없으므로 나에게 죽음이란 불가능한 사건이다. 죽음은 너라는 타자를 통해서만 간신히 경험하는 것이다. 하지만 '네가 있다면 죽음은 있지 않고, 죽음이 있다면 너는 없다.' 그러므로 '나는 결코 죽지 않는다.' 내가 간신히 죽음을 알 수 있는 것은 타인의 죽음과 동일시할

---

34. 모리스 블랑쇼/장 뤽 낭시, 『밝힐 수 없는 공동체/마주한 공동체』, 박준상 옮김, 문학과지성사, 2005, 95쪽.

때이다. 하지만 내가 타인의 죽음이라는 사건과 동일시하는 과정에 너와 나의 형태가 달라진다면, 나는 타인의 죽음 또한 경험할 수 없다. 그러므로 죽음의 경험은 '나'의 죽음이든 '타자'의 죽음이든 불가능한 사건이 된다.

이처럼 폭력성을 통해 역설적으로 '불멸'에 이르게 된다면, 인간이 어떻게 폭력이라는 치명적 유혹으로부터 벗어날 수 있겠는가. 프로이트의 말처럼 우리는 자기 죽음을 상상할 수도 경험할 수도 없다. 우리는 타인의 죽음을 통해 자기도 죽을 것임을 안다고 하지만, 사실은 방관자로서 존재할 뿐이다. 그런 의미에서 '무의식 속에서 모든 사람이 자신의 불멸을 확신'[35]하고 있다. 죽음을 상상할 수 없다는 점에서 죽음은 없다는 것이다.

아이러니하게도 파괴적인 폭력이 불멸에 이르는 수단이라고 한다면, 불멸을 꿈꾸는 남성들에게 폭력은 치명적인 유혹이자 주권적 힘이며 뿌리칠 수 없는 욕망이 된다. 인간의 조건 자체가 식인주체일 수밖에 없고 폭력을 통해 주권적 주체의 힘을 확인받을 수 있다고 한다면, 인간에게서 공존의 가능성은 어디서, 어떻게 찾을 수 있을까? 바타유가 말한 것처럼 폭력이 단지 고통을 가져다주는 것이 아니라 성적 쾌락을 가져다준다면 폭력의 유혹으로부터 인간이 과연 벗어날 수 있을까? 여성주체들 또한 폭력의 유혹에서 자유롭지 못하다고 한다면 우리는 어디서 공존의 가능성을 찾을 수 있을 것인가?

---

35. 프로이트, 『문명 속의 불만』, 김석희 옮김, 열린 책들, 2003, 57쪽.

4. 폭력의 재배치를 위하여

여성 또한 폭력으로부터 자유롭지 않을 뿐 아니라, 폭력을 통해서나마 주체가 되려는 열정을 가지고 있다. 사회적 약자로서 여성이 가장 쉽게 저지를 수 있는 것이 영아살해였다는 것은 익히 알려진 사실이다.[36] 영아살해로 악명높은 콜키스의 메데이아뿐만 아니라 현대판 메데이아들도 끊임없이 등장한다. 산후우울증으로 자녀를 살해하기도 하고, 자신의 생존을 위해 타자를 살해하기도 한다. 혹은 자신의 권력과 성적 쾌락을 맛보기 위해 폭력을 행사하기도 한다. 이처럼 여성 또한 자신보다 무기력한 존재에게 폭력성을 드러낸다.

하지만 절대적으로 무기력한 존재를 보살피는 데 익숙한 존재들 또한 여성이다. 오랜 세월 비대칭적인 젠더권력관계 속에서 살아온 여성들은 사회적 약자로서 자기 안의 타자와 세계를 보살피는 역할에 익숙하다. 여성이 자기 안팎의 타자와 유연한 관계를 맺을 수 있다는 말은 자기 안에 자기 아닌 비/존재, 모순, 틈새들이 혼란스럽게 혼재할 수 있는 가능성에 열려있다는 의미다. 여성들은 자기 안에 타자를 품을 수밖에 없는 조건으로 인해, 약자들끼리 보살피고 공존하는 지혜를 터득해 왔다고 말할 수 있다. 여성 또한 여성 나름의 방식으로 남성 못지않게 폭력을 행사한다 할지라도, 동시에 여성들은 폭력성 못지않게 고통과 연민을 함께 나누는 데도 유연한 존재다. 타인의 슬픔에 공감의 눈물을 흘리지 못하도록 교육받아온 남성들과는 달리 여성들

---

36. 엘리자베트 바댕테르, 『만들어진 모성』, 심성은 옮김, 동녘, 2009 참조.

은 눈물과 슬픔의 용도와 정치성 또한 잘 알고 있다. 남성폭력이 자기를 무화시켜서라도 불멸성에 이르고자 한다면, 남성에 비해 타자와 더불어 온몸으로 살아야 했던 여성들은 불멸에 대한 집요한 욕망이 상대적으로 덜하다. 생명을 스스로 창조할 수 있는 가능성과 경험에 바탕하여, 여성은 태어난 생명은 언제든 죽을 수밖에 없고 죽기 때문에 새로운 생명으로 연결된다는 점을 체득해왔다. 몸의 취약성, 인간의 나약함에 대한 경험은 여성들로 하여금 사회적 약자들끼리 함께 살아야 함을 배우도록 해주었다.

최근에 상영된 SF 영화 <매드맥스 4: 분노의 도로>에서 퓨리오사는 이름 그대로 아킬레우스 못지않게 분노하고 폭력에 폭력으로 맞서는 여전사다. 배경은 인류가 재앙에 처한 22세기다. 독재자 임모탄은 희귀한 자원이 되어버린 물과 기름을 장악하고, 살아남은 인류를 폭력으로 다스린다. 그는 워보이들에게 싸우다 죽음으로써 불멸의 천국에 이를 수 있다고 말해주면서 전쟁을 독려한다. 워보이들은 자폭도 서슴지 않는 임모탄의 전쟁도구가 된다. 반면 퓨리오사는 임모탄의 전쟁도구가 되는 것에 반기를 든다. 그녀는 여성을 생식공장이나 모유공급기계로 삼고 있는 임모탄의 독재에 항거한다. 그녀가 가진 저항의 힘은 녹색의 땅에 대한 경험과 기억에 있었다. 분노의 여신의 귀환을 상징하는 퓨리오사는 여성들을 이끌고 녹색의 땅을 찾아 떠난다. 그 과정에서 그녀가 보여주는 분노와 해방투쟁은 모성적인 보살핌이 아니라 폭력에 맞서는 대항폭력이다. 하지만 퓨리오사가 꿈꾸던 녹색의 땅은 어디에도 존재하지 않는다. 퓨리오사의 고향 땅에는 바이크를 타고 돌아다니는 늙은 여자 대여섯 명이 간신히 살아남아 있을 뿐이다. 늙은 레즈비언 바이크족 아마조네스들은 살아남기 위해 폭력도 서슴지 않는다. 그와 동시에 그들은 마지막 남은 지구의 종자들을 보존하고 있는 자들이기도 하다. 지구의 종자뿐만 아니라 인류의 종자를 품고 있는 여성들을 보존하기 위해, 그들은 퓨리오사가 이끄는 해방투쟁에 온몸을 바치면서 자신들의 몫을 수행한다. 잡다한 타자들이 뒤섞여 만들어내는 다채로운 공간에서 공존의 가능성은 열린다. 그것이 폭력에 포위된 세계에서 늙은 여성들이 터득한 생존의 지혜다. 그녀들이 보여주는 폭력의 창조성은 폭력을 위한 폭력이 아니라 공존을 위한 것이다. 서로의 나약함과 그로 인한 고통과 슬픔을 나눌 수 있는 연민으로 인해, 그들은 폭력을 위한 폭력으로 끝 간 데까지 치닫지 않는다.

태초부터 몸을 가진 여성은 불멸을 꿈꾸기 힘든 조건 속에서 살아왔다. 게다가 죽음의 공동체로 소환될 때 국민에 속할 수 있다면, 여성은 거의 언제나 국민으로부터 소외되었을 뿐만 아니라, 폭력의 기억으로부터도 배제되어 있다는 의미에서 국가공동체의 구성적 외부였다. 그로 인해 여성들은 폭력을 휘두를 기회가 적었을 뿐만 아니라, 약자로서 가능한 한 폭력을 억제하는 법도 배웠다. 여성들에게는 불멸을 꿈꾸기보다는 타자를 품어야 할 상황에 처하는 일이 더욱 빈번했다. 여성들은 자신의 취약성에 대해 남성들처럼 치욕을 느끼기보다는, 그런 상황에서 살아남는 법을 익히느라 바빴다.

여성들은 죽음공동체에서 거의 언제나 배제되었으므로, 국가폭력에 전적으로 복종하지 않을 수 있는 '잉여'의 영역을 형성해왔다.

여성은 억압의 세월에서 터득한 생존지혜로 인해 궁극적으로는 죽음까지도 보살피는 역할에 익숙해져왔다. 제발트W. G. Sebald는 『공중전과 문학』에서 2차 대전 중 영국공군의 공습에 의해 함부르크가 그라운드 제로Ground Zero 지역이었을 때 여성들이 보여준 상황을 이렇게 전한다.

> 1943년 여름 함부르크에 화염폭풍이 버섯구름처럼 피어올랐다. 함부르크 발 피난민 특별 수송열차가 슈트랄준트 역으로 들어왔다. 피난민들 대다수가 완전히 제정신이 아니어서 무슨 일이 일어났는지 전혀 말하지 못했고, 말문이 막힌 상태였으며 절망으로 흐느끼거나 울부짖기만 했다. 자신들이 어디에서 온지도 모르는 이들은 행로와 행방을 알 수 없는 살아있는 유령들이었다. 지붕과 광고간판이 공중으로 산산조각이 되어 날아오르고 사람들이 횃불처럼 불타는 가운데서 다행스럽게도 기차에 올라탈 수 있었던 여자들은 여행가방을 끌어내렸다. 가방 안에는 귀중품이 아니라 죽은 아이들의 시체가 들어 있었다. 공습 때 연기에 질식했거나 이런저런 이유로 죽은 아이들이었다.[37]

이 엄청난 재앙의 한가운데서 여자들이 할 수 있었던 것은 죽음을 무릅쓰고 트렁크를 가져오는 것이었다. 함부르크 어머니들의 트렁크는 폭력에 대응하여 여성들이 보여준 보살핌의 한 형태라고 할 수 있다.

여성에게 폭력성이 없다고 주장할 것이 아니라, 여성에게서 보이는 폭력성을 파괴적 창조성으로 연결시키는 것이야말로 페미니즘이 해야 할 노력이지 않을까? 알렉시예비치가 말하듯, 여자는 생명을 선물하는 존재이므로, 여자에게는 '죽는 것보다 생명을 죽이는 일이 훨

---

37. W.G. 제발트, 『공중전과 문학』, 이경진 옮김, 문학동네, 2013, 122쪽.

썬 더 가혹'38하다는 것을 깨닫고 있기 때문이다. 억눌렸던 여성의 분노를 조직하여 남성중심적인 제도를 해체하는 데 활용했던 것이 초기 페미니즘의 전략이었다고 한다면, 우리시대의 페미니즘은 호러리즘과 같은 여성적 폭력을 기존의 불평등하고 비인격적인 힘들을 해체하는 대항폭력으로 어떻게 활용할 것인가를 고민해야 할 것이다.

---

38. 스베틀라나 알렉시예비치, 앞의 책, 29쪽.

3장

비체 혹은 호러

▶ 유디트와 홀로페르네스
아르테미시아 젠틸레스키

▶ 메두사
카라바조

피렌체에 있는 우피치Uffizi 미술관에 가보고 싶었다. 아르테미시아 젠틸레스키Artemisia Zentileschi의 그림 <유디트와 홀로페르네스Judith and Holofernes>와 카라바조Michelangelo da Caravaggio의 그림 <메두사Medusa>를 직접 보고 싶었기 때문이다. 유디트와 홀로페르네스, 그리고 메두사를 그린 그림은 무수히 많다. 사람들은 참수 장면을 끔찍해하면서도 왜 그것에 두려운 매혹을 느끼는 것일까? 루이 16세의 목이 단두대에서 떨어지자 민중들은 환호하면서 왕의 피를 나눠 마셨다고 한다. 가장 높은 것이 가장 낮은 곳으로 추락하는 것이 혁명이라고 한다면, 민중들에게 루이 16세의 참수는 곧 혁명의 상징이었을 것이다.

힌두의 신은 히에로니무스 보쉬Hieronymus Bosch의 그림에서처럼 겹겹의 해골 목걸이를 걸고 있다. 네팔의 천장天葬터는 사자死者들의 해골로 장식되어 있기도 하다. 해골로 내부를 장식한 성당도 있다. 사원에 전시된 해골은 '메멘토 모리Memento mori'[1]의 상징처럼 보인다. 하지만 참수당한 적들의 머리를 창에 꽂아서 전시하는 것은 단지 공포를 심어 주기 위해서였을까? 21세기인 오늘날에도 IS는 인질들을 공개적으로 참수하고, 그 모습을 동영상으로 올린다. 잘린 목은 정치효과를 위해서 전시될 뿐만 아니라 문화상품에까지 등장한다. 메두사의 잘린 머리는 베르사체 향수병의 아이콘이 되어 있다.

목을 치고 거세하는 여자들의 치명적 매력에 매혹되는 젠더 무의식은 무엇일까? 이 장에서는 젠더 무의식으로 인해 어떻게 가장 신성

---

1. 메멘토 모리는 '자신의 죽음을 기억하라' 또는 '너는 반드시 죽는다는 것을 기억하라'를 뜻하는 라틴어.

한 것이 비천한 것이 되고, 쾌락이 혐오로 전이되며, 또 어떻게 순결한 것이 불결한 것으로 전염되고, 아름다운 것이 추한 것으로 뒤집히는지 살펴보고자 한다. 목이 몸통에 붙어 있을 때는 신성하지만, 떨어져 나간 목은 혐오와 공포의 대상이 된다. 모성은 숭배의 대상임과 동시에 살모충동의 대상이 되기도 한다. 신성가족 안에 봉쇄된 여성의 섹슈얼리티는 성스럽지만, 가족의 경계를 벗어나 떠도는 여성의 섹슈얼리티는 경멸받는다. 이성적이라고 주장해온 남성들이 머리(이성)를 잃고 자신들이 여성의 자리라고 규정했던 바로 그곳으로 추락하면, 그들은 비체가 된다. 이 장에서는 이성/광기, 성녀/창녀, 순결/불결, 비상/추락 등의 이분법에서 '제자리' 혹은 정상성을 규정하는 것 자체가 젠더 무의식의 정치적 배치와 무관하지 않음에 주목하고자 한다.

1. 메두사, 유혹하다

메두사는 많은 예술가, 작가, 그리고 페미니스트들의 상상력을 자극해왔다. 메두사는 여성이 가진 막강한 힘과 그로부터의 추락을 상징한다. 한때는 치명적 매력을 지녔던 여신 메두사는 아름다움을 잃고, 목이 잘리고, 괴물로 전락한다. 메두사의 추락을 재해석하려는 페미니스트 중 한 사람이 엘렌 식수Helene Cixous다. 그녀는 사마천의 『사기』에 등장하는 손무와 후궁들의 고사에서 메두사/페르세우스의 유사성을 읽어낸다. 「손자 오기 열전孫子吳起列傳」 편에 의하면 손무는 후궁들에게 군사훈련을 가르치고자 한다. 하지만 여자들은 웃고 떠들면서 손무의 말을 듣지 않는다. 손무는 왕이 가장 총애하는 후궁 두 명을 참수한다. 그렇게 하여 손무는 여자들에게 군사훈련을 가르칠 수 있게 된다. 식수는 「참수냐 거세냐」[2]에서 남성경제는 북소리와 구령에 맞춰 질서정연하고 절도있게 움직이는 것이라고 말한다. 남성은 기존의 상징질서에 복종한다는 의미에서 거세된 것이며, 거세의 대가로 그 질서 속에서 신민臣民이 된다. 반면 거세에서 자유로운 여자들은 거세를 두려워하지 않는다. 남성질서를 조롱한 결과 그들은 메두사처럼 참수된다. 남성적 질서는 무질서한 여성들에게 질서와 절도를 배우도록 강제한다. 남성의 질서를 습득하는 고통스런 과정을 거쳐 여성은 남성의 자본capital이 되거나, 그렇지 못할 경우 참수된다de-capitate.[3]

하지만 엘렌 식수의 메두사는 참수도 두려워하지 않고 웃는다. 페르세우스에게 참수되기 이전에 여신으로서 메두사는 너무 아름다워서 그녀와 눈길만 마주쳐도 모든 존재가 얼어붙는다. "메두사를 보기 위해서는 정면에서 그녀를 바라보는 것으로 충분하다. 메두사, 그녀는 치명적인 존재가 아니다. 그녀는 아름답다. 그리고 그녀는 웃고 있다."[4]고 식수는 말한다. 남성은 거세 앞에서 벌벌 떨지만 메두사는 거

---

2. Helene Cixous, "Castration or Decapitation", trans. Annette Khun, *Signs*, Vol. 7, No. 1(Autumn, 1981), pp. 41-55.

3. capital의 라틴어 어원은 capitalis이다. capitalis는 형용사로서 머리에 관한regarding to head이다. 사형을 의미하는 capital punishment는 원래 목을 베는 참수형을 뜻하는 것이었다. 명사로서 caput는 머리를 뜻한다. 이것은 가축의 머리head of cattle로서 '수입을 기대할 수 있는 가축의 일부라는 뜻이다. 아담 스미스는 이 단어를 자본이라는 뜻으로 사용하게 된다.

4. 엘렌 식수, 『메두사의 웃음/출구』, 박혜영 옮김, 동문선, 2004, 29쪽.

세를 비웃는다.[5] 여성이 참수나 거세 앞에서도 웃을 수 있는 것은 가진 것이 없기 때문이라고 식수는 주장한다. 여성은 가진 것이 없으므로 '역설적으로 계산없이 자신의 것을 탈소유화'[6]하고 무조건적으로 선물할 능력이 있다. 반면 남성적 경제는 선물을 두려워한다. 남성에게 주고받는 것은 정확해야 한다. 자본주의 경제에서 남성들에게 선물이란 돌려줘야 할 빚이다. 남성들에게 선물보다 더 위험한 것은 없다. 선물은 타인의 관대함에 빚지는 것이며 부채다. 무엇을 받는다는 것은 타인에게 자신을 여는 것이다. 타인에게 자신을 열어주는 것은 자신을 약자의 처지에 놓는 것이다. 선물교환의 끝없는 회로에서 벗어나기 위해, 남성경제는 정확한 계산에 따라 되갚고자 한다. 남성의 셈법에 의하면 관대한 선물은 힘의 불균형을 초래하므로 위협적인 것이 된다.

데리다 식의 해체론에 영향을 받은 식수는 젠더이분법을 해체하고자 했다. 남성 우월성/능동성/이성, 여성 열등성/수동성/감성이라는 젠더이분법은 젠더 권력관계를 비대칭적으로 제도화하고 재생산하는 것이라는 점에서 페미니스트들의 비판을 받아왔다. 식수 또한 남성의 우월성을 주장하는 남성이성중심주의를 해체하고자 했다. 그런 노력에도 불구하고 그녀는 젠더이분법의 경제를 유지하고 있다는 점에서 자기모순적이다. 남성은 소유경제, 여성은 선물경제라는 이분법은 해체가 아니라 교체다. 그녀의 논리에 따르면 소유와 계산에 바탕한 남성경제는 자본주의적인 것이고, 선물과 관대함에 바탕한 여성

---

5. 엘렌 식수, 앞의 책, 36쪽.
6. 위의 책, 36쪽.

경제는 전근대적인 것처럼 되어버린다. 기존의 젠더이분법에서 열등한 것과 우월한 것을 서로 자리바꿈 했을 뿐, 이법적인 구조 자체는 해체하지 못하고 있다.

식수와는 다른 방식으로, 줄리아 크리스테바Julia Kristeva는 괴물로 추락한 메두사의 귀환을 성상 이미지에서 찾아낸다. 메두사의 흔적을 예수의 성육신에서 찾아냄으로써, 그녀는 참수된 여신에게 잃었던 목을 되돌려주려고 한다. 이에 관한 정신분석학적 해석이 『잘린 목』7이다.

잘 알려져 있다시피 메두사는 몸은 여자이고 머리카락은 뱀의 모양을 한 날개달린 괴물이다. 괴물로 추락하기 전 그녀는 아름다운 머리카락과 치명적인 매혹을 지닌 여신이었다. 메두사는 막강한 능력을 지니고 있었다. 그녀와 눈길만 마주쳐도 남성들은 눈이 부셔 맹목이 된다. 그녀의 치명적인 눈길 한 번에 그들은 거세되고 온몸이 굳어 돌이 된다. 이렇게 본다면 메두사는 참수된 괴물이 아니라 거세시키는 여성이었다. 그처럼 막강했던 메두사는 바다의 신 포세이돈에게 사랑받았지만 버림받는다. 시대적 맥락에 따라 그녀에 관한 신화는 수없이 반복되고 변형된다. 포세이돈이 빠져들지 않을 수 없을 만큼 빼어난 미모와 힘을 지녔던 메두사는 부권제가 강화되면서 모든 것을 잃고 마침내 페르세우스의 칼날에 목이 날아간다. 그녀는 여신의 지위를 잃고 추락하여 괴물이 된다. 메두사의 추락은 여신의 권위와 권력이 부권적인 남신에게로 넘어가는 것을 상징한다. 눈길만 마주쳐도 모든

---

7. Julia Kristeva, *The Severed Head: Capital Visions*, trans, Jody Gladding, Colombia University Press, 2012.

것을 얼어붙게 만드는 메두사를 페르세우스는 어떻게 처치했을까?

오비디우스의 『변신』에 따르면, 메두사는 페르세우스의 그림자에 속는다. 그녀는 파도에 비친 페르세우스의 이미지를 실제로 착각하고 달려든다. 페르세우스는 그것을 기회로 교활하게도 그녀의 등 뒤에서 목을 내려친다. 또 다른 판본에 따르면, 페르세우스는 메두사와 직접 눈길을 마주치지 않으려고 방패에 비친 그녀의 모습을 보면서 싸운다. 그리하여 페르세우스는 메두사를 처치하고 영웅이 된다. 그런데 메두사의 위력이 얼마나 대단했던지 그녀가 흘린 피마저 생명 있는 것들을 화석으로 만든다. 페르세우스가 메두사의 잘린 머리를 나뭇잎 위에 조심스럽게 올려놓자 나뭇잎은 돌처럼 굳는다. 메두사의 피가 닿자, 바다 속에서 유연하게 살아 움직이던 풀잎은 돌처럼 굳어져 산호가 되었다고 한다.

메두사에게는 세계의 기원으로서 생명력과 죽음의 공포가 공존한다. 이탈리아 화가 카라바조가 그린 메두사는 입을 크게 벌린 채, 동공은 두려움으로 확장되어 있다. 크리스테바가 상상하는 메두사의 이미지는 카라바조의 메두사처럼 보인다. 정신분석학자답게 크리스테바는 공포에 질려 벌어진 메두사의 입을 여성의 성기로 등치시킨다. 카라바조가 그린 <메두사>를 보면 입과 성기를 등치시킨 것의 의미가 무엇인지 보인다. 크리스테바는 기원의 장소로서 여성의 자궁에 주목한다. 그녀는 여성의 거세가 주는 공포와 매혹을 동시에 설명하고자 한다. 메두사의 목구멍은 여성의 생식기로 전환된다. 충혈된 눈은 치모로 둘러싸여 끈적거리는 질로 비유된다. 눈과 입과 질과 같은 육체의 구멍들은 깊이를 알 수 없는 여성의 신비한 동굴들이다.

크리스테바는 여기서 아이와의 관계를 거론하면서 여자가 아니라 어머니로 은근슬쩍 미끄러져 나간다. 메두사는 어머니가 되어 본 적이 없었다는 점에서 빈궁(텅 빈 자궁)이었다. 그 점을 상기한다면, 이런 미끄러짐은 문제적이다. 이 부분은 크리스테바가 보여주는 성차 이론의 정치적 보수성이 드러나는 지점이기도 하다. 하지만 여기서의 관건은 그것이 아니다. 크리스테바는 모성의 양면성을 생명의 기원이면서 동시에 죽음의 심연이라는 점에서 찾는다. 모성은 생명이 탄생하는 환희의 공간임과 동시에 살아있는 모든 존재를 삼키는 망각의 장소다. 아이의 환상 속에서 어머니는 먹여주는 자임과 동시에 먹어 삼키는 자가 된다. 그래서 크리스테바는 메두사를 모든 존재의 생성 공간이면서도 공포스러운 태곳적 어머니로 설정한다.

무엇보다 크리스테바의 정신분석학적 충동은 여성의 몸과 재현의 가능성을 서로 연결시키려는 데 있다. 페르세우스는 자기 방패에 비친 메두사의 그림자를 보고 그녀를 처치한다. 메두사를 직접 보면 돌이 되므로 베일이 있어야 한다. 페르세우스가 메두사를 견딜 수 있었던 이유는, 그것이 벌거벗은 실재가 아니라 거울에 재현된 존재였기 때문이다. 재현은 벌거벗은 실재의 구멍을 가리는 것이다. 페르세우스는 그녀와 직접 눈을 마주친 것이 아니라 거울에 비친(수면, 방패) 그녀와 싸운다. 그렇다면 재현이야말로 죽음과 소멸의 공포로부터 남성을 보호해주는 베일이자 스크린이다. 남성에게는 거세의 두려움 없이 자신의 시선을 반사시켜줄 스크린이 필요하다. 메두사의 응시와 직접적으로 마주보는 것은 거세이자 죽음이기 때문이다. 메두사의 응시를 베일로 가려야만 남성의 시선은 스크린에 비친 의미를 인지하게 된다. 이처럼 메두사가 가진 힘을 가려주는 이미지 혹은 재현이라는 베일이 페르세우스의 방패인 셈이다.

여성이 몸을 잃고 재현의 세계로 들어가면 남성들의 아이콘이 된다. 페르세우스는 자신의 방패에 메두사를 아이콘으로 붙여둔다. 이처럼 아이콘은 이미 언제나 재현이다. 재현으로서 예술은 여성의 목과 몸을 대신하는 것이다. 그렇다면 여성은 남성 시선의 대상일 뿐, 재현의 주체는 될 수 없다는 것인가? 바꿔 말하자면 이 질문은 '예술사에서 위대한 여성예술가는 없다', '여성은 문명과 예술에 기여한 바가 없다'는 남성들의 조롱에 대한 페미니스트들의 도전 과제가 된다. (이 문제는 뒤에서 다시 거론하겠다.)

메두사의 깊은 목구멍과 이빨은 아이의 불안한 상상 속에서 '이빨달린 질Vagina Dentata'로 흔히 연상된다. 남성의 환상 속에서, 성행위시 남성은 거세의 공포를 경험하는 것으로 해석될 수 있다. 거세하는 여성에 대한 남성의 공포는 남성 자신들의 거세공포와 죽음충동을 여성에게 투사한 것이다. 남성의 거세불안은 목을 베는 여성들에게로 전이된다. 질 속으로 자기 물건을 집어넣었다가 잃어버릴 수도 있다는 두려움은 임신과 출산의 가능성을 보게 되면서 더욱 강화된다. 여자는 무의 상태에서 무엇인가를 창조한다. 그렇다면 그것은 '내 물건을 앗아간 증거는 아닐까? 내 물건을 잘라 가지고 "자기 혼자" 아이를 만드는 것은 아닐까라는 두려움이 남자아이에게는 있다[8]는 것이다. 버자

이너 덴타타는 여성의 질속에는 이빨이나 가위손이 있어서 자신의 남근을 자를지도 모른다는 거세 공포의 변형된 형태다. 혹은 죽음충동과 같이 자기소멸에의 욕망을 여성에게 전이한 것이 메두사 이미지이다.

이처럼 메두사는 남성의 거세공포가 만들어낸 아이콘이다. 여성의 구멍을 견딜 수 없어서 이미지의 베일로 가리는 것이 재현으로서 예술이다. 크리스테바는 여성이 지닌 힘과 미학적 경험 사이의 은밀한 계보를 추적하면서, 신화에서의 메두사의 흔적이 어떻게 종교적인 성상으로 연결되는가에 주목한다. 메두사가 종교적 아이콘으로 연결되면서 어떻게 예수의 이미지로 변하고 있는지를, 크리스테바는 그리스 정교의 성상화를 통해 보여주려고 한다. 그것이 괴물로 추락한 메두사에게서 여신의 흔적을 구출해내는 크리스테바식 해석이다. 그렇다면 참수되어 추락한 여신의 흔적이 예수의 성상에 어떻게 남아 있다는 것일까?

2. 메두사, 예수되다

크리스테바는 세인트 폴 성당에서 원반 위에 놓인 것 같은 예수의 머리를 본 것이 반가웠다고 한다.[9] 천 위에 그려진 예수의 얼굴Image

8. Julia Kristeva, *Ibid*. p. 78.
9. 2013년에 필자 또한 그리스 크레타의 프레불리 수도원 Preveli Monastery에 그려져 있는 벽화에서 크리스테바가 말한 바로 그 원반 위에 담긴 예수의 이미지에서 메두사의 이미지를 보았다.

of the Lord on a napkin에서 그녀는 메두사의 흔적을 찾아낸다. 예수는 참수형이 아니라 십자가형을 받았다. 그럼에도 세례 요한의 잘린 목처럼 원반 위에 머리만 달랑 형상화된 예수는 메두사의 이미지와 흡사한 것처럼 보인다는 것이다.

▶천 위에 그려진 예수의 얼굴
Image of the Lord on a napkin

서구에서는 모세의 '우상을 숭배하지 말라'는 명령, 즉 신의 이미지를 만들지 말라는 명령으로 인해 성상파괴주의자(우상파괴주의자 iconoclasm)와 성상친화주의자(우상숭배자 iconophile) 사이에 심각한 갈등이 있었다.[10] 이교도의 전통이 남아 있었던 동방교회는 아이콘(신성한 이미지)을 완전히 파괴하지 않았다. 오히려 기독교를 전파하는 데 그것을 이용했다. 예수의 얼굴 양쪽에 길게 드리워진 머리카락은 뱀의 형상처럼 구불거리면서 뒤엉켜 있다. 메두사는 몰락했지만 그래도 비

10. Julia Kristeva, *Ibid.*, pp. 48-56.

잔틴제국에 이르기까지 영적인 힘을 발휘하는 부적으로 명맥을 유지해왔다. 이런 슬라브계 성상화에서 예수의 이미지는 메두사의 이미지처럼 보인다는 것이다. 크리스테바는 여기서 이교도와 기독교 사이에 어떤 관계가 있지는 않을까를 질문한다.

아이콘은 보이지 않는 것을 보이게 한다. 그것은 보이지 않는 세계를 가능한 이미지로 재현한 것이다. 고르곤 메두사 이미지는 그리스의 회화적 가시성을 통해 이교도와 서구 기독교가 새로운 아이콘 이미지를 정립하는 데 가교역할을 한 것으로 크리스테바는 가정한다. 이런 과정을 통해 메두사의 머리를 한 예수는 이도교 여신의 성상숭배 idolatry라는 비난의 위험없이 재현될 수 있었다. 이교도 우상에 대한 성상파괴주의자들의 비난을 완화시킨 것이 구불거리는 머리카락을 한 예수의 이미지이다. 이것은 메두사가 아니라 예수의 이미지라고 주장함으로써 종교재판의 위협에서 벗어날 수 있었다. 이렇게 본다면 메두사의 참수에서 예수의 거세로 나가는 것이 이교도에서 일신교로 이행하는 단계 중 하나로 간주될 수 있다. 그것이 이교도의 잔재로서 메두사와 예수의 형상이 합쳐져서 가시성, 성상성을 재현하면서도 처벌받지 않을 수 있는 길이었다. 이렇게 하여 여신 메두사의 흔적은 예수의 얼굴로 무사히 겹쳐지고 포개지게 된다.

이처럼 기독교의 근본에 성상숭배 관념이 있다. 성상숭배는 비가시적인 주권자로서의 신이 인간의 육신을 입고 가시화됨으로써 구원을 가져다주는 것으로 보는 신앙이다. 어원적으로 볼 때 종교와 경제는 불가분의 관계다. '신앙이란 보상을 전제로 한 신뢰행위'[11]다. 신들을 절대적으로 신뢰하고 그 대신 신들의 보상을 기대하는 것이 신앙 Credo인 셈이다. 그런 믿음으로서 신앙은 세속적인 신용으로 수렴된다. 그래서 초기 기독교에서는 성상숭배를 오이코노미아oikonomia 즉, 경제라는 말로 표현했다. 신'아버지의 경제'는 은총을 나눠주는 것이자 구원의 계획이다. 성육신은 구원의 가시화이다. 예수의 수난을 그리는 책형도磔刑圖는 "아버지로부터 떨어져 나온 인간이 아버지의 육체와 그의 이름과 재결합하기를 갈망하는 인간의 본질적인 우울증"[12]의 재현이 된다. 이처럼 이미지 경제의 기독교적인 의미를 살펴본다면, 현재 기독교적인 믿음은 우상숭배를 하지 말라고 명령했음에도, 우상숭배의 한 형태가 되었다고 볼 수 있다.

수전 벅 모스Susan Buck-Moss는 우상숭배의 정치적 이해관계에 주목한다. 그녀에 따르면 기독교의 천재성은 아이콘통치iconocracy를 발명한 것이다. 성상파괴주의자는 이미지의 권력에 대항하고 파괴하려는 자가 아니라 그 권력을 통제하려는 자들이다. 그들은 시각경제를 독점하고 그로 인해 진리를 독점하려고 했다. 아이콘통치는 우상숭배자들을 만들어냄으로써 그들에게서 시각경제의 주도권을 박탈해버린다. 이렇게 본다면 우상숭배를 둘러싼 논쟁의 초점은 아이콘 자체가 아니라 그것을 어떻게 관리하고 통제할 것인가라는 권력의 문제가 된다.[13]

그렇다면 신성한 예수와 괴물 메두사, 유일신과 우상숭배 사이의

---

11. 줄리아 크리스테바, 『사랑의 정신분석』, 김인환 옮김, 민음사, 1999, 66쪽.
12. 위의 책, 58쪽.
13. Susan Buck-Moss, 'Visual Empire', *Diacritics* 37(Summer-Fall, 2007), pp. 171-198.

간극을 채울 수 있는 연결지점은 어디인가? 여기서 프로이트의 『모세와 일신교*Moses and Monotheism*』를 참조할 수 있겠다. 프로이트는 이교도에서 일신교로 나가게 되는 연결점을 분석하면서, 다양한 형태의 몸의 가시성이 추상화되어 아버지의 법으로 수렴된 것이 일신교라고 지적한다. 모세는 신을 본 딴 형상을 만들지 말라고 금지함으로써 눈에 보이지 않는 신을 숭배하도록 명령한다. 감각적인 형상으로 신을 이미지화하는 것은 범신론적이고 이교도적인 것이고 우상숭배이다. 구체적으로 만질 수도, 볼 수도, 느낄 수도 없는 신을 믿으라니. 단지 믿으라는 정도가 아니라, 보이지 않는 신이야말로 우월한 신이자 지고의 신이라고 주장하기에 이른다. 그 이유를 프로이트는 이렇게 설명한다. 구체적이고 범신론적인 것에서부터 고차원적인 단계로의 이행에는 추상화가 필요하다. 비가시적인 것은 추상화된 것이다. 그러므로 그것은 구체적, 가시적, 감각적인 것보다 우월하다. 여기서 한 걸음 더 나아가 프로이트는 어머니와 아이가 맺는 구체적인 관계(육체적인 인접성)보다는 아이와 아버지가 맺는 간접적이고 비가시적이고 추상적인 관계가 더 우월하다는 남성중심적인 논리로 나아간다. 구체적이고 감각적인 것의 추상화는 지적인 능력을 의미한다. 그것은 어머니로 대변되는 감각성에 비추어 볼 때 아버지의 세계로 대변되는 비가시적 가지성intellectuality이 우월하다는 주장인 셈이다. 이런 논리는 모계중심으로부터 부계중심으로의 전환14을 뒷받침해준다. 감각적 가시성에서부터

---

14. Sigmund Freud, "Moses and Monotheism", *Complete Psychological Works*, London: Hogarth, 1953-74, ed. James Strachey, vol. 23, pp. 113-114.

추상적 비가시성으로, 그리고 어머니중심에서 아버지중심으로의 진행이 문명의 발전이라고 프로이트는 주장한다. 모계는 감각의 증거에 바탕한다면 부계는 추론과 추상에 바탕한 것이고, 후자가 전자보다는 우월한 것이며 문명화된 단계이다. 왜냐하면 직접적으로 포착할 수 있는 것보다는 추상화를 거친 것이 보다 더 지적으로 우월한 것이기 때문이다. 그러므로 감각적인 것으로 신의 이미지를 형상화하는 것에서부터 보이지 않는 유일신으로 나가는 것이야말로 최고의 추상적 단계로 비상한 것이다. '한 줄기 바람이나 영혼처럼'15 보이지 않는 유일신이야말로 가장 위대하고 전지전능한 신이 된다.

프로이트가 말끔하게 단장해놓은 유일신의 이면에 음화처럼 겹쳐져 있는 것이 우상이자 괴물인 메두사의 흔적이다. 메두사는 프로이트가 말한 유일신의 이상을 전복시킨다. 여신 메두사에서 야훼와 같은 남신으로 바뀌어나가는 것이 문명화과정이라고 한다면, 그것은 달리 말해 가부장적인 유일신의 부상을 뜻한다. 하지만 그런 설명의 이면에 비체화되어 가라앉은 것, 우상숭배로 배척된 육신의 존재로서 여신 메두사가 있다. 그녀는 사라진 것이 아니라 예수의 이미지 속에서 겹쳐진다. 따라서 그녀로 상징되는 육체적인 사랑과 에로티즘은 영혼의 보편적인 사랑으로 나가기 위해 소멸되어야 한다. 육신의 욕망을 억제하고 보편적인 영혼의 사랑을 추구하면서, 여신은 우상이 되고 육신의 사랑은 세속적인 관능으로 전락한다.

일신교를 설명하면서 추상성과 연결시킨 프로이트의 욕망 이면에

---

15. Sigmund Freud, *Ibid.*, pp. 117-118.

는 남성의 불안이 놓여 있다는 것이 도로시 디너스타인Dorothy Dinnerstein 의 비판이다. 아버지는 민들레 씨앗 같은 정자 하나를 떨어뜨리는 것 이외에는 아이와 직접적인 관계가 결여되어 있다. 그런 불확실성과 비접촉성으로 인해 추상적·은유적·상징적인 관계를 우월한 것으로 내세움으로써, 남성은 자식에게 자기이름을 확실하게 물려주려고 애 쓴다. 이제 아이를 생산하는 것은 여성이 아니라 남성이자 신아버지이 며, 아이는 비가시적인 자기 씨앗(정자)의 결실이라고 주장하게 된다.[16]

3. 메두사, 비체 되다

크리스테바는 메두사의 처형을 여신의 비체화로 연결시킨다. 비체의 비/개념을 통해, 크리스테바는 직접적이고 감각적인 여성적 세계가 은유적이고 추상적인 부권적 세계로 비약하는 과정을 읽어내 고 있다. 상징계적 발화의 세계는 여성적인 것, 피 흘리는 것, 메두사적 인 것을 삭제하고 배신하게 된다. 그녀에 따르면 여신의 세계가 남신 의 세계로, 여성중심적인 신화에서 남성중심적인 신화로 이행하는 과 정을 보여준 것이 메두사의 잘린 목이다. 이제 여자들은 목을 자르는 자가 아니라 잘린 자, 피 흘리는 자가 된다.

하지만 남성적인 서사와 추상화된 미학의 세계가 아무리 철저히 단속하더라도 경계를 무너뜨리고 새어나오는 것들이 있다. 그것이 크

---

16. Dorothy Dinnerstein, *The Mermaid and the Minotaur*, New York: Harper, 1976, p. 80.

리스테바가 말하는 비체이다. 『공포의 힘들』에서 크리스테바는 모성이 어떻게 공포스러운 것임과 동시에 숭엄한 것이며, 사랑스러운 것임과 동시에 혐오스러운 것이며, 성스러운 것임과 동시에 비천한 것이며, 아름다운 것임과 동시에 추한 것이 되는지, 그것을 인류학적, 정신분석학적으로 설명하고자 한다. 그녀는 주체/객체, 안/밖의 경계를 넘나드는 위험한 힘으로서 비체를 비/개념화한다. 모든 경계를 넘나드는 것이므로 비체는 사실 단단한 개념화에 저항하는 것이다.

비체는 그 자체로 더럽고 불결한 것이 아니라 적절한 자리에 있지 못하기 때문에 불결한 것이 된다. 그 자체로 불결한 것, 순결한 것은 없다. 사회적으로 어떻게 배치되느냐에 따라서 순결한 것이 될 수도, 불결한 것이 될 수도 있다. 내 안에 있는 똥은 불결할 것이 없지만 내 몸 바깥으로 나오는 순간 불결한 것이 된다. 이처럼 제자리에서 떠밀려나오는 것들이 경계를 오염시킨다는 두려움과 공포가 있다. 시리아인들이 시리아에 머물지 않고 지중해를 건너고 터키의 국경을 넘는 순간, 그들은 졸지에 유럽에서 비체가 되어버린다. 프랑스 전 대통령인 사르코지Nicolas Sarkozy에게 그들은 박멸해야할 '박테리아'가 된다. 경계를 넘나드는 이런 비체들은 기존 질서를 교란하고 위험하게 만든다. 그것은 확실한 경계를 허물어내면서 슬금슬금 잠식해 들어오는 전염병처럼 퍼져나간다. 그들은 사회의 면역체계를 허물고 위험하고 불안하게 전파된다.

여성의 섹슈얼리티 또한, 보호해주고 '관용'을 베푸는 가정 바깥으로 나오면 비체가 된다. 비체의 시공간은 이중적이다. 그것은 '천둥과 망각의 시간이자 혁명과 소멸의 공간이다. 베르트랑 보넬로Bertrand Bonello 감독의 영화 <관용의 집The House of Tolerance>에서 마들렌은 '관용의 집'이라 불리는 매춘업소에서 허드렛일을 하면서 살아간다. 행여 결혼이라도 해줄까 기대했던 귀족남성으로부터 그녀는 치명적인 상처를 입는다. S/M 의식을 원하는 남자가 행위 중에 마들렌의 입술 양쪽을 칼로 찢어놓았고, 그녀는 그 이후부터 '웃는 여자'라는 별명으로 살아간다. 인상파 화가의 그림처럼 화려한 1899년의 고급사창가 '관용의 집'은 관대하게도 남성들의 온갖 욕망의 배설구로서 기능한다. 모든 것을 받아주었던 그곳은 지하철이 들어서고 부동산 가격이 폭등하면서 문을 닫게 된다. 21세기 한국 용산의 집창촌이 도시재개발로 밀려나듯이, '관용의 집' 여자들은 다른 유곽으로 팔려가거나 거리로 나서게 된다. 그녀들은 흩어지기 직전, 프랑스 혁명 200주년 기념일인 그날, 마지막 파티를 한다. 바깥에서는 불꽃놀이가 흥겹게 벌어진다. '관용의 집'은 절망적인 욕망의 밤의 끝자락으로 향한다. 그 순간 그들은 합심하여 마들렌에게 폭력을 행사했던 귀족남자를 살해한다. 천둥과 같은 혁명의 순간이자 번쩍이는 계시의 순간이다. 찰나의 순간이지만 비천한 여성들은 혁명의 희열을 맛본다. 하지만 천둥의 시간은 찰나에 지나지 않고 혁명의 공간은 심연으로 가라앉는다. 그녀들이 맛보았던 희열의 순간, 천둥과 같은 혁명의 순간은 긴 망각 속에 잊혀진다.

크리스테바가 지적한 것처럼, 예술적 재현 자체가 여성의 힘을 은폐하는 한 형태였다면, 언제나 재현의 대상으로 머물렀던 여성이 재현의 주체가 될 수 있는가? 여성의 힘을 은폐하고자 하는 베일은 아무리 가려도 완벽하게 가려지지 않는다. 평생 베일을 쓰고 살았던 마들렌이 베일을 찢고 나오면서 한순간 사건의 중심이 된다. 환상의 베일로 가려놓은 스크린에 흠집이 생기고 균열이 초래된다. 앞서 보았다시피 예수의 이미지와 메두사가 포개져서 무의식적으로 귀환하는 것처럼, 남성예술의 재현 양식이 은폐한 스크린을 찢고 귀환하는 여성 예술가가 있다. 중세 서구 예술의 핵심이며 남성들의 예술이라 할 수 있는 성상화에 도전함으로써, 자신을 비체로 만들었던 사회에 폭발적인 힘을 드러낸 여성이 아르테미시아 젠틸레스키Artemisia Zentileschi이다. 그녀는 중세말기 메두사이자 페미니스트의 한 모델이다. 모든 것을 잃었으므로 그녀는 사회적 참수를 조롱할 수 있었다. 그녀는 참수하는 여자들이 갖는 힘을 되찾아 현실과 재현 모두에서 표출한 예외적인 여성이다.

4. 메두사, 되살아나다

"울지 마"로 시작하는 안나 반티의 소설 『아르테미시아Artemisia』[17]는 17세기 여성화가였던 아르테미시아 젠틸레스키에 관한 이야기다. "울지 마"라는 소리가 속삭이듯 들린다. 한 소녀의 이미지가 화자인 '나'에게 떠오른다. 화자인 '나'는 웅크리고 앉아서 울고 있다. 1944년

---

17. Anna Banti, *Artemisia*, Lincoln: University of Nebraska Press, trans. Shirley D'Ardia Caracciolo, 2003.

이탈리아의 보볼리 지역이 배경이다. 무솔리니 정권 아래 시작된 2차 대전으로 보볼리 지역은 쑥대밭이 된다. '나'는 포격으로 폐허가 된 보볼리 정원에 앉아서 울고 있다. 포격으로 인해 아르테미시아에 관한 '나'의 원고는 불타서 소실된다. 화자인 '나'가 쓰고 있던 소설이 『아르테미시아』였지만 그 소설은 이제 어디에도 없다. 단지 소설만이 사라진 것이 아니라 '나'는 3백 년 전에 살았던 '나'의 친구를 잃었다. 하지만 상처입은 '나'의 마음속으로 어린소녀였던 아르테미시아의 이미지가 폭포처럼 쏟아져 들어온다. 열 살의 아르테미시아는 '나'가 그녀를 잃어버린 것을 꾸짖듯 눈을 내리깔고 있다. '나'는 아르테미시아를 또다시 되살려내지 않으면 안 된다.

'나'는 외로운 그녀에게 친구 세실리아 나리Cecilia Nari를 만들어준다. 아르테미시아는 아버지 오라치오Orazio Zentileschi가 그린 그림을 친구에게 열광적으로 들려준다. "사형집행인도 있어. 벌어진 입으로 앙다문 이가 보여. 손에는 칼을 쥐고……."[18] 하지만 '나'는 아르테미시아의 곁에 친구를 오래 머물게 하지 않는다. 병약한 세실리아는 일찌감치 죽는다. 아르테미시아는 사랑받는 것, 버림받는 것, 배신당하는 것이 무엇인지도 알지 못하고 떠난 친구의 너무 이른 죽음을 슬퍼한다.[19]

안나 반티의 소설 『아르테미시아』는 이렇게 하여 '울지 마'라는 두 단어로 시작된다. 아르테미시아 젠틸레스키는 피사의 화가인 오라치오 젠틸레스키의 장녀였다. 그녀의 아버지는 엄마도 없는 아이들만

---

18. Anna Banti, *Ibid.*, p. 8.
19. *Ibid.*, p. 13.

버려두고 바람처럼 떠다닌다. 밤늦게 돌아오면 아이들은 식탁에 엎드린 채 잠들어 있고는 했다. 그녀는 아버지로부터 그림을 배운다. 이제 열세 살이 된 아르테미시아는 아버지도 놀랄 정도의 실력을 갖춘 화가가 된다. '나'는 아르테미시아에게서 다이애너 여신의 모습을 보게 된다. 다이애너 여신은 남자를 거부하고 평생 홀로 살았던 처녀의 수호신이자 사냥의 여신이다. 다이애너의 그리스 이름이 아르테미시아이다.

아버지의 친구이자 화가이기도 한 아고스티노 타씨Agostino Tassi는 그림을 가르쳐주겠다고 접근하여 그녀를 강간한다.[20] 강간을 했을지라도 결혼만 해주면 만사가 잘 된 것으로 여기던 시절이었다. 아르테미시아에게는 그가 결혼을 해주든, 안 해주든 그것이 문제가 아니었다. '그가 나의 명예를 더럽혔다'[21]고 분노하며 아르테미시아는 그를 법정에 고발한다. 지금도 하기 힘든 일을, 17세기 초반에 어린 소녀가 권위 있는 남자 스승을 고발하다니! 당대로서는 상상하기 힘든 일이었다. 1612년 법정은 소녀의 주장이 사실인지 확인한다면서 오히려 그녀를 고문한다. 강간의 증거를 입증하라고 그녀를 윽박지른다. 아르테미시아는 마침내 재판에서 이기지만 그 과정에서 만신창이가 된다. 어린 '갈보'가 멀쩡한 스승에게 꼬리를 쳤다는 추문은 조금도 가라앉지 않는다. 아버지는 치욕을 당한 딸을 데리고 피렌체로 떠난다.

---

20. 크리스테바는 다른 이야기를 전한다. 크리스테바의 앞의 책, pp. 89-90. 추문으로 시작된 이야기는 이렇다. 두 사람은 연인이었고, 아르테미시아의 아버지가 남자를 강간혐의로 고소한 것으로 전한다. 혹은 타씨가 젠틸레스키의 작품을 훔쳐감으로써 이 재판은 아르테미시아의 명예보다는 아버지인 오라치오의 법적인 재산(이 재산에 물론 딸도 포함된다)을 둘러싸고 진행된 재판이라는 설도 있다. 이 점은 휘트니 채드윅, 『여성, 미술, 사회』, 시공사, 2006, 130-142쪽 참조.

21. Anna Banti, *Ibid.*, p. 17.

이 치욕스러운 사건으로 아르테미시아는 더 이상 잃을 것이 없다는 점에서 자유를 얻었다. 그 시절 남자처럼 자유로워지려면 여성은 대가를 치러야 했다. 더 이상 잃을 것이 없으므로 역설적으로 그녀는 자유로워졌다. 저메인 그리어Germain Greer가 주장하다시피, 여성이 예술가가 되는 것은 '장애물 경주'[22]를 하는 것과 흡사하다. 사회적 모멸을 견뎌야 하고, 성적으로 방종하고 문란하다는 비난을 견뎌내야 한다. 그들은 아버지와 제2의 남자(남편, 연인 등)라는 장애물을 끊임없이 뛰어넘어야 한다. 아르테미시아는 그런 인습의 장벽을 넘어 전문적인 화가의 길에 매진한다. 여성에게 자유는 희생과 고통과 고독을 의미하는 것이었다. 그녀는 그림에 자신을 온전히 바치기 위해 여성적인 미덕, 남편의 애정, 딸로서의 사랑, 아버지의 인정, 세속적인 명예, 그 모든 것을 포기했다. 그녀는 '여성의 연약함, 의존성, 고독, 슬픔, 비탄을 인정하고 또 인정한다.' '여성이 된다는 것은 유폐되는 것임과 동시에 유폐에 저항하는 것'이며 동시에 '유폐를 갈망하는 것'[23]이다.

아르테미시아 젠틸레스키는 오늘날에는 유럽의 거장들과 어깨를 나란히 한 17세기 여성화가로 손꼽히지만 1920년대까지만 해도 거의 알려지지 않았다. 그녀를 발굴하고 위대한 여성화가의 반열에 올려놓은 사람이 이탈리아의 유명한 미술평론가이자 예술사가인 로

---

22. Germain Greer, *The Obstacle Race: The Fortunes of Women Painters and Their Work*, Farrar Straus & Giroux, 1979.

23. Susan Sontag, *A Double Destiny in Artemisia*, trans. by Shirley D' Ardia Caracciolo, University of Nebraska, 1988, p. xx. 수전 손택, 「두 겹의 운명」, 『문학은 자유다』, 홍한별 옮김, 이후, 2007에 실려 있다.

베르토 롱기Roberto Longhi다. 롱기의 제자이자 아내였던 안나 반티가 『아르테미시아』라는 소설을 쓰기 전까지, 그녀는 제대로 알려지지도 조명도 받지 못한 채 잊혀져 있었다.

수전 손택이 반티의 소설 『아르테미시아』에 붙인 서문인 「두 겹의 운명」에서 밝히다시피, 17세기에 이탈리아 여성이 각광받는 전문 화가가 되어 성서나 고전에 나오는 거대 서사를 주제로 그림을 그린다는 것은 상상도 할 수 없는 일이었다. 그녀의 작품 대다수는 여성의 분노와 희생을 강렬하게 묘사하고 있다. 아르테미시아는 자신의 분노와 고독과 치욕을 그림을 통해서 승화시켰다.

아르테미시아는 그 당시 남성화가들이 즐겨 그리던 성경적 주제를 경쟁하듯 가져와서 자전적인 이야기로 변형시켜 그려 넣는다. 그녀는 기독교 경전을 세속화시키고 인간적 서사로 재해석한다. 틴토레토Tintoretto의 <수산나와 노인들>과 아르테미시아의 <수산나와 노인들>은 같은 제목의 그림이지만, 이 둘이 얼마나 다른지 한 번 보기만 하면 알 수 있다. 성경에 나오는 수산나의 이야기는 이렇다. 수산나가 목욕하는 모습을 훔쳐보던 두 장로들은 그녀를 유혹한다. 하지만 수산나가 유혹에 전혀 넘어오지 않자 오히려 그녀가 그들을 유혹했다고 죄를 뒤집어씌운다. 틴토레토의 그림에서 수산나의 우아한 모습은 남성 관람객의 관음증을 자극하면서 남성의 응시를 유도한다. 반면 아르테미시아의 그림에서 수산나는 장로들의 음흉한 도모에 맞서 여성의 '안돼'는 '돼'가 아님을 고통스럽게 보여준다. 아르테미시아 자신이 강간법정에서 당한 고문과 수치와 모멸을 재현한 것처럼 보인다.

▶ 수산나와 노인들
틴토레토

▶ 수산나와 노인들
아르테미시아 젠틸레스키

3장 비체 혹은 호러 125

사회적 죽음을 통해 아르테미시아는 시선의 주체이자 재현의 주체가 된다. 그녀는 목을 베는 여자들의 계보인 메두사, 유디트, 살로메를 잇는다. 그녀의 작품 <유디트와 홀로페르네스>가 있다. 앗시리아의 장군인 홀로페르네스의 목을 벤 유대인 여자가 유디트이다. 네브가넷살 시대의 앗시리아는 막강하고 번창한 나라였다. 앗시리아의 장군 홀로페르네스가 유대나라로 쳐들어온다. 앗시리아 장군 홀로페르네스를 치기 위해 유디트는 '유혹적인 혀'를 달라고 야훼에게 기도한다. 정당한 명분을 위한 폭력과 복수는 언제든지 정당화된다. 그녀는 적장인 앗시리아 장수 홀로페르네스의 숙소로 찾아가서 그를 유혹하고 목을 벤다. 이 사건은 무수히 많은 예술가들의 상상력을 자극했다.[24] 남성화가의 상상력 속에서 유디트는 홀로페르네스의 목을 베는 순간마저도 관람객을 쳐다보며 유혹한다.

유디트를 그린 그림 중에서, 교태어린 유혹의 시선이 아니라 화가 자신의 팔뚝에 실린 폭발적인 힘이 느껴지는 그림이 있다. 남자의 목을 베는 무자비한 여성전사로서의 힘이 관객에게도 고스란히 전해질 것만 같다. 칼자루를 쥔 그녀의 손은 힘줄이 터져 나올 것처럼 팽팽하게 긴장되어 있다. 남성화가들이 남성 관람객의 시각적 쾌락을 자극하도록 배치한 그림과는 달리, 아르테미시아가 그린 <유디트와 홀로페르네스>에서 유디트의 눈길은 관람객이 아니라 공모한 하녀와

---

24. 프로이트는 유디트의 홀로페르네스 살해를 처녀성의 상실에 대한 복수로 해석한다. 유디트는 이미 과부라고 성경에 나오는데도 말이다. 프로이트는 유디트와 앗시리아 장군 사이의 관계를 성적인 것으로 정신분석하면서 처녀성 상실은 신경증의 경우 복수를 욕망하게 만든다고 분석한다. 이런 분석이야말로 프로이트의 가부장성을 보여주는 것처럼 보인다.

같은 방향을 향하고 있다. 그녀 이후에도 이전에도 그녀와 같은 화가는 없었다.[25] 그녀는 칼 대신 붓을 사용해, 폭력을 가한 남성을 참수했다. 버둥거리는 희생자를 혼신의 힘을 다해 내리누르고 있는 하녀와 함께 유디트는 오른쪽 모서리에서 대각선으로 희생자의 목을 정확히 베고 있다. 참수자의 얼굴에서 연민과 공포의 흔적은 찾아볼 수 없다. 그녀의 얼굴은 외과의사가 집도하듯 초집중하여 남자의 목을 자른다.

아르테미시아의 자화상 또한 남성화가들이 그린 귀부인의 초상화와 같은 당시의 화풍과는 판이하다. 여성화가 자신의 자화상인데도 나르시시즘이라고는 찾아볼 수 없다. 관객을 향해 응시하면서 유혹하거나 교태를 부리기는커녕, 붓을 치켜든 오른손 팔뚝의 근육과 위에서 아래로 내려다보는 각도로 그려져 있는 그녀의 몸은 마치 난장이처럼 납작 눌려서 기형적으로 보인다. 붓을 쥐고 있는 팔뚝의 근육은 기형적으로 우람하여, 홀로페르네스를 참수하던 유디트의 팔뚝을 연상케 한다. 이 단단한 팔뚝의 힘으로 그녀는 참수를 행한다.

아르테미시아의 그림은 관객을 전율하게 만든다. 메두사가 사람을 돌로 만들 듯, 그녀의 그림은 관객의 발길을 얼어붙게 만든다. 메두사로서 아르테미시아를 되살린 것은 후세대의 페미니스트들이다. 그녀를 잊지 않고, 기억하고, 전해주려는 그들의 노력으로 우리는 아르테미시아를 만날 수 있다. 고통 속에서 울고 있는 '나'에게 위로하듯 '울지 마', '울지 마'라고 달래는 소리가 들리는 듯하다.

25. Kristeva, *Ibid.*, p. 89.

▶ 자화상
아르테미시아 젠틸레스키

4장

마조히즘의 경제

* * *

최근 천만 관객을 동원한 영화 <베테랑>이나, 최근에 종영된 드라마 <리멤버: 아들의 전쟁>에 등장하는 한국의 재벌 2세들은 얼핏 보면 사드적인 인물처럼 보인다. 부자병affluenza[1]인 이들은 무소불위의 권력을 즐긴다. 살인, 고문, 폭력, 강간 등 불법적 행동에서 그들의 쾌락은 배가된다. 그들의 초법적 명령에 따르는 주변 인물들(언론계, 법조계, 정치권)의 노예적 굴종은 그들이 주인임을 확실히 해준다. 하지만 그들은 재벌 아버지 앞에서는 철저히 굴종적이며, 매 맞는 아이처럼 처벌받는다. 한국 재벌의 90%가 물려받은 유산으로 그 자리를 유지하고 있다면, 아버지에게 절대복종하는 데서 쾌락의 열매를 얻을 수밖에 없다. 초자아에게 처벌받은 그들은 일단 처벌받았으므로 마음 놓고 타자들에게서 쾌락을 착취한다. 초자아 앞에서 마조히스트였던 그들은 약자에게는 사디스트로 바뀐다.

'갑'들의 어떤 횡포도 견디는 '을'들은 어떤가? 을들이 굴욕을 견디는 방법은 또 다른 을들을 찾아내서 그들에게 사소한 권력과 소심한 폭력을 휘두르는 것은 아닐까? 자신보다 더한 약자를 괴롭히는 것이 약자의 생존전략이라면 말이다. 우리가 사는 사회는 지배와 굴종이

---

1. 풍요affluence와 인플루엔자influenza의 합성어로, 풍요가 가져다 준 질병이라는 뜻에서 부자병이다.

상황에 따라서 뒤집히는, S/M의 악무한적 연쇄고리인가? 세계의 비참과 학살과 전쟁 앞에서도 '우리'는 무심하게 '복종'하면서 '잘' 살고 있다. 잔혹한 양심과 가학적인 법 앞에서 고통 받으면서도 오히려 희열을 맛보는 경향이 우리에게는 없을까? 혹은 『자본주의 리얼리즘』[2]이 묘사하듯, 잔혹한 자본의 법과 시장논리에 복종한 결과, 자기에게로 귀환한 공격성으로 인해 우울증에 시달리고 있는 마조히스트들인가?

사람들은 왜 마약, 폭력, 거식, 자살, 죽음과 같이 자기파괴적인 것에 매료되는가? 에로스, 죽음충동, 섹슈얼리티는 어떤 연관이 있는 것일까? 여자들은 왜 자기학대에 익숙한가? 여성은 고통스러운 상황에서도 잘 참고 견딘다는 점에서 본성상 수동적 희생자들인가? 그렇다면 윤리적 마조히즘이라고 할 만한 희생, 헌신, 인내, 겸허를 여성적 윤리로 연결시키는 것은 대단히 문제적인가? 여성적인 복종과 희생의 윤리와, 신 앞에서 자신을 희생하는 성인들의 그것과는 어떻게 다른가? 마조히즘적 성향이 누구에게나 있다고 하더라도 그것을 여성적인 특징으로 만들어내는 것 자체가 젠더정치는 아닌가? 이성적인 도덕법칙이 억압해온 여성의 몸에서 리비도 충동과 쾌락을 찾아내는 것이 마조히즘이라고 한다면, 그런 욕구에서 젠더정치성을 찾을 수는 없는가? 마조히즘이 단지 고통의 윤리경제로 환원되지 않는 상호인정의 욕망과 쾌락으로 연결될 수 있는 지점은 없는가? 이 장에서는 이런 물음과 마주하면서 여성적 주이상스에서 마조히즘의 젠더정치성을 찾아보고자 한다.

---

2. Mark Fisher, *Capitalist Realism: Is there no Alternative?*, Zero Books, 2009.

1. 프로이트의 마조히즘 경제

마조히즘과는 아무런 관련이 없을 듯 보이는 보편적 도덕주의자 칸트에서부터 시작해보자. 칸트는 '내 위의 별이 빛나는 하늘과 내 안의 도덕법칙'[3]을 주장했다. 이때 '내 안의 도덕법칙'은 무엇일까? '너의 의지의 준칙이 보편적 법의 원리가 되도록' 행동하는 것이다. 그것은 이성적 주체에게 모든 실천의 준거가 되는 정언명령이자, 삶의 길라잡이로서 '빛나는' 보편적 도덕법칙이다. 이런 칸트의 보편적인 도덕법칙은 개인적인 행복이나 쾌락과 무관하며, 충동적이고 '병리적인' 것과 거리가 멀다. 이해관계와 같은 사리사욕에 얽매이는 것도 아니다. 그것은 사소한 우정, 감정적인 충동, 감상적인 연민, 개인적인 행복, 도착적인 사랑, 사적인 이해관계를 초월하여 보편적이고 사심 없이disinterested 도덕법칙에 따르는 것이다.

칸트의 주장처럼 인간이 이성적 주체라고 한다면, 어떻게 이성적 주체가 그처럼 비이성적으로 행동할 수 있는가? 혹은 인생의 목적이 행복에 있다면, 왜 사람들은 불행을 자초하는가? 인류는 왜 스스로를 고통과 죽음으로 몰아가는가? 프로이트가 질문하듯, 엄마의 부재라는 고통스러운 장면을 반복적으로 연출하는 아이처럼 '쾌락원칙'을 넘어서 고통스런 상황을 반복하는 이유는 무엇인가? 도덕법칙으로서 양심/초자아의 잔인하고 가학적인 명령에 철저히 굴복하면서 고통을 견딘다는 점에서, 자아는 이성적이라기보다 마조히즘적이다. 이로 인해

---

3. 임마누엘 칸트, 『실천이성비판』, 백종현 옮김, 아카넷, 2010, 271쪽.

프로이트는 인간에게 자기파괴적인 죽음충동이 있는 것은 아닐까라는 의구심에 이르게 된다.

이런 의구심은 프로이트가 살았던 시대와 무관하지 않다. 그의 생애 말기 유럽은 1차 대전도 모자라서 2차 대전의 전운이 감돌기 시작했다. 계몽, 이성, 진보적 역사를 넘어서 종말과 파국으로 치닫는 시대였으므로. 그런 시대적 상황은 문명의 얼굴이 야만의 모습을 감추고 있는 것은 아닐까라는 불안과 회의를 증폭시켰다. 칸트의 실천이성은 역사 속에서 아이히만과 아우슈비츠로 실현되었다. 칸트가 말한 이성이 폭력과 광기의 또 다른 얼굴이었다면, 칸트 속에서 사드가 출현하게 된다. 칸트의 이성적 주체는 법의 이름으로 자신에게 강제된 것을 냉혹하고 사심 없이 그리고 철저히 수행한다. 그들은 법을 문자적으로 준수하는 시민으로서의 의무를 다한 결과 수백만 명을 죽일 수 있었다. 아이히만이 칸트의 정언명령을 총통의 지상명령으로 대체함으로써 자신에게 면죄부를 주었다는 점은 한나 아렌트의 『예루살렘의 아이히만』 이후로 잘 알려져 있다.

초자아의 명령에 복종하는 마조히즘적인 자아의 공모결과를 보면서, 프로이트는 인간에게는 원초적인 공격성에 앞서는 원초적 마조히즘이 있다는 믿음으로 나아가게 된다. 하지만 『자아와 이드』, 『쾌락원칙을 넘어서』, 「마조히즘의 경제적 문제」에서 프로이트는 동일한 마조히즘을 거론하면서도 시기에 따라 기본적인 가설을 각기 달리한다.[4] 그렇다면 마조히즘의 경제라고 했을 때 그가 말하는 경제란 무슨

---

4. 이 점에 관해서는 맹정현, 『프로이트 패러다임』, 위고, 2015 참조.

의미일까? 마조히즘을 경제적인 언어로 번역하고 싶어 했다면 그 이유는 무엇이었을까? 그가 살았던 당시 비엔나는 유럽 경제의 중심부였다. 프로이트는 마르크스와 마찬가지로 평생 동안 금전적인 문제와 유대인이라는 의식에서 자유롭지 못했다. 자신의 히스테리 환자였던 도라가 더 이상 정신분석을 받지 않겠다고 일방통지를 하자, 하녀를 해고할 때에도 적어도 2주의 기간은 주는데 자신이 하녀보다 못한 대접을 받았다며 분개했다. 그는 자신을 일방적으로 해고한 환자에게 자신의 친척집 하녀였던 도라의 이름을 붙여줌으로써 소심한 복수를 했다. 프로이트는 정신분석학이 가난한 유대인들의 학문으로 게토화되는 것을 근심했다.[5] 그래서 자본주의의 부상과 더불어 당시 가장 인기 있었던 경제학의 언어로 정신분석학의 권위를 세우고 싶었다고 한다.

프로이트에게 리비도는 무한정 사용될 수 있는 에너지가 아니다. 질량불변의 법칙처럼 리비도의 총량은 정해져 있다고 보았다. 프로이트가 말하는 쾌는 긴장을 최소화하여 긴장 제로 상태를 지향하는 것이다. 삶은 긴장, 경쟁, 불안, 초조를 촉발한다. 이처럼 강도 높은 긴장을 유지하려면 에너지가 든다. 쾌를 유지하는 데 드는 리비도 에너지와 대비하여 너무 많은 대가와 희생이 요구된다면 유기체는 쾌의 강도를 낮추려고 할 것이다. 이처럼 리비도 에너지는 투자하고 인출할 수 있는 화폐에 비유된다. 그것이 리비도의 경제적 가설이다.

프로이트는 「마조히즘의 경제적 문제」에서 무엇보다 마조히즘적인 특징을 가진 사람을 여성적 자리에 위치시킨다. 그가 보기에 여

---

5. 잉에 슈테판, 『프로이트를 만든 여자들』, 김영희 옮김, 새로운 사람들, 1996, 125-130쪽.

성은 '이미' 거세당했고, 삽입성교를 당하고, 출산의 고통에 익숙해져 왔다. 여성은 그런 것들을 인내하고 견딘다는 점에서 마조히즘적이다. 프로이트의 충실한 딸인 헬렌 도이치Helen Deutsch는 '여자아이가 아버지에 대해 갖는 최초의 리비도적 관계는 마조히즘적'6이라는 것에 의심의 여지가 없다고 말한다. 아버지에게 사랑받기 위해 여자아이는 거세를 오히려 갈망하게 된다. 엄마를 사이에 두고 한때는 연적이었던 아버지에게서 사랑받으려면 기꺼이 거세당할(관통당할) 준비가 되어야 한다. 왜냐하면 엄마는 자신에게 페니스를 줄 수 없을 뿐만 아니라 이미 열등한 성기를 주었기 때문이다. 이런 논리에 따르면 '정상적인' 여성성을 획득하려면 클리토리스의 쾌락을 포기하는 고통스런 과정을 거쳐 질의 리비도에 만족할 수 있어야 한다. 그렇지 않을 경우 여성의 섹슈얼리티는 불감증이나 '병리적인' 동성애가 된다는 것이다. 이것이 프로이트가 말한 여성적 마조히즘이다. 이런 논리의 연장선상에서 남성동성애자의 욕망은 여성적 자리를 차지하고 싶어 하는 것이라고 해석한다. 슈레버 판사의 경우7에서 보다시피, 남성동성애는 여성처럼 거세당하고, 성적으로 관통당하고, 상상임신과 출산의 고통을 환상 속에서 맛보고자 하는 여성적 욕망으로 해석된다.8

---

6. Helen Deutsch, "On Female Homosexuality", *The Psychoanalytic Reader,* ed. R.Fleiss, New York: International Universities Press, 1948, pp. 237-260.

7. 슈레버Daniel P. Schreber는 1842 독일에서 태어났으며, 프로이트를 찾아왔을 때 그는 드레스덴 고등법원 판사였다. 말더듬증, 불면증, 강박신경증에 시달렸던 그는 신이 그를 여성으로 만들어 임신시키려 한다고 주장했다. 프로이트는 슈레버의 증상을 아버지로부터 인정받으려는 동성애적, 근친상간적 욕망으로 해석한 바 있다.

8. 여성적 마조히즘의 병리화는 범죄화 만큼이나 여성의 성적 정체성 형성에 부정적이라는 점에서 후세대 페미니스트들의 거센 비판을 받게 된다. 그들은 여성동성애를 사회적 낙인으로부터 구출하여 자부심으로

도덕적 마조히즘은 '무의식적인 죄의식'[9]에 의해 발생하는 '처벌에의 욕구'[10]다. 양심을 초자아의 기능이라고 본다면, 초자아가 가혹하게 자아를 처벌하는 것이 도덕적 마조히즘의 한 형태다. 프로이트에게 초자아는 부모와 같은 외부세계의 대변자일 뿐만 아니라, 동시에 초자아가 무의식적으로 형성된다는 점에서 이드의 대변자이기도 하다. 부모의 이미지는 내투사되어 자아에게 초자아의 역할을 한다. 이런 초자아는 엄격하게 처벌하는 기제가 된다. 프로이트가 보기에 칸트의 보편적 도덕법칙으로서 정언명령은 잔인한 초자아에 해당한다.[11] 이런 부모의 이미지는 이후 자아 이상으로서 선생님, 권위자, 영웅들로 전환되기도 한다. 그것은 처벌받을 만한 행동을 하고 싶은 유혹으로 전환되기도 한다. 법을 위반하고, 부모의 기대에 빗나가고, 자신의 이익에 반하는 행동을 하고, 전도양양한 미래를 망쳐버리고, 자기파괴를 즐기면서 처벌을 자초한다.

후기에 이르러 프로이트는 도덕적 마조히즘은 초자아의 사디즘이 자기 내부로 선회한 것이 아니라, 그에 앞서 자기파괴 충동이 있는 것으로 주장한다. 마조히즘은 사디즘의 전도된 형태라고 보았던 프로이트가 이후 사디즘에 선행하는 원초적 마조히즘을 인정하게 된 것은 사비나 슈필라인Sabina Spielrein의 영향 때문이라고 한다.[12]

정치화한다. 퀴어운동의 정치성은 낙인을 자부심으로 만들어낸 것에서 찾을 수 있을 것이다. 게일 루빈, 『일탈』, 임옥희 외 옮김, 현실문화, 2015 참조.

9. 프로이트, 『쾌락원칙을 넘어서』, 박찬부 옮김, 열린책들, 1997, 178쪽.

10. 위의 책, 181쪽.

11. 위의 책, 179쪽.

12. Teresa de Lauretis, *Freud's Drive: Psychoanalysis, Literature, and Film*, Palgrave

2. 사비나 슈필라인의 '생성의 기원으로서 파괴'

사비나 슈필라인은 유대계 여성 아동정신분석가였다. 요즘 그녀는 자신의 이론보다는 융Carl Gustav Jung과 프로이트 사이에서 거래하고/거래되었던 여성정신분석가로 더 잘 알려져 있다. 그녀는 부유한 유대인 가정의 딸로 태어났지만 어린 시절 아버지에게서 받은 성적 학대로 트라우마를 입었고, 그로 인해 융에게 정신분석을 받았던 환자였다. 여러 언어에 능통했던 그녀는 후일 융의 정신분석이론을 러시아어로 번역하기도 했다. 안나 O가 브로이어와 프로이트 사이에서 교환되었던 것처럼, 슈필라인은 융과 프로이트와의 삼각관계에서 교환된다.[13] 안나 O가 상상임신으로 브로이어를 혼비백산하게 만들었던 것처럼, 슈필라인은 상상임신으로 융을 혼란스럽게 만든다. 그녀가 상상으로 낳은 아이가 지그프리트이다. 지그프리트는 바그너의 악극 '니벨룽겐의 반지'에 나오는 영웅이다. 슈필라인은 여성이자 유대인이라는 이중적 열등감에 시달렸다. 이러한 열등감에서 한 번에 벗어날 수 있는 길은 독일인 영웅 지그프리트의 숭고한 어머니가 되는 것이었다. 그런 상상임신은 후세대의 입장에서는 진부하게 여겨질 수도 있지만, 남근(남성의 지식)을 가질 수 없었던 당시 여성들이 자신이 처한 모순적인

Macmillian, 2008, pp. 92-95.

13. 데이비드 크로넨버그David Cronenberg는 영화 〈데인저러스 메소드A Dangerous Method〉에서 프로이트와 융 사이에서 위험한 실험대상이 되는 슈필라인의 모습을 보여준다. 그녀는 자신의 마조히즘적인 욕망을 융에게 가르치면서 위험한 유혹을 한다. 융을 주인의 위치에 세움으로써 자신의 욕망을 충족시키고, 융과 프로이트 사이의 협상자로서 자기 자리를 만들어내고 싶어 하는 슈필라인의 모습이 이 영화에 잘 드러나 있다.

상황을 봉합하는 상상적 방법이기도 했다.

슈필라인의 「생성의 기원으로서 파괴」[14]는 죽음충동으로서 마조히즘을 이론적으로 정초한 것이다. 슈필라인은 파괴적 충동으로서 죽음충동을 모든 생성의 기원으로 설정했다. 이 논문은 파괴가 곧 생성이며, 해체와 분리가 다시 창조적 생성으로 나아가는 원인이라고 설정한다. 여기서부터 프로이트는 자신의 죽음충동이론에 관한 통찰을 얻게 된다.

프로이트, 슈필라인, 융이 활동하던 시기 비엔나의 분위기를 참조하면서 테레사 드 로렛티스Teresa de Lauretis는 신자유주의 경제학의 선구자였던 슘페터Joseph Alois Schumpeter와 슈필라인과 프로이트 이론의 유사성을 찾아내고자 한다. 로렛티스가 슘페터를 인용하는 것 자체가 20세기 후반에 이르러 신자유주의에 바탕한 금융자본주의가 슘페터를 재소환했던 분위기와 무관하지 않다. 슘페터의 자본의 창조적 파괴 이론, 프로이트의 쾌락원칙과 죽음충동, 슈필라인의 생성의 기원으로서 파괴 이론들 사이의 유비관계는 그다지 놀라운 것이 아니라고 로렛티스는 말한다. 세 사람 모두 오스트리아 빈에서 살았으며, 고도로 발달했던 제국이 황혼에 접어들어 몰락하는 것을 목격했기 때문이다.

슘페터에 의하면 자본주의 아래서 창조적 파괴는 기술혁신과 진보로 인해 발생한다. 새로운 기술혁신은 대가를 치르지 않을 수 없다. 시대에 뒤쳐진 기술에 종사하던 사람들은 칼 폴라니Karl Polanyi가 지적했듯, '악마의 맷돌'에 갈려나갈 수밖에 없다. 슘페터에 의하면 노동이

---

14. Teresa de Lauretis, *Ibid.*, pp. 93-99 참조.

부를 창조하는 것이 아니라 기술혁신이 부를 창조한다. 신자유주의 시대 이후 흔히 듣게 된 것이 '기술혁신을 주도하는 상위 1%의 창조적 파괴자'들이 나머지 99%를 먹여 살린다는 이론이다. 이런 신자유주의 이론의 선구자가 슘페터이다. 그는 끊임없는 기술혁신을 위한 파괴가 곧 창조성을 가져다 줄 것이라고 강조했다면, 프로이트는 파괴성으로서 죽음충동을 강조했다. 프로이트가 말하는 문명 안에는 에로스의 선물, 사랑에 대한 갈망, 우정, 공동체를 지향하는 욕망뿐만 아니라, 공격성도 공존한다. 이웃은 '잠재적인 협력자이거나 성적 대상(사랑의 대상)일 뿐만 아니라 사람들의 공격본능을 자극하는 자'이기도 하다. 사람들에게는 이웃의 동의를 받지 않은 채 그들을 성적으로 이용하고, 재물을 강탈하고, 고문하고 죽이고 싶은 유혹이 있다. 만인은 만인에게 늑대다.[15] 따라서 마르크스와 달리 프로이트에게는 사유재산이 만병의 근원이라기보다 사유재산 이전에 인간의 파괴충동과 공격성이 먼저였고[16] 그것이 만병의 근원인 셈이다.

1차 대전 후 전쟁신경증 환자의 반복강박을 보면서 프로이트는 쾌락 원칙을 넘어서는 죽음충동을 보았다면, 슘페터는 경제적 유기체가 붐을 이뤘다가 침체에 이르는 경제적 주기에 관심을 가졌다. 슘페터가 경제체계의 균형을 설명하는 방식과 쾌락원칙에서 프로이트가 리비도 양을 가지고 설명하는 경제적 가설은 대단히 유사하다는 것이 로렛티스의 지적이다.[17] 프로이트는 꿈을 설명하면서 에고의 역할을

---

15. 프로이트, 『문명 속의 불만』, 김석희 옮김, 열린책들, 1998, 300-301쪽.
16. 위의 책, 301-302쪽.

'기업가entrepreneur'의 역할로 설명한다. 낮 동안의 사고thought는 꿈을 위한 기업가의 역할을 수행한다. 아이디어라는 재료를 가지고 실행하지만 돈(경비)이 없으면 사실 아무 것도 할 수 없다. 기업가는 자본가를 필요로 하고, 그런 꿈을 실행할 자본을 대는 인물이 자본가다. 꿈을 위한 정신적 장비를 제공하는 자본가는 틀림없이 무의식으로부터 나오는 소망이다.[18]

이처럼 슘페터의 경제적 이론, 슈필라인의 생성의 기원으로서 파괴이론의 영향과 더불어, 프로이트는 마조히즘의 경제적 역설에 주목한다. 마조히즘이야말로 인간의 이성적이고 계산적인 이해관계를 궁극적으로 초월하는 현상이다. 자기이해관계를 넘어 자기파괴에 이르는 것이 마조히즘이라면, 그것은 고통으로 얻을 수 있는 쾌락을 훨씬 넘어선 희생의 대가를 치르기 때문이다.

앞서 언급했다시피 프로이트는 여성적 마조히즘을 도덕적 마조히즘으로 연결시킨 바 있다. 프로이트에 의하면 생물학적인 성별을 떠나 여성적 위치는 수동적이고 마조히즘적인 것으로 배치된다. 그의 이런 분석은 많은 페미니스트들의 앙심을 사게 된다. 그에 비해 정신분석가인 제시카 벤자민Jessica Benjamin은 프로이트의 마조히즘의 경제를 가져와 헤겔과 접목시킴으로써 마조히즘에서 젠더정치의 가능성을 탐색한다.

---

17. Teresa de Lauretis, *Ibid.*, p. 99.
18. 프로이트, 『꿈의 해석』, 김인순 옮김, 열린책들, 2008, 649-650쪽.

3. 제시카 벤자민: 사랑의 굴레로서 마조히즘

알렉상드르 코제브Alexandre Kojève와 유사하게 제시카 벤자민은 지배/복종의 관계를 헤겔의 주인과 노예의 변증법으로 분석한다.[19] 코제브는 헤겔의 철학을 "죽음의 철학"으로 재해석하면서, 주인과 노예의 관계로부터 향유enjoyment 개념을 처음으로 이끌어낸 이론가다. 그에 따르면 주인은 자기 욕망을 만족시키기 위해 생존에 필요한 노동을 하지 않는 사람이다. 반면 노예는 주인의 욕망을 만족시키기 위해 끊임없이 노동해야 한다. 노예가 노동을 거부하면 곧장 죽음이기 때문이다. 죽음의 공포로 인해 노예는 살기 위해 죽어라 노동한다. 이렇게 본다면 노예의 최종적 주인은 죽음의 공포다.

노예가 생산한 산물을 소비하고 향유하는 자는 오직 주인이다. 주인은 노예의 노동생산물을 향유하지만 궁극적으로 만족할 수가 없다. 인간의 욕망은 타인의 인정으로 인해 충족되기 때문이다. 주인의 인정욕망은 '당신은 나의 주인이십니다'라고 분명히 인정해줄 수 있는 노예를 필요로 한다. 따라서 주인의 욕망은 타자의 인정을 욕망하는 것이다. 그런 맥락에서 주인은 타자의 욕망을 욕망하는 것이다. 그런데 노예를 노예로 만들어놓는 한, 그에게 인정받는 것은 의미가 없다. 주인은 자신과 '대등한' 관계에 있는 타자로부터 인정받고 싶어 한다. 그가 주인이 될 수 있었던 것은, 주인의 자리를 놓고 타자와 사생결단

---

19. Jessica Benjamin, *Bonds of Love: Psychoanalysis, Feminism & the Problem of Domination*, Pantheon, 1988.

하고 인정투쟁을 벌였기 때문이다. 일단 주인이 된 이후 그는 더 이상 노동하지 않는다. 노예의 노동에 군림하면서 살기 때문이다. 반면 노예는 노동을 통해 자신이 만든 사물을 이해하고 알게 됨으로써 각성된다. 노동이 그를 의식주체로 만들어주는 셈이다. 이로써 주인과 노예의 관계는 역전될 수 있는 가능성이 열리게 된다. 이것이 헤겔과 더불어 코제브가 재해석한 주인과 노예의 변증법이다.

제시카 벤자민이 해석한 헤겔의 인정개념에 따르면, 주체인 '나'가 존재하려면 무엇보다 타자가 먼저 있어야 한다. 타자(노예)를 죽이거나 파괴해버리면 주인은 인정받을 수 있는 타자를 잃게 된다. 반면 타자를 완전한 노예로 만들어버리면 나에게로 현상하는 의식은 노예의 의식일 수밖에 없다. 타자를 삭제하면 나 또한 존재하지 못한다. 나의 독자성과 자율성은 타자의 인정에 기반한다. 따라서 진정한 독자성은 이 모순적인 충동의 근본적인 긴장 관계에 놓여 있다. 그로 인해 자아의 자율성을 주장하려면 역설적이게도 타자를 인정하지 않을 수 없다. 그것이 상호인정관계다.

헤겔의 '주인과 노예의 변증법'을 가져와서 젠더 변증법적인 관계로 번역해보자. 남성중심적 사회에서 남녀의 권력관계는 주인과 노예의 관계로 비유된다. 남성은 여성의 무임금 가사노동의 향유물을 즐긴다. 여성의 노동이 가져다 준 생산/재생산 노동의 열매(무임금 가사노동, 양육, 보살핌노동, 성노동 등)를 누리는 것은 남성이다. 남성은 자신이 주인임을 인정해 줄 대등한 타자를 필요로 한다. 자신과 대등한 관계에 있는 타자의 인정이 있어야만 자신이 주인임을 인정받을 수 있기 때문이다. 여성은 자신의 노동을 통해 집안의 주인이 될 수 있는 가능성이 있다. 여성의 노동에 완벽하게 기생하는 남성은 궁극적으로 절대적인 무기력 상태에 빠지게 된다. 노예 아내가 없으면 주인 남편은 라면 하나 끓일 수 없고, 세탁기 하나 돌릴 수 없다. 이렇게 세월이 흐르다보면 그는 집안의 주인이 아니라 집안에서 절대적으로 무능력한 홈리스가 된다. 여성은 노동을 통해 주인/노예, 지배/복종의 권력관계를 상호인정의 대등한 관계로 전환시킬 수 있는 능력을 갖게 된다. 그것을 쟁취할 수 있도록 만드는 것이 여성의 (가사)노동인 셈이다. 헤겔의 주인과 노예의 변증법을 가내경제oikos에 문자적으로 적용해본다면 그런 해석이 가능해질 것이다. 하지만 힘들게 쟁취한 상호인정관계는 지배/복종의 형태로 되돌아가려는 것처럼 보인다. 힘을 가진 두 주체 사이의 평등한 관계가 아니라 힘을 가진 자/못 가진 자, 지배자/피지배자의 비대칭적인 형태로 나타난다. 제시카 벤자민은 그 이유를 주체의 나르시시즘에서 기인한 전능성의 환상에서 찾는다. 일례로 아이와 부모의 관계는 역설적인 의존관계다. 아이에게는 엄마를 마법적으로 조종할 수 있다는 환상이 있다. 아이에게 무엇을 해주든 그것은 엄마의 의지이지 아이의 의지대로 되는 것은 아니다. 여기서 아이는 가장 의존하고 있는 사람으로부터 독립을 해야 하며 자율성을 인정받아야 한다. 하지만 환상 속에서 아이는 자신의 전능성을 포기하지 않는다. 엄마는 나의 하인이며 지니처럼 모든 것을 들어준다고 믿는다. 외부세계와 자신을 분리하지 못한 아이에게, 엄마는 나와 상호독립적인 존재가 아니라 나의 소유물이다. 반면 이런 전능성의 환상이 뒤집히면 절대적 무력감으로 바뀐다. 엄마는 전능하고 자신은 절대적으로 무력하다고 본다. 이처럼 자아와 타자 사이에 상호의존성의 아슬아슬한 균형이 지배/복종의 관계로 뒤집히는 것은 손쉬운 일이다.

　그와는 달리 조르주 바타유는 지배와 복종의 변증법을 에로티시즘과 죽음의 대립으로 전환시킨다. 바타유에 따르면 헤겔은 노동을 통해 자의식을 획득한다는 점에서 노동하는 주체에게서 이성적이고 합리적이고 생산적인 측면만을 보았다. 반면 바타유가 보기에 사람들은 생산성을 중시하는 합리적이고 이성적인 존재인 것만은 아니다. 노동을 통해 언제나 유용성, 생산성, 합리성만을 추구하는 것이 아니라 그로부터 일탈하려는 강렬한 충동 또한 사람들에게는 공존한다. 순전히 소비하고, 파괴하고, 즐기면서 소멸하려는 욕망 또한 있다. 그것은 자본주의사회에서는 결코 용납할 수 없는 자기소멸에의 유혹이다. 생산의 회로에 재/포섭되지 않고, 쓸모와는 아무런 상관없는 완벽한 '비생산적 소비'[20]야말로 자본주의의 이윤추구와 축적과 탐욕을 폭파시키는 것이다. 그런 비생산적 자기파괴 충동이 노동과 대비되는 에로티시즘이다. 그에게 에로티시즘은 생충동이 아니라 죽음충동이다. 에로티시즘은 서로 불연속적인 주체와 타자가 합일하여 연속성을 획득하는 것이다. 연속성을 획득하는 순간 주체는 타자 속에서 자신을 상실하게 된다. 합일과 연속성은 개별자인 주체에게는 자기 소멸을 뜻한다. 에로티시즘은 일체의 감각, 언어, 지식이 상실되고, 육체, 정신, 영혼의 힘이 남김없이 소진되어 절대적 소멸 상태에 이르는 아찔

---

20. 유기환, 『조르주 바타유』, 살림, 2006 참조.

하고 현기증이 나는 경지다. 그것은 고독하고 불연속으로 존재하던 주체가 타자와 한 몸이 되기 위해, 평소의 이성적, 합리적 세계와는 전혀 다른 밤의 광기의 세계로 들어가는 자기절멸의 축제다. 그래서 바타유는 에로티시즘을 '작은 죽음'이라고 일컫는다. 그것은 자기파괴의 '내적 재앙'이기도 하다.

이렇게 본다면 에로티시즘은 '죽음의 바다' 위에 떠있는 외로운 섬이다. 그것은 '죽음의 바다'를 목숨 걸고 횡단하는 것이다. 이렇게 하여 바타유에게 에로티시즘은 자기파괴 충동으로서 마조히즘과 죽음으로 연결된다. 몸에 대한 위반은 생사의 경계를 위반하는 것이다. 성적 흥분은 죽음 자체에 있는 것이 아니라 목숨을 거는 모험에 있다. 분리불안에서 벗어나기 위해 간절히 합일을 원하지만 합일의 순간은 곧 죽음의 순간이다. 주체가 자신의 경계를 유지하지 못하므로, 목숨 걸고 횡단함으로써 더욱 죽음에 이르도록 해주는 것이 에로스이다. 이렇게 본다면 타자의 의지에 완전히 복종함으로써 자기몰락과 자기소멸을 앞당기는 것이 사랑의 굴레로서 에로스이다. 그렇다면 이성적이고 계산적인 사람들이 어떻게 사랑을 위해 목숨을 걸고 죽음을 가로지를 수 있는가?

문제는 철저한 자기소멸을 자발적으로 원하는 사람이 있다는 것이다. 복종하는 사람이 단지 두려움 때문에 복종하는 것은 아니다. 자기절멸이라는 황홀경의 우주로 해소되기 위해 복종한다는 점은 폴린 레아주의 『O 이야기』[21]에 잘 드러나 있다. O는 애인인 르네를 따라

---

21. 폴린 레아주, 『O 이야기』, 성귀수 옮김, 문학세계사, 2012.

가 그의 이복형인 스티븐 경을 만난다. 스티븐 경의 명령에 굴종하면서 O는 자기 소멸 속에서 절대적인 자유를 맛본다. 그녀의 복종은 자기 안의 깊은 욕망과 공모하는 것이다. O에게 있어 육체적인 굴욕과 학대는 영적·심리적 만족을 얻기 위한 것이다. 철저히 계산된 주인의 행동이 그녀의 복종을 자극하고, 그런 복종 안에서 내재적 초월로서 그녀는 탈아적 자아를 회복한다. 그녀의 복종은 계몽교육의 일환이며, 그녀에게 가해지는 폭력은 '제의적인 폭력ritual violation'이다. 그녀는 스티븐 경의 성에서 "청소하고, 책을 정리하고, 꽃을 다듬고, 식탁을 차리는 등, 집안 살림을 꾸려나가기 위해" 맡겨지는 더할 나위 없이 고된 온갖 잡일을 하게 될 것이라는 말을 듣는다. 성에서 만난 남자는 "회초리로 맞게 될 것이다. 그것은 우리의 쾌락을 위해서라기보다 당신의 계몽을 위한 것이다. 목에 쇠줄을 걸고 끌려 다닌다면, 그것은 당신에게 고통을 주려는 것이라기보다 당신의 삶이 족쇄에 채워져 있고 자유롭지 않다는 것을 가르치기 위한 것이다. 자신이 아닌 것에 헌신하도록 되어 있다는 것을 당신에게 가르쳐주기 위한 것"[22]이라고 O에게 설명한다. 채찍질은 '사랑의 굴레'라는 이름 아래 여성들이 결혼생활과 가족 안에서 자발적으로 행하는 복종을 계몽시키기 위한 제의인 셈이다.

O의 깊은 공포는 스티븐 경에게 버림받고 연인인 르네와의 관계에서 분리되는 것이다. 그것은 마치 신에게서 추방당하는 것과 같은 두려움이다. 신과 같은 전능한 타자의 손을 잡을 때라야만 은총 속에

---

22. Jessica Benjamin, *Ibid.*, pp. 15-17.

서 그녀의 영혼은 구원된다. 그녀는 지고의 권력에 복종하고 그의 도구가 됨으로써 그녀 자신을 초월하게 된다. 헌신과 초월에 관한 O의 이야기는 성인의 복종을 떠올리게 한다. 그녀가 보여주는 고통과 희생은 성인들이 신을 위해 희생하고 고통받는 것과 흡사하다. O의 희망은 역설적이게도 복종 가운데서 불확실하고 포착하기 힘든 자신의 자아를 찾으려는 것이다. 그것은 확실한 굴종 속에서 얻을 수 있는 자유다. 그런 자유를 위해 그녀는 자신을 완전히 무화시키는 대가를 치른다.

페미니스트들은 이런 분석에 분노한다. 안드레아 드워킨Andrea Dworkin과 같은 페미니스트들이 견딜 수 없는 것은 O의 **자발적인**[23] 복종과 굴욕이다. 그들에게 여성의 자발적 굴욕이란 포르노적인 상상력과 다르지 않다. 이들의 입장에서 볼 때 O의 이야기는 '인정욕망에 대한 알레고리가 아니라 단순히 희생된 여성의 이야기'[24]가 되어버린다. 『O 이야기』에서 O는 인정욕망과 자율성 사이의 갈등을 해소하기 위해 자아를 철저히 체념한다. 그녀는 절대적 복종 속에서 희열을 느낀다. 반-포르노 페미니스트들은 오랫동안 여성들을 억압해온 마조히즘에서 겸허, 인내, 희생의 여성적 윤리를 정당화하는 것에 분노한다.

하지만 그런 설명은 '제의적인' 복종 가운데서 만족을 얻는 마조히즘적 여성의 욕망을 설명해주지 못한다고 제시카 벤자민은 비판한다. 반포르노 페미니스트들이 여성의 자발적인 복종에서 외설적인 남성적 폭력만을 보는 것은 여성적 욕망의 특정한 측면을 간과한 것이

---

23. 강조는 필자의 것.
24. Jessica Benjamin, *Ibid.*, p. 55.

다. 얼핏 보면 잘 드러나지 않음에도 불구하고 많은 사람들의 정신 속에서 복종의 환상이 중요한 역할을 차지하고 있다고 벤자민은 주장한다. 많은 페미니스트들은 결혼의 형식 자체가 지배와 복종의 관계를 사랑이라는 이름으로 포장한 것이라고 비판해왔다. 하지만 결혼 자체가 비유적인 S/M의 실천이라고 한다면, 여성이 일방적으로 희생만 했을까? 남편을 주인처럼 섬기고 복종 가운데서 경제적 이득과 성적인 쾌락과 보호를 얻어내고자 하는 여성들의 욕망은 어떻게 설명해야 하는가. 마조히스트는 정신적 고통의 공유를 사랑으로 경험한다. 그것이 제시카 벤자민이 말하는 사랑의 굴레다.25

다른 한편, 몸의 고통을 은밀한 쾌락으로 전환함으로써 그것을 남근이성중심주의에 대한 저항으로 읽어낸 성차의 페미니스트들이 있다. 그들은 여성적 주이상스에서 젠더정치를 긍정적으로 읽어낸다. 그렇다면 마조히즘과 여성적 주이상스는 어떻게 다른가? 성차의 페미니스트들은 그로부터 어떤 젠더정치의 가능성을 주장하는 것일까?

4. 여성적 주이상스

주이상스jouissance의 법적인 의미는 '융자나 배당을 통해서 획득된

---

25. 게일 루빈, 『일탈』, 임옥희 외 옮김, 현실문화사, 2015, 4장 참조. 마조히즘을 젠더와 관련지어 설명하게 되면서 마조히즘의 성감발생적 성격은 거의 삭제되어버린다. 게일 루빈은 S/M을 이런 식으로 정신분석하는 것에 넌더리를 낸다. S/M은 그냥 S/M이며, 그것을 범죄화하거나 병리화하는 것에서 벗어날 수 있는 가능성을 오히려 과거의 성과학자들에게서 찾는다.

자산을 자유롭게 처분할 권리' 혹은 '어떤 권리를 명목상(법적으로)으로 누리게 되는 것'을 의미한다. 주이상스의 어원에는 자유롭게 처분할 수 있다는 점에서 경제적 의미 또한 포함되어 있다. 그것은 또한 성적인 오르가즘을 뜻하기도 한다. 라캉은 '주이상스=오르가즘'이라는 등식은 산타 마리아 델라 빅토리아 성당에 안치된 베르니니Gian Lorenzo Bernini의 조각상 <성녀 테레사의 황홀경St. Theresa in Ecstasy>을 보면 알 수 있다고 말한다.

▶ 성녀 테레사의 황홀경
잔 로렌초 베르니니

주이상스는 고통이 주는 쾌락 속에서 성적 오르가즘을 느끼는 것이다. 성녀 테레사가 보여준 모습은 종교적인 법열과 성적인 황홀경이 겹쳐진 것처럼 보인다. 천사의 창끝에 자신의 내장이 찔리는 고통은 종교적인 법열로 합쳐진다. 루스 이리가라이가 말하듯 여성적 주이상스는 신의 은총 속에 절대적으로 복종하고 의존함으로써 맛보는 종교적 신비주의 체험이기도 하다. 그렇다면 마조히즘과 주이상스는 어떤 관계인가?

주이상스는 단지 마조히즘적인 쾌락만이 아니라 신체적, 정신적 고통까지 포함한다. 반면 마조히즘에서 고통은 쾌락에 이르는 수단이다. 마조히즘이 주는 고통이 곧 쾌락이라는 점에서 고통과 쾌락은 구별하기 힘들다. 그와는 달리 주이상스에서 쾌락과 고통은 공존하지만 별개의 것으로 남는다. 주이상스는 고통 자체에서 쾌락을 얻는 것이 아니라 고통을 대가로 지불하지 않고서는 얻을 수 없는 쾌락이다. 그래서 주이상스는 "쾌락과 고통이 한 묶음으로 주어지는"[26] 일종의 거래가 된다. 라캉은 칸트의 『실천이성비판』에서 한 예를 인용한다. 한 남자가 간절히 원하는 여자가 있다. 그 여자와 하룻밤을 자는 대가로 목숨을 내놓아야 한다면, 그럴 수 있는 남자는 없을 것이라고 칸트는 말했다. 하룻밤 쾌락을 위해 자기 목숨을 바치는 짓은 이성적인 주체라면 결코 선택하지 않을 것이다. 칸트가 말하는 이성적 주체는 합리적 계산에 따른 주체다. 하지만 인간의 선택과 결정이 고통 대비 얻을 수 있는 쾌락에 의한 "'합리적 계산에 따라 이뤄지는 것은 아니'라는

---

26. 딜런 에번스, 『라캉 정신분석의 핵심개념들』, 문심정연 옮김, 문학과지성, 2013, 25쪽.

점은 프로이트가 「마조히즘의 경제적 문제」에서 이미 역설한 바 있다. 죽음을 불사하더라도 꿈의 여인과 하룻밤을 보내려고 하는 사람도 있다. 주이상스의 위험한 거래가 언제나 이성적 판단에 의해 거부당하는 것은 아니다. 영화 <데미지>에서 보다시피 아들의 연인과 사랑에 빠진 대가로 남자는 모든 것을 잃는다. 체면과 권력도 잃고, 아들과 부인도 잃고, 연인도 잃는다. 자신이 가진 모든 것을 잃어버린다. 경제적 계산을 넘어서 있다는 점에서 성별과 무관하게 그의 선택은 윤리적 주이상스다. 잠재적 쾌락의 총량과 잠재적 고통의 총량을 비교하여 결정하는 합리적 태도는 근본적으로 윤리적인 것이 아니다. 쾌락을 넘어 목숨까지 포함하여 모든 것을 건다는 의미에서 그것은 윤리적인 것이다.

라캉에 의하면 주체는 상징계로 편입한 대가로 자신의 주이상스를 억압해야 한다. 하지만 주이상스는 억압되었다고 소멸되는 것은 아니다. 억압당한 주이상스는 무의식인 초자아(절대악, 혹은 양심)의 모습으로 귀환한다. 잉여의 쾌락으로서 주이상스는 합리적인 경제논리를 넘어선 것이다. 따라서 쓸모, 합리성, 이익과 같은 경제논리로 이해될 수 있는 것이 아니다. 이런 잉여 주이상스는 몸을 상실한 대가로 상징계로 편입한 주체에게는 부분 대상들, 성감대로 남은 육체의 파편들, 잔여로 남게 된다.

라캉의 프레임에서 볼 때 기표의 세계이자 언어의 세계로 편입하는 대가는 거세다. 남성은 상징계에서 인식과 지식의 주체가 되는 대신 몸을 잃는다. 반면 인식의 대상으로 머무는 여성은 상징적 거세에 완전히 종속되지 않는 몸으로 남아 있다. 기표들의 세계인 상징계로의 진입은 몸을 상실한 대가로 가능해진다. 몸을 가진 여성은 주이상스, 즉 몸의 기억을 각인하고 있다. 『앙코르, 앙코르』에서 라캉은 공손하게 여성의 주이상스, 여성의 욕망을 알려달라고 간청한다. 그러면서도 여성이 자신의 주이상스를 알 수는 없다[27]고 주장한다. 여성 자체가 주이상스이므로, 인식의 대상이 인식의 주체에게 그것을 가르칠 수는 없다는 것이다. 이에 대해 식수, 이리가라이, 크리스테바 등은 라캉이 알지 못했던 여성의 주이상스를 여성의 시적인 노래로 말하고자 한다.[28] 그들에 따르면 여성이 자신의 주이상스를 모르는 것이 아니라 남성이 그것을 알 수 있는 언어를 가지지 못한 것이며, 듣고자 하는 귀가 없고 알려고 하는 욕망이 없기 때문이라고 반박한다. 그것은 자기도취에 찬 나르시수스가 에코의 언어를 이해하지 못하는 것이나 마찬가지다.

이리가라이는 이처럼 남근을 주인기표로 만들려는 장구한 대결에서, 남성들은 자기의 모태인 여성의 몸을 지움으로써 성차의 특수성을 배제하고 스스로 초월적이고 보편적인 존재가 되고자 한다고 비판한다. 그들은 불멸을 꿈꾸고 신을 꿈꾼다. 남성들의 페니스 경제학은 차이를 인정하지 않고 모든 것을 자기에게로 환원해 들이는 나르시시

---

27. Jacques Lacan, "God and the Jouissance of Th/e Woman", eds. J. Mitchell & J. Rose, *Feminine Sexuality: Jacques Lacan and the ecole freudienne*, W. W. Norton and Company, 1985.

28. Kelly Ives, *Cixous, Irigaray, Kristeva: The Jouissance of French Feminism*, Crescent Moon Publishing, 2010.

즘적인 자기동일성에 머물러 있다는 것이다. 반면 페니스 경제학이 아니라 두 입술의 형태학에 바탕한 여성들은 다중성과 다성적인 목소리에 열리게 된다고 이리가라이는 주장한다. 두 입술이 함께 "키스해 줘"라고 말하는 여성의 주이상스는 온몸에 흩어져 있다. 여성의 신체는 계속해서 포옹하는 두 입술로 구성되어 있는 만큼 여성의 몸언어는 다성적이며 유동적이다.29 그것은 남성의 섹슈얼리티처럼 단단한 것의 부질없는 사라짐에도 불구하고 견고함을 주장하는 것이 아니라, 크리스테바의 비체abject처럼 나-너의 경계를 흘러넘치는 유체다. 내 안에 타자가 들어있고 나-너의 경계가 무너진 임신한 여성처럼 여성의 몸은 고정된 정체성을 교란시킨다. 여성의 몸이 보여주는 비동질성은 모든 것을 동일성으로 환원시키려는 남성의 나르시시즘적인 욕망을 위협한다.

그러므로 이리가라이에게 여성적인 주이상스는 단일하거나 단일한 기관에 종속되는 것이 아니다. 정체성의 논리에 따라 자리매김되거나 정의되거나 부정관사로 표시되는 하나의 성a sex이 아니다. 여성의 섹슈얼리티는 두 입술이라는 은유로 재현될 수 있다. 두 입술은 결코 하나가 아니며 엄격하게 둘도 아니다.30 여성의 섹슈얼리티는 복수적plural이다. 두 입술은 유동적이며, 유체적이고, 자기성애적이다. 이리가라이는 몸의 특정한 지대 혹은 유일한 지대를 성애화하는 것을

---

29. Luce Irigaray, "When two Lips Speak Together", *This Sex which is not One*, trans. Catherine Porter, Ithaca: Cornell University Press, 1985, pp. 205-208.
30. 뤼스 이리가라이, 『하나이지 않은 성』, 동문선, 2000, 이은민 옮김 참조.

비판하면서 남근의 탈중심화와 성기중심 리비도 경제를 변형시켜낸다. 기존의 리비도가 언제나 이성애 성기중심으로 구조화되었다면, 그녀의 두 입술의 형태학에 따르면 여성의 몸은 어디든 히스테리컬한 성감대가 되고 성화sexualization된다.

그녀의 시도는 단순히 여성성에 대한 환상이 아니라 여성으로서의 여성을 위한 공간을 마련하려는 작업이다. 이리가라이는 그런 공간을 어머니와 딸의 관계에서 찾는다. 이리가라이는 오이디푸스 단계 이전의 전 오이디푸스 단계인 엄마-딸의 이자적 관계에 집중함으로써 여성을 결여, 부재, 소비품 등으로 객체화하는 것에 저항한다. 이리가라이에 의하면 그런 노력은, 양성의 차이를 배제한 채 남근을 중심으로 하는 가부장적 이데올로기의 무대에서 비가시적으로 남아있는 잉여, 잔여의 공간을 찾는 것이다.

이리가라이의 신비주의에 의하면 여성에게 주이상스와 같은 신비적 경험은 주체성을 상실하는 것이며, 주체/객체의 대립이 한순간 소멸되는 것이다. 그녀에 의하면 신비주의 담론은 여성이 서구역사에서 공개적인 목소리를 낼 수 있는 유일한 영역이었다. 베르니니의 성녀 테레사의 주이상스에서 보다시피, "신성의 불꽃에 닿아 있는 신비주의자의 영혼은 모든 차이를 녹이는 유동적인 흐름이다."[31] 그녀에게 두 입술의 섹슈얼리티는 민주적으로 온몸에 퍼져 있어서, 페니스 하나에 집중되어 있는 남근이성중심적 사유에서는 이해할 수 없는 신비한 텍스트다. 여성적 주이상스에 관한 이리가라이의 주장은 밀교의 여사

---

31. 토릴 모이, 『성과 텍스트의 정치학』, 임옥희 외 옮김, 한신문화사, 1994, 161쪽.

제가 들려주는 목소리처럼 들린다.

여성성, 영성을 주장한 이리가라이와는 다른 맥락에서 엘렌 식수는 리비도 경제에 있어서 여/남을 선물gift경제/소유경제로 구분한다.[32] 남성의 리비도는 남근에 집중된 단일한 리비도 경제에 바탕해 있다면, 여성의 리비도는 몸 전체에 분산되어 있다. 이런 여/남의 리비도 경제에 의해 남성적인 사유는 단일한 기원을 추구하는 배타성으로 연결된다면, 여성적인 것은 무한히 열리는 선물과 관대함으로 연결된다. 그러므로 여성적인 것은 소유하고, 분류하고, 고유성을 확보하려고 계급화, 체계화, 차별화하는 것이 아니라 언제나 선물을 주려는 시적인 관대함으로 열린다. 그래서 식수에게 계급class은 유물론적인 것이라기보다 오히려 등급class으로 분류하고 구분하는 것과 같은 의미로 사용된다.

하지만 이렇게 주장하게 되면 또 다시 자신이 벗어 나오려고 한 바로 그 여/남의 이분법에 사로잡힌 것은 아닌가 하는 비판을 성차의 페미니즘은 되돌려 받게 된다.

5. 여성의 성적 자기계발로서의 S/M

에바 일루즈는 주이상스가 아니라 마조히즘적인 쾌락을 통해 여

---

32. Helene Cixous, "Castration or Decapitation", trans. Annette Khun, *Sign*, Vol. 7, No. 1(Autumn, 1981), pp. 41–55.

성의 자의식의 회복 가능성을 읽어낸다. 성적으로 지배하는 주인남성과 복종하는 여성의 위치가 완전히 전도되는 것을 보여주는 대중적 판본이『그레이의 50가지 그림자』라고 주장하는 에바 일루즈의 논의를 살펴봄으로써, 이성애 마조히즘적 리비도 경제가 젠더의 정치로 전화되는 과정에 주목해보겠다.

사회학자로서 에바 일루즈는 '엄마들의 포르노'로 불리는『그레이의 50가지 그림자』분석을 통해서, S/M 포르노가 여자들 사이에서 베스트셀러가 되는 문화적 현상을 사회학적으로 어떻게 분석해야 하는지에 초점을 맞춘다. 그녀는 S/M이라는 일탈적인 성적 정체성이 반감과 거부가 아니라 포르노로 소비되는 현상을 살피면서, S/M을 '정치적'으로 탈성화시키지 않고 성적 행위로서(성적 정체성이 아니라) 즐겁게 소비되는 방식에 주목한다.

에바 일루즈는『사랑은 왜 불안한가?』[33]에서 S/M의 정치경제를 제시한다. BDSM[34]은 자기계발이라는 새로운 문화양상과 어떻게 합치될 수 있었는가? 에바 일루즈는 현대의 불확실성, 남녀관계의 혼란스러움, 자유와 평등, 인정의 딜레마에서 확실성을 주는 것이 BDSM이고, 그런 맥락에서 BDSM은 기괴하고 병리적인 것이 아니라고 주장한다.『O 이야기』에서 남자가 훈시하듯, 그것은 '계몽적인 기획'의 일부라는 것이다. 불확실성, 모호함, 혼란, 무질서로 인해 불안한 시대일수

---

33. 에바 일루즈,『사랑은 왜 불안한가』, 김희상 옮김, 돌베개, 2014.
34. BDSM: Bondage and Discipline, Dominance and Submission, Sadism and Masochism 속박과 규율, 지배와 복종(사디즘과 마조히즘)을 포괄하는 성적 행위를 뜻한다.

록 사람들은 확실성에 집착하게 된다. 에바 일루즈는 BDSM을 그런 문제에 대한 해결책의 하나로 여긴다. BDSM은 구조적으로 불안정한 애정관계를 풀어줄 해결책이다. 고통의 끝에 쾌락에 도달할 수 있는 경계에 대한 합의를 '확실히' 약속하는 것이 사도마조히즘이다. 사랑을 믿지 못하는 불신 시대에, BDSM은 성적 쾌락에 관한 방향성과 제의, 고통의 통제와 합의라는 대안을 제시해준다.

대중 베스트셀러 신데렐라 소설인 『그레이의 50가지 그림자』에서 그레이는 모든 것을 다 가진 남자다(세계상위 1% 부자, 지식, 자산, 취향). 순진한 사회 초년생인 아나스타샤는 그토록 환상적인 남자가 가진 트라우마를 치유해주고 당당히 그와 맞설 수 있는 자아를 형성하게 된다. 그렇다면 여성독자들은 바보일까? S/M 버전의 구태의연한 신데렐라 스토리에 그토록 매혹되다니! 그럼에도 범죄시되었던 하드코어 포르노 소설이 선풍적인 인기를 끌었던 이유가 무엇일까? 아나스타샤는 처음에 M의 위치였지만, 성적 주도권을 장악해나가면서 그레이와의 관계가 역전되어 마침내 대등한 관계에 이른다. 제시카 벤자민이 주장하듯, 인정투쟁이 사생결단을 함으로써 반드시 한 쪽을 파괴하는 것이 아니라, 상호인정으로 나갈 수 있는 가능성이 있다는 것을 보여준 캐릭터가 아나스타샤이다. 인정투쟁의 파괴적 관계를 넘어서서 아나스타샤가 주도하는 관계에 여성독자들은 환상적 대리만족을 느낄 수 있다. 게다가 자극적인 S/M적 요소는 재미있는 놀이로 소비되면서, 엄마들이 S/M 포르노를 전혀 처벌받지 않으면서 즐길 수 있게 되었다는 점 또한 주목을 요한다. 도착적인 성애로서의 S/M에 대한 거부반응은 사라지고 S/M이 여성들의 성적 자기계발서 역할을 하게 되었다[35]는 것이다.

이제 범죄적 성행위 아니면 병리적 성행위로 간주되었던 S/M이 제의적이고 확실한 놀이규칙을 가진 것처럼 소비되고 있다. 적어도 『그레이의 50가지 그림자』로 미뤄 짐작해본다면 그렇다. S/M의 엄격한 제의적 성격, (예술적인) 수행적 역할놀이, 화려한 성적 보조품들을 활용(단순히 원시적인 몸과 몸의 만남이 아니라)하는 성적인 문법 등은 '귀족적인' 것처럼 보일 지경이다. 재생산 없는 성적 쾌락은, 재생산을 위한 생물학적이고 공리주의적인 성관계보다 귀족적이고 세련된, 포스트 휴먼 시대의 상징처럼 보인다. 요즘 젊은 여성들은 결혼이 늦어질 경우를 대비하여 자신의 난자를 냉동 보관한다. 이런 시절이니 '싱싱한' 정자를 구입하여 체외수정을 할 수도 있을 것이다. 이렇게 된다면 재생산과는 완전히 분리된 섹슈얼리티가 가능할 것이며, 올더스 헉슬리Aldous Huxley의 <멋진 신세계>에서처럼 난태생을 미개한 것으로 간주하는 시대가 올지도 모른다. '포스트' 시대는 성적인 재생산보다는 성적 쾌락의 용도에 더욱 집중하는 시대다. 성적 정체성으로서 S/M이 아니라 성행위의 하나로서 S/M은 일탈적, 변태적 정치성을 지닌 것처럼 보이지 않는 시대가 되었다. 두 사람만의 침실에서의 성관계라면 누가 뭐라고 하겠는가.

여성의 사회적 역할이 희생이었으므로 그런 희생에서 쾌락을 얻는 것이 소위 여성적 마조히즘이다. 하지만 '그레이 시리즈'가 보여준

---

35. 에바 일루즈, 앞의 책, 111-113쪽.

여성의 마조히즘은 평등과 자율이라는 정치성과 도덕적 문제를 삭제해버리고 에로스와 쾌락을 주는 것으로 소화시켜내고 있다. 애정관계의 불안과 불신에 시달리던 여자들은 학대를 쾌락으로 만들어내는 확실한 합의에서 아이러니한 치유와 위안과 자기합리화의 정당성을 찾아낼 수 있다. 프레드릭 제임슨Fredric Jameson이 말하다시피, '문학작품은 사회가 안고 있는 실제 모순과 갈등의 상상적 해결이다.' '그레이 시리즈'에서의 BDSM 관계는 현대 이성애 관계에 내재한 긴장을 해소하려는 상상적, 유토피아적 해결방식이라고 에바 일루즈는 설명한다. 그녀는 그레이와 아나스타샤 사이의 지배와 복종의 변증법에 주목함으로써, 여성의 일방적 굴욕과 희생이 아니라 성적 자기각성과 계발이라는 젠더/섹슈얼리티 의제를 찾아낸 것으로 볼 수 있겠다.

5장

수치의 얼굴

＊＊＊

2015년 강남 서초동에 사는 강 모씨(48)는 외국계 IT 회사에 근무하다가 3년 전 해직되었다. 그 이후 열 군데가 넘는 회사에 이력서를 냈지만 한 곳도 연락이 없었다. 자녀들이 아버지가 실직한 모습을 보면 실망할까봐 두려워서 강씨는 아침이면 출근해서 고시원에서 생활하다가 저녁이면 퇴근했다. 퇴직금을 매달 급여형식으로 아내에게 주고 고시원에서 주식투자를 했지만 연속적으로 실패했다. 그러면서도 은행잔고가 많은 것처럼 부인에게는 계속 거짓말을 했다. 부채가 점점 불어나자 막다른 궁지에 몰린 그는 아내와 두 딸을 살해했다. 자신도 자살하려다 실패하고 경찰에 체포되었다. 그는 강남 중산층 출신으로 명문대를 나왔고 실직하기 전까지 실패를 몰랐으며 가난이 무엇인지 몰랐다고 한다. 그는 자신의 실패가 가족과 부모에게 들통나는 것이 가장 두려웠고, 강남 중산층에서 추락하는 것을 가장 수치스럽게 여겼다. 그에게 실패의 고백과 추락의 인정은 죽기보다 부끄러운 일이었다.

강씨의 수치심은 계급불안의 한 형태다. 그는 자신이 가족을 전적으로 책임져야 한다고 믿었다. 한국사회에서 특이한 현상은 생사여탈권을 가진 원시 가부장제적 가족장 의식이 아직까지 남아있다는 점이다. 그들은 소임을 다하지 못하는 가장의 치욕을 견디기보다는 가족을 없애버리는 방식을 선택한다. 가족을 없애면 자신의 수치가 드러나지 않을 것처럼. 그들에게 아내와 자식들은 자기 삶의 가치를 스스로 결정할 수 있는 독립된 인격체가 아니라 자신의 소유물이다. 자신이 모든 것을 책임지고 결정해야 한다는 가장으로서 부담감은 그들을 괴물로 만든다.

불확실성이 지배하는 신자유주의 시대에 이르러, 그동안 안정을 누렸던 중간계급마저 추락하고 있다. 계급사회에서 '정상적인' 가장으로 남부럽지 않게 살아왔던 남성들에게 가장 잔인한 추락은 계급추락이다. 그들에게 계급추락은 LGBITT와 같은 성적 정체성으로 인한 낙인보다 더욱 치욕적인 낙인으로 다가온다. 강 씨의 사례는 몰락하는 중간계급이 자신의 실패를 드러내지 않으려고 사랑과 의무라는 이름으로 저지른 사건이라 할 수 있겠다. IMF 이후 한국사회에서는 한동안 일가족 동반자살이 빈번했다. 이처럼 계급사회에서 계급적 추락은 수치로 다가온다. 그런 수치심은 극단적 폭력을 불러오기도 한다.

로랑 캉테Laurent Cantet 감독의 <시간의 사용자L'Emploi du temps>(2001)는 1990년대 중반 프랑스에서 실제로 일어난 사건을 다룬 영화다. 프랑스 중산층 중년 가장인 한 남성이 18년 간 해고당한 사실을 숨겨오다가 가족이 알게 되자 가족을 살해한 사건이 있었다. 이 영화는 바로 그 실화를 바탕으로 하고 있다. 영화에서 주인공 뱅상은 자신의 실패를 가족과 부모와 주변의 친구들이 아는 것이 수치스러워서 거짓말을 쌓아나간다. 하나의 거짓말이 또 다른 거짓말을 낳는다. 막다른 골목에 이르러 뱅상은 아버지의 도움으로 결국 지긋지긋한 직장과 가정으로 되돌아가서 좀비로 살아간다. 참고 견디다 보면 그래도 괜찮은 삶이 기다리고 있을 것이라는 '잔인한 낙관주의'에 의지하여 서서히 죽어가는 삶을 살아간다.[1] 살벌한 현재를 견디면 미래의 약속이 실현될 것이라는 환상이 지배한다. 그럴 수 있는 가능성이 소멸될수록 그런 희박한 가능성에 매달리면서 애착한다.

글로벌 신자유주의 시대, 이런 현상은 경제적 이유만으로 설명하기 힘들다. 가장으로서 책임을 다하지 못한다는 근심과 염려가 가장에게 과도한 수치심을 안기고 그런 수치가 폭력으로 전환되는 데에는 가부장적 자본주의 아래 젠더 무의식이 작동하고 있기 때문이다. 이처럼 수치심은 계급불안이라는 한 가지 모습으로만 드러나는 것은 아니다. 강씨 사례에서 보다시피 계급불안이 젠더 무의식을 건드림으로써, 그의 공포와 불안은 폭력성으로도 출현한다.

전통적으로 수오지심羞惡之心은 나의 잘못을 부끄러워하고 남의 잘못을 미워함으로써 공정하고 정의로운 사회의 실현이 가능하도록 해주는 마음이었다. 수치심은 인간을 괴물로 만들기도 하지만 인간을 인간답게 만들어준다는 점에서 대단히 양가적인 감정이다. 이런 양가적인 감정을 젠더에 따라 다르게 배치하는 것이 가부장적 사회이다. 수치심은 누구에게나 있겠지만 남성중심적인 사회에서는 젠더에 따라서 수치가 대단히 다른 모습으로 작동한다. 강 씨가 가장으로서 완벽해야 한다는 압력을 받지 않았더라면 어땠을까?

---

1. Lauren Berlant, "After the Good Life, an Impasse", *Cruel Optimism,* Duke University Press, 2011 참조. 벌랜트는 이 장에서 모든 것이 잘 될 것이라는 낙관적인 약속이 막다른 궁지에 몰리게 되었을 때, 기존의 중간계급이 자신의 실패에 보이는 수치심과 공포를 분석한다.

수치심은 다양한 상황에 따라 젠더정치로 배치된다. 수치심은 여성의 얼굴로 귀환함으로써 여성 자체가 수치스러운 존재가 되기도 한다. 수치심은 사회적 약자들을 정치적 희생양으로 만들 수도 있다. 가난한 자들, 여성, 성적 소수자들, 장애인들과 같이 사회적 약자에게 는 다수의 지배적인 문화가 정상적인 것으로 군림하면서, 그런 기준에 미흡한 자들이 자신을 스스로 부끄러워하고, 지배문화를 선망하고 내 재화하면서 문화적 통치에 '자발적으로' 복종하도록 만들기도 한다. 또한 동일한 사건이라도 국가의 경계선을 따라 명예/치욕, 용기/비굴 로 갈라지고, 치욕을 당한 민족은 그로 인한 치욕을 애국심으로 전환 하기도 한다. 그 때문에 많은 페미니스트들은 수치심이 젠더에 따라 다르게 배치되고 구성되는 젠더정치에 저항하고자 한다. 여기서는 수 치의 이중적 측면이 젠더의 관점에서는 어떻게 정치화되고 재배치되 는가라는 점에 집중해보고자 한다.

1. 수치의 이중성

수치심은 흔히 야만과 문명을 구별지어준다고 한다. 노르베르트 엘리아스Norbert Elias에게 수치심은 문명화의 전유물이다.[2] 문명화 과정 은 동물로서 인간이 갖고 있는 표식들을 제거하는 작업이다. 예를 들 자면 고기를 날 것으로 뜯어먹지 않고 식탁에 앉아서 포크와 나이프라

---

2. 노르베르트 엘리아스, 『문명화과정 1』, 박미애 옮김, 한길문화사, 1994 참조.

는 도구를 사용하여 먹는 것이다. 동물의 시체를 고기로 해체하여 형체를 알아볼 수 없을 정도로 만들 때 그것은 세련된 요리가 된다. 뜨거운 커피 한 잔을 마실 때, 후르르 쩝쩝, 쿵쿵거리며 짐승 같은 소리를 내지 말아야 한다. 한 입에 도무지 들어갈 수 없는 엄청난 부피의 빅맥을 먹을 때도 부스러기 하나 흘리지 않는 것은 우아한 매너의 표지가 된다. 이런 표식들은 오랜 훈육을 통해 자연스럽게 형성되는 것이다. 부르디외Pierre Bourdieu가 지적하듯, 가난한 자들은 흉내내지 못할 정도로 많은 시간과 돈, 그리고 에너지와 훈육을 통해, '촌스러운 것'들을 '세련된 것'으로 변형시켰을 때, 계급의 지표는 문화적 취향으로 번역된다. 이렇게 본다면 수치심은 계급적 표식을 문화적·미학적 취향으로 번역하여 생래적이고 자연스러운 것으로 만들어내는 탁월한 정서적 기제이다. 그런 기제는 빈곤한 자들이 익히지 못한 문화적·사회적 매너 앞에서 자발적으로 수치심을 느끼도록 만든다. 사소한 식탁예절에서부터 옷차림새, 취미, 걸음걸이, 제스처 하나에 이르기까지 수치심은 우리의 몸을 '자발적으로' 통제하고 규율하는 한 방식이 되기도 한다. 특정한 매너가 권장하는 행동, 관행, 아비투스habitus를 수행하지 않았을 때, 창피함, 수치심, 치욕을 느끼도록 우리는 프로그램 된다.[3] 사회가 규정한 정상성을 획득하지 못한 경우 사회적 낙인과 배제가 뒤따르기 때문이다.

인류의 역사에서 인간이 원숭이처럼 네 발로 기어 다니다가 어느

---

3. 김찬호, 『모멸감: 굴욕과 존엄의 감정사회학』, 문학과지성, 2014 참조. 그는 우리사회의 감정사회생태계가 과도한 공격성(악플의 비율이 높은 이유 등)으로 드러나는 이유를 낮은 자존감으로부터 비롯된 모멸감과 굴욕감에서 찾고 있다.

순간 일어서서 허리를 곧추 세우고 걷게 되는 진화의 순간이 있었다고 한다면, 직립보행하는 바로 그 순간 인간은 부끄러움을 알게 되었을 것4이라고도 말한다. 네 발로 다닐 때는 보이지 않았던, 상대의 몸에서 노출된 성기를 볼 수 있기 때문이다. 이미 언제나 벌거벗은 상태인 동물과는 달리 성기가 노출되면 당연히 부끄러워해야 하는 것이 인간이다. 레비나스 식으로 말하자면 수치심은 감추고 싶은 것을 감추기 위해 자기 자신으로부터 도주가 필요한데 그런 도주의 불가능성으로 인해 벌거벗겨진 상태에서 발생하는 감정이다.5 말하자면 수치심은 체면의 베일이 찢겨지고 맨얼굴이 드러날 때 그 벌거벗음을 의식하는 데서 비롯된 정동이다.

실번 톰킨스Silvan Tomkins가 보여주었다시피, 수치심은 관심, 경악, 기쁨, 분노, 공포, 스트레스, 혐오, 경멸과 불가분의 관계다.6 가장 기본적인 정동으로서 호기심과 관심과 흥미가 좌절될 때 발생하는 것이 수치심이라는 것이다. 혐오와 마찬가지로 수치심도 기쁨과 관심이 작동하고 난 뒤에 그 중 이런 것들, 아니면 저런 것들을 금지할 때 일어나는 것이다. 금지로 인해 관심이나 기쁨의 만족이 감소되는 데서 수치심이 비롯된다는 것이 톰킨스의 통찰이다.

수치심은 또한 나와 타자의 경계를 짓도록 해주는 감정이기도

---

4. 레베카 솔닛, 『걷기의 역사』, 김정아 옮김, 민음사, 2003, 1장 「걷기는 새로운 세상을 열어준다」 참조.
5. 엠마누엘 레비나스, 『탈출에 관해서』, 김동규 옮김, 지식을만드는지식, 2012, 53쪽.
6. Eve Kosofsky Sedgwick, "Shame in the Cypernetic Fold: Reading Silvan Tomkins", *Touching Feeling: Affect, Pedagogy, Performativit*, Durham& London: Duke University Press, 2003, pp. 93-122.

하다. 정해진 테두리를 넘어 흘러넘치는 잉여들은 불결하고 더럽고 지저분하고 그래서 전염성이 강한 것으로 간주된다. 나와 타자의 경계가 불분명해져서 '순결하지' 못한 상태를 사람들은 불결한 것으로 여긴다. 불결한 상태를 창피하게 여겨야만 위생적인 면역주체의 항상적 유지가 가능해진다. 이처럼 혐오감으로부터 파생된 수치심은 자기경계를 유지하고 자기통제를 강화시킨다.

수치와 관련하여 니체의 경구는 의미심장하다. "신이 어디서든 보고 있다는 게 사실이야?"라고 한 소녀가 엄마에게 묻는다. 그리고 소녀는 "그건 너무 무례한 짓이잖아."[7]라고 말한다. 이처럼 수치심을 알려면 '무례한' 대타자의 존재가 필요하다. 사르트르에 따르면 내가 나를 의식하려면 타자의 존재가 구조적으로 필수불가결하다. 수치심은 내가 하는 짓을 누군가가 지켜보고 있다는 것을 의식하는 데서 비롯되는 감정이다. 이때 나는 타자의 시선에 의해 노출되고, 그렇게 보고 있는 시선에 의해 보여지고 있는 나를 수치스러워하는 것이다. 타자의 출현으로 인해 나는 내가 무엇을 하고 있는지에 관한 판단을 내리기 때문이다. 따라서 수치심은 타자 앞에서의 수치이다.

인간임을 수치스러워해야 하는 잔혹한 사건을 경험하고 살아남은 자의 슬픔과 수치심을 프리모 레비만큼 잘 표현한 작가도 없을 것이다. 츠베탕 토도로프Tzvetan Todorov는 프리모 레비Primo Levi가 느꼈던 부끄러움을 세 가지로 범주화한다.[8] 그 중에서도 '살아남은 자의

---

7. 니체, 『즐거운 학문/메시나에서의 전원시/유고』, 안성찬·홍사현 옮김, 책세상, 2005, 31쪽 참조.
8. 우카이 사토시, 『주권의 너머에서』, 신지영 옮김, 그린비, 2010, 67-69쪽.

수치심'은 평생 동안 살아남은 자들을 따라다닌다. 그들은 죽은 자들을 대신하여 살아남았고 그들의 삶을 대신하여 살아간다고 생각한다. 그들이 살아남을 수 있었던 것은 죽은 자들의 식량이든 옷이든 구두든 물이든 무엇이든 가져와서 먹고 입었기 때문이다. 그곳에서 살아남은 자들은 "타자가 자기 대신에 죽은 것이며, 자신은 남들이 갖지 못한 특권이나 죽은 자들에게 행했던 옳지 못한 짓 덕분에 까닭 없이 살아 있다"[9]는 생각이 든다는 것이다. 살아 있는 것은 잘못이 아니다. 그럼에도 생존자들은 살아남은 것에 죄책감을 느낀다.

이렇게 파악해본다면 프리모 레비에게 수치심은 인간을 인간이 도록 해주는 감정이다. 그에게 수치심의 상실은 죽음과 다를 바 없다. 『가라앉은 자와 구조된 자』에서 프리모 레비는 아우슈비츠에서 무젤매너(muselmäner, 무슬림)는 "신성한 불꽃은 이미 그들의 내부에서 꺼져버렸고", "진실로 고통스러워할 수도 없"는 사람들이라고 말한다. 레비는 "죽음을 이해하기에는 너무 지쳐 있기 때문에 죽음을 두려워하지 않는 그들 앞에서, 그들의 죽음을 죽음이라고 부르기조차 망설여진다."고 통탄한다. "고개를 숙이고 어깨를 구부정하게 구부린, 뼈만 앙상한"[10] 그들은 이미 죽어 있는 자들이고, 자신의 상황에 수치심을 느끼지 못함으로 자살할 수조차 없다. 『이것이 인간인가』에서 레비는 자살이나 "살인을 범하는 사람은 인간이다. 그러나 시체와 침대를 함께 쓸 정도까지 스스로 타락한 자는 인간이 아니다."라고 말한다. 살아

9. 우카이 사토시, 앞의 책, 68쪽에서 재인용.
10. 프리모 레비, 『이것이 인간인가』, 이현경 옮김, 돌베개, 2007, 36쪽.

남은 자들은 자신을 살게 만든 힘을 가족, 사랑하는 사람, 혹은 끈질긴 생명력 등에서 찾지만 레비는 그렇지 않다고 말한다. 그에게 자살은 동물의 행위가 아니라 인간의 행위다. 후안무치해야 살아남을 수 있는 상황에서 인간은 자살할 엄두조차 내지 못한다는 것이다. 자신이 '짐승보다' 못하다는 수치심을 느낄 수도 없기 때문이다.

프리모 레비는 인간 이하의 삶이었던 고통스런 수용소에서 끝까지 살아남았지만, 그 이후에 자살했다. 그는 살아남은 이유를 수용소 상황을 증언하기 위해서였다고 했다. 그렇다면 그 상황을 더 이상 증언할 수 없었으므로 그는 자살했을까? '살아 있다는 사실만으로 죄인'이라는 의식은 홀로코스트 이후 살아남은 자들이 느끼는 공통된 죄책감이었다. 지옥에서 살아 돌아온 자들은 피해자이자 희생자였음에도 불구하고 죄책감과 수치심에서 벗어나기 힘들었다. 친구들과 함께 유쾌하게 이야기를 나누고 저녁을 먹고 돌아갔던 사람이 그 다음 날 자살로 생을 마감하는 일이 빈번했다는 것이다. 지옥을 증언하기 위해 살아야 한다고 보았던 프리모 레비에게 수치심의 결여는 이후의 삶을 위협한다. 수치심이 부재한 사회에 절망했기 때문일 수도 있다. 전후 대다수 독일인들은 제3제국의 학살행위를 몰랐다고 말함으로써 수치심을 피해 갈 수 있었다. 그들은 자신들의 암묵적인 공모를 알고 싶어 하지 않는 적극적인 무지를 발동시킴으로써, 자기 파괴에 이를 수도 있는 수치와 대면하지 않고 '안전한' 거리에서 자신을 적당히 반성할 수 있었다. 그것은 과거의 기억이나 수치심에 따른 고통을 정면으로 대면하지 않음으로써 수치심을 폐제시키는 것이다. 말하자면 수치심을 의식에 등록하지 않는 것이다. 프리모 레비는 자신이 아무리 증언을 하고, 형언할 수 없는 지옥을 표현하더라도 도무지 수치심이 부재하는 사회에서 자신이 할 역할은 없다고 생각했는지도 모른다. 그것은 더 이상 증언 작업을 계속할 수 없다는 말과 다르지 않다. 깊은 반성 없이 무조건적으로 과거 세대와의 상상적 동일시를 통해 과거를 극복하고 화해하려는 태도는 오히려 수치심이 결여된 것처럼 보일 수 있다. 고통스런 이야기가 의미를 갖기 위해서는 그것을 들어주고 그 이야기를 전달해 줄 진정한 청자가 필요하기 때문이다.

프리모 레비의 청자로서 들뢰즈는 나치 수용소가 있었고 인류가 그것을 막지 못함으로써 인류가 더럽혀졌다는 사실에 주목한다. 수용소에서 살아남은 자들은 살아남기 위해 타협하지 않을 수 없었지만 "나치와 같은 인간이 있다는 것에 대한 부끄러움, 그것을 막을 수 없었고, 그 방도를 알지 못했다는 것에 대한 부끄러움, 타협해버린 것에 대한 부끄러움"[11]과 그런 '회색지대'가 있었다는 사실에 대한 부끄러움으로 인해 수치심은 철학의 가장 강력한 주제가 된다고 들뢰즈는 비극적인 정조로 말한다.

이렇게 본다면 수치심은 '세계가 사라진 것'에 대한 나의 책임을 심문하는 것이다. 파울 첼란Paul Celan이 시로 표현했듯, "세계가 사라졌다. 나는 너를 짊어져야 한다." 내가 너라는 세계를 잃어버렸다는 수치심, 살아남은 자들의 그런 수치심이 애도를 가능하게 해준다. 이럴 때 애도할 수 있는 수치심은 인간으로서의 얼굴을 회복하도록 해주는

---

11. 우카이 사토시, 앞의 책, 73~74쪽에서 재인용.

것이다. 이렇게 본다면 슬픔과 수치심을 느끼지 못하는 것이야말로 인간으로서의 얼굴을 잃는 것이다.

하지만 수치심은 인간을 인간이게끔 만들어주는 감정이기만 한 것은 아니다. 페미니스트들은 수치심의 양가성에 오히려 주목한다. 인간에 미흡한 존재들이기에 여성, 동물, 아이들은 아예 수치심을 모르는 존재이거나 아니면 수치스러운 존재가 된다. 인간을 인간이게끔 만들어주는 정동으로서 수치심은 이처럼 젠더에 따라 다르게 배치된다. 남성은 수치심을 느낌으로써 인간이 된다면, 여성은 몸을 가졌다는 사실만으로 수치스러운 동물의 차원으로 추락하게 된다. 페미니스트들이 수치심의 젠더정치에 주목하는 이유도 그 때문이다.

마사 누스바움Martha Nussbaum은 『혐오에서 인간성 회복으로』에서 원초적 수치심primitive shame을 거론한다. 그녀에게 원초적 수치심은 인간이 자율적일 수 없으며 타인(어머니)에게 의존하고 있다는 사실로 인해 발생하는 감정이다. 누스바움이 볼 때 원초적 수치심은 아이가 자기 안에서 자신의 주인이 되지 못한다는 굴욕감에서 뿐만 아니라 외부적으로도 타인에게 의존해야 한다는 사실로 인해 초래된 것이다. 그것은 소크라테스처럼 견고하고 단단한 불멸성의 추구를 진정한 남자다움manliness으로 간주하는 오래된 서구철학의 갈망, 즉 완전성에 대한 갈망에서 비롯된다. 따라서 취약함이나 부족함은 훼손된 남성성의 표시가 된다. 훼손된 남성성은 여성적인 속성으로 등치된다. 남성은 자율성, 여성은 의존성이라는 양극화는 여성의 몸을 결핍으로 구성하는 한편 남성은 완전체로 간주한다.

자신이 완벽하지 못하다고 느낄 때 드러나는 수치심은 공포와 두려움으로 전이된다. 앞에서 언급했던 강 씨의 사례에서 보다시피 자신이 완전체가 아니라 취약할 수밖에 없다는 점을 받아들지 못해서 느끼는 수치심은 공격성으로 뒤집힌다. 자신의 취약성을 감추기 위해서라도 강한 모습을 드러내지 않을 수 없고 그런 강한 모습은 타인에게 공격성으로 터져 나온다. 이렇게 본다면 수치심은 인간의 나약함, 실패, 추락을 인정하지 않으려는 심리적 반작용에서 비롯된 것이다. 그러므로 인간이 인간의 약함으로 인해 상호의존하지 않을 수 없다는 점을 인정할 때, 그처럼 도착된 공격성으로서의 수치심에서 벗어날 수 있게 된다.

인간의 취약성을 강조한 브르네 브라운Brene Brown은 『불완전성이라는 선물The Gifts of Imperfection』에서 취약성은 자신이 완벽하지 않고 실패할 수 있음을 인정하도록 해주는 심리적 선물12이라고 주장한다. 인간은 누구나 취약함에도 불구하고 강함은 남자의 것, 약함은 여자의 것으로 구획함으로써, 남자가 되려면 강해야 하고 여자는 보호받는 대상이 되어야 할 것으로 간주된다. 약한 남자는 자신을 수치스러워 해야 한다. 이처럼 취약성을 인정하지 않을 때 비롯되는 수치심이 젠더에 따라서 어떻게 구성되는가를 브라운은 젠더 이분법적으로 도식화해서 보여준다. 서구문화에서 여자에게는 착하고, 날씬하고, 겸손하기가 요구되고, 외모 기준에 미치지 못하면 창피스러워 해야 한다. 반면

---

12. Brene Brown, *The Gifts of Imperfection: Let go of who You think You are supposed to be and Embrace Who You are*, Hazelden, 2010.

남자에게는 감정을 통제하고, 일을 우선시하고 공적인 지위를 추구하도록 강요한다. 이처럼 사회는 나약하게 굴거나 공격적으로 행동하지 않는 남성을 수치스럽게 여기도록 젠더 무의식을 발동시킨다.

수치심은 인간을 인간으로 만들어주는 정동임에도 불구하고 과도한 수치심은 언제든지 공격성과 폭력성으로 연결될 수 있다. 남자들은 약해빠진 '계집애'라는 또래집단의 조롱에서 벗어나기 위해서라도 폭력적으로 굴어야 한다. 취약하고 여성화된 것들은 극복해야 할 부정적 감정으로 간주되기도 한다. 이렇게 본다면 수치심은 인간의 얼굴을 회복하기 위한 심리적 기제인 것처럼 보이지만 결코 가치중립적인 것이 아니다. 부정적 측면의 수치심은 이처럼 여성적인 것으로 젠더화되는 경향이 흔하기 때문이다.

2. 여성의 얼굴을 한 수치

과거 한때 가족 안에서 아비를 모르는 아이를 가진 여자들은 집안의 수치였다. 그렇기 때문에 지금도 우리사회에서 싱글맘은 낙인의 대상이 된다. 이혼한 여성도 마찬가지다. 이혼한 딸을 친정으로 다시 불러들이는 것을 아직도 가문의 수치로 아는 '대단한' 가문들이 많다.

수치의 젠더문법에 따르면 여성은 몸을 가졌다는 사실에서부터 수치스러워해야 한다. 단지 월경을 한다는 사실만으로 여성은 이미 수치를 몰고 올 잠재적 가능성이 있다. 월경은 흘러넘치는 것이므로 경계를 허물어내는 불결한 것으로 여겨졌다. 피 흘리는 자궁은 이해할 수 없는 불길한 공간이다. 이처럼 여성의 몸은 오랫동안 통제할 수 없는 과잉이자 비밀의 공간으로 규정되어왔다. 따라서 몸 자체가 여성에게는 수치심의 근원이 된다. 딸이 어느 날 월경을 하게 되면 과거의 어머니들은 요즘처럼 축하하는 것이 아니라 왜 몸조심을 해야 하는지 들려주었다. 월경은 여성에게 이제부터 몸 간수를 철저히 해야 한다는 신호였다. '여자가 헤프게 몸을 굴려 행여 아이를 갖게 되면 가족의 얼굴에 먹칠하고 자기 신세 망친다는 점을 그 시절 어머니들은 딸들에게 누누이 주지시켰다. 맥신 홍 킹스턴Maxine Hong Kingston의 『여성전사Woman Warrior』에서 엄마는 초경을 시작한 딸에게 집안의 수치로 쉬쉬했던 이름도 없는 이모의 이야기를 들려준다. 아비 모르는 아이를 밴 무명씨 여성은 집안의 수치이므로, 가문에서 내침을 당한다.

수많은 종교들은 여성의 섹슈얼리티와 몸을 수치와 연결시킨 제의들을 오래된 전통과 문화로 만들어왔다. 여성의 육체성을 동물성으로 간주하면서 문화적 수치를 부가해 온 것은 가부장적 종교의 역할이기도 했다. 『레위기』에 의하면, 잉태할 수 있는 여성의 몸은 부정하므로, "그 몸을 정결케 하기 위해 어머니는 번제와 속죄제를 위한 희생"[13]을 드려야 한다. 종교에서 음식물 금기는 풍요한 여성의 육체나 생식력에 대한 혐오와 연관이 있다. 월경을 하고 임신할 수 있는 여성의 몸은 불결한 오물로 간주된다. 그로 인해 여성적인 것, 나아가 모성적인 것은 비체와 연결된다. 타자로서 아이는 자기 존재의 비밀이자

---

13. 줄리아 크리스테바, 『공포의 권력』, 서민원 옮김, 동문선, 2001, 154쪽.

자신의 기원이 되는 타자(어머니의 몸)와 자기를 구분하고 경계를 설정하는 법을 배워야 한다. 그때 비체화가 발생한다. 몸에 대한 수치심은 주체가 대상과의 경계를 나타내는 사이 공간에서 경험하는 취약성이 전도된 것이다. 자신이 자율적인 존재이기는커녕 타자(보호자, 엄마)에게 절대적으로 의존해 있다는 바로 그 사실을 대상에게 투사함으로써 엄마의 몸은 비천하고 수치스러운 것으로 둔갑한다.[14] 이처럼 주체는 자신의 자아경계를 설정하려고 어머니를 비체로 만든다. 모체에 대한 혐오는 상처입고 망가지고 부패하고 썩어서 시체가 될 수밖에 없는 인간의 취약성(혹은 동물성)에 대한 공포심과 다르지 않다.

사회화를 어렵게 만드는 감정들, 즉 분노, 혐오, 적대감의 표출은 자아를 취약하게 만든다. 상처 입은 분노를 표출하기 힘들 때, 그런 분노는 뒤집혀서 자기에게로 향하기 쉽다. 여성들의 상처 입은 자존감과 수치심은 많은 경우 자신에게로 향한다면, 남자들의 수치심은 외부로 폭발한다. 여성의 수치심은 침묵한다. 수치를 드러내고 표현할수록 더욱 치욕을 감수해야 하기 때문이다. 성폭력을 당한 여성을 오히려 비난하는 사회에서는 사실 폭로로 인해 자신이 얻는 것보다 잃을 것이 더욱 많고, 두고두고 추문거리가 될 것임을 각오해야 하기 때문이다. 게다가 여성들은 친밀한 관계에서 모욕감을 맛보는 경향이 많다. 가족, 부모, 연인, 파트너, 가까운 친구들 사이에서도 서로를 단속하고 규제하도록 하는 것에서 여성은 자유롭지 않다.

여성은 개인적인 차원에서 수치에 훨씬 더 노출될 뿐만 아니라

---

14. 줄리아 크리스테바, 앞의 책, 92-108 쪽.

민족, 국가 차원에서 은유적인 수치로 동원되기도 한다. 식민화된 국가의 치욕은 쉽사리 여성적인 것으로 은유화되어 왔다. 국가 또한 불명예, 굴욕과 같은 수치심을 느끼는데, 그것은 그 나라의 자부심과 외부의 시선에 비친 이미지 사이의 불일치에서 일어난다. 국가적 자부심과 국가적 수치심은 동전의 양면이다. 국가에 대한 자부심과 애국심은 개인들로 하여금 국가에 대한 책임감과 수치심을 나눠가지게 한다. 가부장적 국가는 특히 여성에게 수치심을 강요하기도 한다. 성차별주의, 식민주의가 부여하는 수치가 젠더의 문법에 스며들기 때문이다. 국가는 존중해 줄 여성과 그렇지 않은 여성을 구분해왔다. 한국사회에서 기지촌 여성들과 위안부의 경우 국가차원에서 여성의 몸을 활용한 사례이지만, 국가는 여성 스스로에게 수치심을 전가함으로써 치욕의 역사와 치부를 은폐해왔다. 이렇게 본다면 수치가 어떻게 가부장제 국가주의와 식민 통치에 활용되고 있는지가 드러난다.

식민지상황은 종종 '겁탈당한 여성'이라는 상투적인 은유로 묘사된다. 식민지배에 굴종했던 남성들은 외간 남자가 자민족 여성들을 겁탈해도 속수무책으로 지켜볼 수밖에 없었다. 이상의 『날개』, 손창섭의 『잉여인간』 등에서 보다시피 철저히 무력해진 식민지 지식인 남성들은 여성의 매춘에 기생한다. 그런 수치심과 열등감을 견딜 수 있도록 해준 것이 자민족 여성들은 극한상황에서도 순결을 지키는 성녀이자, 가녀린 소녀라는 환상이다. 상징적으로 거세된 조선남성들은 자민족 여성이 일본남성에 의한 강간, 매춘 등에 노출된 적이 없었다는 환상 속에서 자신의 상처를 가리고 치욕을 은폐할 수 있게 된다.

모파상Guy de Maupassant의 소설 『비계 덩어리』에는 독일군에 의해 점령당한 파리를 벗어나 탈출하려던 프랑스 부르주아들이 검문에 걸려 생명이 위급해지자, 자신들이 경멸해마지 않던 매춘부에게 매춘을 부탁하는 장면이 있다. 독일군장교에게 매춘을 하는 것이야말로 프랑스를 위한 애국행위라고 그녀를 설득한다. 그녀 덕분에 목숨을 구하자 그들은 매춘을 했다는 이유로 그녀를 다시 경멸하면서 더러운 비계 덩어리로 취급한다. 모파상의 소설과 흡사하게 소위 양반지배층은 조공으로 바쳤던 여성들이 간신히 귀향하면 '환향녀'라는 낙인을 찍었다. 귀향한 남자들과 달리 귀향한 여자들은 스스로를 치욕스럽게 여기지 않을 수 없었다. 가부장적 민족국가는 그 여성들에게 자신들의 치욕을 투사하여 사회적 낙인을 찍고 유령으로 만들었다. 그렇게 하여 국가 가부장제가 자민족 여성을 팔아넘기고 포주 역할을 해왔던 사실은 공식기억에서 사라지고, 민족의 자부심은 순결한 소녀이미지로 인해 복원된다. 여기서 삭제되는 것은 어떤 상황에서든지 살아가기 위해 자신의 성을 활용해왔던 여성의 몸과 목소리이다.

우리 사회에서 결코 입에 담지 말아야 할 말이 매춘이다. 성매매 방지 특별법이 제정된 이 나라에서 매춘은 아직까지 범죄행위다. 여성의 성적 자율성을 주장해왔던 페미니스트들마저도 매춘의 문제에 있어서는 가부장적 민족주의자들에게 동조해왔다. 1992년 12월 일본에서 '일본의 전후 보상에 관한 국제공청회'가 열렸을 때 피해국이었던 한국, 북한, 필리핀, 타이완, 중국, 오스트레일리아의 위안부와 운동가들은 초대되었지만 일본인위안부는 배제되었다. 가해국의 "자발적 매춘부"들을 피해국의 강제적 성노예와 동격에 놓을 수 없다는 이유 때문이었다. 이처럼 여성운동 또한 민족, 계급, 국가의 이해관계에 따라 수치와 낙인의 대상이 된 여성들의 '윤리적' 정화를 통해 정치적 올바름을 담보해왔다.

여성들이 스스로 젠더화된 수치심을 내면화하는 것이 아니라 그로부터 벗어날 수 있는 방법은 없는가? 수치심이 여성에게 가하는 폭력적인 측면을 뒤집어 몰염치한 포르노로 되돌려주는 방식이 안젤라 카터Angela Carter의 단편모음집 『피로 물든 방』이다. 카터는 결혼제도에 새겨져 있는 매춘구도와 외설성을 여성적인 포르노 방식으로 다시 쓴다. 이 소설에서 여성적인 수치심은 몰염치한 포르노로 귀환하여 남성들의 관음하는 눈/페니스를 눈 하나 깜짝하지 않고 거세함으로써 젠더를 넘어 자유로운 섹슈얼리티를 상상하도록 만든다.

3. 윤리적 포르노그래피

안젤라 카터는 여성의 입장에서 동화를 다시 쓴다. 서구의 동화들이 전래민담을 순치시켜 창작 또는 재창작되었다는 사실은 잘 알려져 있다. 그림 형제는 전래민담, 설화 등을 채집하여 『어린이와 가정을 위한 동화』(1812)를 간행했다. 이들은 채집한 민담을 부르주아 가정에서 편안하게 소화될 수 있도록 각색한다. 잔혹하고 음담패설적인 부분은 삭제하고 '교훈적'인 것으로 마무리한다.[15] 전래민담에서 「숲속의

---

15. 그림형제, 『그림 동화집 I』, 홍성광 옮김, 펭귄클래식, 2011, 22-53쪽 참조.

잠자는 공주」는 잠에 빠진 상태에서 왕자에게 강간을 당하고 임신한다. 「백설공주」에서 계모여왕은 계모가 아니라 친모였다. 백설공주는 아버지의 사랑을 받고 한없이 교만해져서 젊음과 미모를 놓고 왕비인 엄마와 경쟁한다. 그러자 분노한 왕비는 사냥꾼을 시켜 딸을 죽여서 간을 꺼내오도록 명령한다. 「헨젤과 그레텔」에서처럼 아이들은 숲속에 버려지고, 마녀는 아이들을 잡아먹는다. 숲에는 식인늑대가 우글거린다. 그림 형제 이후의 창작동화는 빈민들, 농민들 사이에 전해졌던 민담에서의 영아살해, 조숙하게 성에 눈뜬 아이들, 근친상간, 수간, 고문, 강간, 토막살인 등의 이야기들을 순치시킨다. 이제 조숙했던 여자아이들은 왕자가 구하러 올 때까지 무력하게 기다리거나 잠들어 있다. 카터는 이처럼 19세기 당시 부상한 부르주아 계급의 취향에 맞도록 각색된 동화를 다시 쓰고자 한다. 그녀는 한 사회의 문화가 여성의 몸에 안겨준 수치로부터 여성을 대담하고 '몰염치하게shameless'[16] 해방시키려 한다. 또한 여성의 육체성을 수치와 모멸의 대상으로 만드는 문화에서, 아버지의 법을 넘어 흘러넘치는 쾌락에 전율하는 여성적 섹슈얼리티를 그려낸다.

카터의 '윤리적' 포르노그래피[17]는 현재의 성별 섹슈얼리티 관계를 재해석하는 데 활용된다. 이러한 장치는 여성의 육체성을 탈신비화함으로써 젠더를 넘어 '진정한' 관계에 대한 상상으로 작동한다. 카터

---

16. Suzette A. Henke, "A Bloody Shame", *The Female Face of Shame*, Indiana University Press, 2013, p. 56.
17. Angela Carter, *The Sadeian Woman: An Exercise in Cultural History*, London: Virago, 1979, p. 19.

와 유사하게 엘프리데 옐리네크Elfriede Jelinek의 『욕망』 또한 윤리적 포르노로 볼 수 있다. 옐리네크는 남성 포르노로 일컬어지는 조르주 바타유의 『눈 이야기』에 맞서 "여성 포르노", 즉 여성의 쾌락과 욕망이 어떤 것인지 보여주고 싶어한다. 그녀의 입장에서 볼 때, 기존의 포르노는 남근을 물신화하고 경배하는 것일 뿐 여성의 욕망은 전혀 고려하지 않은 것이다. 하지만 옐리네크 또한 여성 포르노를 쓰려고 했으나 실패했다고 고백한다. "남성 포르노에 사용된 남성적 언어를 대체할 여성적 언어를 찾지 못했기" 때문이라고 했다. 언어 자체가 "남성적 언어에 의해 점유됐음"[18]으로 기존 포르노가 보여주는 언어적 상투성과 쾌락을 파괴하는 작품을 쓸 수가 없었다는 것이다.

남성작가들이 즐겨 사용하는 것이 남근의 생식력과 창조성이다. 누드화를 많이 그린 르누아르Auguste Renoir는 "나는 페니스로 그림을 그렸다"[19]고 말한 것으로 전해진다. 존 어윈John Erwin에게 창작은 "숫처녀 페이지라는 '순수한 공간'에 펜이라는 페니스를 사용하는"[20] 행위다. 페니스의 유무를 중심으로 할 때 페니스는 생산성을, 거세는 불모를 뜻한다. 감옥에 갇힌 사드 후작에게 잉크와 펜과 종이가 금지되었을 때, 사드 후작은 기록할만한 '경건한 정자scriptural sperm'를 더 이상 분출할 수 없으므로 상징적인 거세를 당했다고 롤랑 바르트Roland

18. 엘프리데 옐리네크, 『욕망』, 정민영 옮김, 문학사상사, 2006, 312-313쪽.
19. Bridget Riley, *Art and Sexual Politics*, ed. Thomas H, Bass and Elizabeth C. Baker: London: Collier Books, 1973, p. 82.
20. John T. Erwin, *Doubling and Incest, Repetition and Revenge*, Johns Hopkins University Press, 1975, p. 163.

Barthes는 묘사한다.[21] '뿜어져 나오는 정액으로 백지 위에 글쓰기'라는 상상력은 이미 아날로그적인 것에 불과해졌지만, 많은 남성작가들은 저자의 가능성을 페니스의 유무로 흔히 비유해왔다. 그렇다면 페니스가 없는 여성은 원천적으로 저자가 될 수 없다는 선언인 셈이다. 롤랑 바르트는 텍스트의 의미생산을 장악하고 있는 신과 같은 저자의 죽음[22]을 선언하면서도, 다른 한편으로는 남근이 주는 텍스트의 쾌락을 놓치지 않으려고 한다. 옐리네크는 창조성을 남근에서 찾는 포르노적인 상상력을 이렇게 조롱한다. "그녀는 남자의 강력한 물줄기를 정말로 마시고 싶지 않지만 마셔야 하다. 사랑이 그것을 요구하니까. 그녀는 그를 쓰다듬고 깨끗이 핥고 자기 머리카락으로 쓸어주고 닦아주어야 한다. 이전에 예수도 어떤 여자가 정성들여 닦아준 바 있다."[23]

윤리적 포르노를 통해 옐리네크는 신성 가족을 신성모독하면서 낭만적 사랑의 환상을 잔혹하게 파괴한다. 『욕망』에서 오스트리아 소도시에 살고 있는 종이공장 공장장인 헤르만은 아내인 게르티에게 부르주아 가정이라는 안식처를 제공해주면서 성적 폭력을 마음껏 휘두른다. 옐리네크는 독자로 하여금 남편의 성욕을 채워주기 위해 짐승처럼 당하고 사는 게르티에 공감하지 못하게 만든다. 『욕망』은 헤르만이 보여주는 성적 사디즘이 결혼제도 안에서 남성이 누리는 권력이라는 점을 구역질이 날만큼 포르노적인 묘사를 통해 보여준다. 구토는

21. Roland Barthes, *Sade/Fourier/Loyola*, trans, Richard Miller, New York: Hill & Wang, 1976, p. 182.
22. 롤랑 바르트, 『텍스트의 즐거움』, 김희영 옮김, 동문선, 1997, 27-37쪽.
23. 엘프리데 옐리네크, 『욕망』, 정민영 옮김, 문학사상사, 2006, 48쪽.

지금까지 자연스럽게 여겼던 것들이 한순간에 붕괴되어 아찔한 심연과 대면하도록 강제하는 각성의 순간에 일어나는 욕지기다. 그런 구토의 순간을 통해 독자는 게르티가 참고 견디는 대가로 얻는 것이 무엇인지 깨닫고 진저리치게 된다.

게르티의 굴욕을 통해 옐리네크는 선망의 대상인 부르주아 가정에 악독한 균열을 낸다. 부르주아 남성으로서 헤르만의 쾌락은 아내의 성적 서비스와 공장노동자들의 착취에서 얻어진다. 그는 공장노동자들로 구성된 합창단을 만들고, 그들이 목소리를 통해 그에게 '관용'을 구하기를 바란다.24 그는 아내의 성적 서비스를 즐기고, 자기공장 노동자들의 노동을 착취하면서 그들 위에 군림하는 재미로 살아간다. 헤르만의 어린 아들 또한 아버지를 그대로 빼닮았다. 이름도 주어지지 않은 어린 아들은 그야말로 헤르만 2세이며, 아비의 '천연색 복사본이고 완벽하게 재생산된' 존재다. 아이는 자라서 헤르만의 복제품이 될 싹수임을 보여준다. 아이는 벌써부터 작은 집에 사는 가난한 아이들을 괴롭히는 재미에 맛이 들려 있다.

여기서 노동자들이라고 하여 옐리네크의 가혹한 시선에서 벗어난 존재들은 아니다. 노동자들은 자신의 "시간을 갉아먹는" 생쥐 같은 자명종과 공장 사이렌이 울려야 간신히 살아 움직이는 시체들이다. "잉여인간이라는 비참한 이름에 어울리는" 이들은 "자기 가정과 정원을 위해" 노동한다고 하지만, 이 종이 공장을 소유한 콘체른 주식회사의 이윤을 남기기 위해 살아서 움직인다.25

---

24. 엘프리데 옐리네크, 앞의 책, 11쪽.

게르티는 남편의 폭력적 성애에서 탈출하려고 젊은 대학생을 만나지만 그와의 불륜은 완강한 부르주아 가정에 어떤 흠집도 내지 못한다. 젊고 새로운 세대인 대학생이라고 하여 새로운 것은 없다. 그 또한 헤르만과 전혀 다르지 않다. 게르티는 남편과 조금도 다르지 않은 아들의 머리에 비닐을 뒤집어 씌워 질식사시킨 다음 강물에 던져버린다. 『욕망』에서 보여준 하드코어 포르노적인 상상력을 윤리적 포르노라고 일컫는 이유를 이 지점에서 찾을 수 있지 않을까 한다. 신성가족구도를 극단으로 몰아가서 파괴시키는 잔인한 힘에서 말이다.

'윤리적' 포르노는 여성의 외설적 상품화에 저항하는 것이다. 여성의 몸을 포르노화하면서도 상품화에 저항하는 것이 가능한가? 여성의 몸을 쾌락으로 소비하도록 만드는 것이 아니라 끔찍하리만큼 고통스럽게 들여다보게 만드는 그 불편함에서 옐리네크가 말하는 저항의 의미를 찾을 수 있다.

그와 유사하게 안젤라 카터는 『사드적 여성The Sadeian Woman』에서 사디즘을 여성적인 것으로 차용하여 서구문화에서 재현되어온 여성성 이데올로기를 비판하는 데 활용한다. 카터는 사드의 텍스트에 묘사된 사드적 여성의 해방이 개인주의적이고 "계몽 없는 해방이므로 타자, 즉 남성과 여성 모두에게 억압적인 도구가 된다"[26]고 주장한다. 카터는 여성은 수동적이고, 마조히즘적이고, 열등하다는 문화적 왜곡

25. 엘프리데 옐리네크, 앞의 책, 41쪽.
26. Angela Carter, *The Sadeian Woman: An Exercise in Cultural History*, London:Virago, 1979, p. 89.

을 비틀어서 보여줄 수 있는 전략으로 사드적 여성 캐릭터를 도입한다. 그들은 남성의 시각쾌락증scopophilia에서 벗어난 인물들이다. 카터의 여주인공들은 풍자와 부인을 통해 여성을 성적 수치심에 감금시켜두려는 남성시선의 내재화를 거부한다. 그녀가 말하는 "윤리적 포르노"는, 여성의 성을 매춘화하면서도 낭만적 사랑이라는 환상으로 포장하고 여성의 굴종을 재생산하는, 이성애문화에 저항하는 것이다. 카터는 여성에게 수치심과 굴종을 강요하는 문화에 몰염치와 포르노적인 태도로 도전한다. 그녀는 남성적인 장치를 그대로 모방하고 인용함으로써 그것을 비틀고 전복시키고자 한다.

거칠고 야수적인 쾌락을 여성의 섹슈얼리티에 부여한다면 어떻게 될까? 전래민담인 「푸른 수염」을 다시 쓴 『피로 물든 방』은 여성의 육체를 상징하는 자궁이기도 하다. 신성하지만 공포스럽기도 한 여성 신체의 일부가 자궁이다. 크리스테바가 말하다시피 자궁은 신성하면서도 비체화되는 공간이다. 그곳은 탄생의 공간임과 동시에 죽음의 공간이다. 『피로 물든 방』에서 카터는 의도적으로 여성의 몸을 규정하는 틀, 즉 취약함, 결함, 추함에 주목한다. 그녀의 윤리적 포르노는 여성들에게 자존감과 행위성을 부여한다. 카터는 거칠고 카니발적인 육체적 주이상스[27]를 통해 여성의 힘을 주장한다. 인간의 동물적인 성욕과 짐승의 야만적인 고결성을 받아들임으로써, 카터의 여주인공들은 여성을 얼어붙게 만드는 남성의 시선을 위축시키고 성적 쾌락에 전율하는 '무'윤리적 세계로 나아간다.

27. 주이상스에 관해서는 이 책의 4장 「마조히즘의 경제」를 참조할 것.

레비스트로스처럼 카터는 자본주의 시장에서의 여성거래에 관심을 갖는다. 가부장적 자본주의 사회에서 여성의 처녀막이야말로 '순전한 자본sole capital'이다. 『피로 물든 방』에서 화자인 '나'가 귀족인 '푸른 수염'과 결혼할 수 있었던 것은 성적으로 순결한 열일곱 살의 소녀였기 때문이다. 그것만이 엄마와 함께 사는 가난한 '나'가 신분상승을 할 수 있는 거의 유일한 무기였다. 카터의 동화 다시쓰기에서 늙은 호색한인 '푸른 수염'과 결혼하는 딸을 보면서 불굴의 어머니는 딸이 정말로 사랑하는 사람과 결혼하는지 묻는다.[28] 그러자 반항적인 딸은 신분상승을 약속하는 귀족남성과 결혼함으로써 "가난의 유령"을 모녀의 삶에서 추방하겠다고 대답한다. 그녀의 엄마는 사랑으로 결혼했지만 화자인 딸이 보기에 그것이 남겨준 것은 "마르지 않는 눈물"과 가난의 유령과 연발권총 한 자루였다. '나'는 두려워하면서도 결혼으로 망명한다.

'나'는 자신의 몸을 "양고기 다리"처럼, "껍질을 벗겨놓은 안티초크"처럼 늙은 호색한 남편에게 바친다. 어린 아내의 푸르른 성욕은 늙은 남자의 시커먼 발기만으로는 충족되지 않는다. 여기서 남성은 호색한, 여성은 정숙한 희생양이라는 이분법은 없다. 그녀는 리비도의 교환으로 쾌락에 몸을 떤다. 그녀는 늙은 백작이 처녀막을 파괴한 뒤 "오르가즘으로 헐떡거리며" 숨넘어가는 소리에 귀 기울인다. 하지만 처녀막을 성공적으로 파괴했다는 것에 만족한 남편은 어린 아내가 성적인 열정을 드러내고 교성을 지르는 것에 치욕을 느낀다. 그는 아

---

28. 안젤라 카터, 『피로 물든 방』, 이귀우 옮김, 문학동네, 2010, 10쪽.

내의 성적 흥분을 용서할 수 없다. 그것은 남성이 통제할 수 있는 영역을 위협하는 것이다. 남근에 바람이 빠지는 것을 아내가 본다는 것은 치욕 자체다. 눈은 쾌락의 자원이기도 하지만 수치의 쓴맛을 안기기도 한다. 잠시 동안 질 속으로 들어갔던 페니스는 여성의 신비스러운 공간에서 거세당한 뒤, 바람 빠진 풍선처럼 쭈그러든다. 견딜 수 없는 수치심과 편집증적인 자기혐오는 폭력으로 나타나게 된다. 자신의 무능에서 비롯된 혐오감은, 여성에게 '유혹하는 사이렌'이라는 낙인을 찍는 것으로 투사된다.

『푸른 수염』에서 남성의 폭력성으로부터 딸을 구해주는 것은 엄마다. 딸의 목숨이 위태로운 순간 엄마는 바다가 갈라지는 길을 따라 말을 타고 달려와서 '푸른 수염'을 죽이고 딸을 구한다. 치기어린 딸은 두려움 없는 엄마 덕분에 목숨을 구하게 되고, 마침내 건강한 자존감을 성숙시키게 된다.

동화 「미녀와 야수」, 「호랑이 신부」에서 보다시피, 부드러움과 배려와 사랑은 야수를 눈부신 인간주체로 만들어준다. 하지만 카터의 호랑이 신부는 그 반대다. 어린 신부는 호랑이가 갖고 있는 거친 야수성을 성적인 열정으로 공유한다. 그녀는 인간중심주의가 여성과 짐승의 존엄성을 박탈한 것에 반기를 든다. 그녀는 자본시장에서 상품이자 결혼시장 안에서 인형으로서의 역할, 뺨에 분을 바르고 값비싼 도자기처럼 팔리기를 기다리는 것에서 벗어나려고 한다. 그녀의 질은 꽃처럼 활짝 피어난다. 자신을 "고깃덩어리" 취급한 시선에서 자유롭고자 한다. 그녀는 호랑이 연인의 포옹 속에서 대양과 같은 심연 속으로 삼켜지는 몰아의 환상을 맛본다. 여성적인 희생의 고통, 남성적인 가학의 쾌락이라는 이분법은 무너진다. 거친 늑대무리들 가운데서도 그녀의 사춘기적인 자부심은 겁을 모른다. 식인 늑대가 코를 디밀고 들어오자, 그녀는 용감하게 웃는다. "난 누구의 먹잇감도 아냐"라는 자신감은 여성의 '육체적 자아'를 허약한 것으로 만드는 것에 저항하고 여성의 몸을 비체화하는 것에 도전한다. 그녀는 야만적인 늑대연인을 포용함으로써 포식자를 길들인다. 「울프 앨리스」에서 소녀는 부드러운 늑대의 품안에서 곤하게 잠든다. 길들여지지 않은 포식자의 이빨을 두려워하지 않는다. 성경책을 주문처럼 끼고 살면서 어린 소녀의 섹슈얼리티를 억압했던 가부장제의 지킴이 할머니는 제거된다. 가부장제의 주변부로 추방된 망명자로서 소녀와 늑대연인은 함께 뒤섞인다.

카터의 소외된 망명객들은 마침내 하나가 된다. 늑대 백작은 앨리스의 치료와 사랑에 의해 남성으로 거듭나고, 앨리스는 그의 야수성과 힘으로 무장한다. 앨리스는 늑대와 함께 달리는 여인이 되고, 그의 상처를 핥아주고 인간으로 변신하도록 해준다. 그녀가 흘린 피는 오염시키지 않고 혐오감 없이 흐른다. 그녀는 짐승에게 부드럽게 구애한다. 수치심 없는 제스처로 인해, 앨리스는 백작에게서 인간성을 이끌어낸다. 월경의 피와 희생의 피는 억압된 행위성을 해방시켜주고, 육체적, 심리적 트라우마를 치유해준다. 혀는 상처를 핥아주고(펠라치오의 패러디이기도 하지만), 감각적인 영역으로 들어가도록 해준다.

카터는 무엇이 인간인지를 재정의하고자 한다. 사회가 부과한 수치심과는 무관한 동물적인 세계의 지혜는 상처입은 인간을 변모시킨다. 복수라는 이름으로 살인을 정당화하는 폭력적인 인간공동체를 다시 인간적으로 변신하도록 해준다. 양성 사이의 낭비적인 권력게임, 강박적인 애착에서 벗어나 인간의 동물성과 동물의 인간성이 조우한다. 성애적인 결속과 유대, 동물적인 합리성, 영웅적인 자기희생, 결혼의 호혜성, 주체의 타자성을 발견함으로써 상처와 폭력은 치유될 수 있다. 카터는 수치심과 육체의 비체화를 강요해온 문명에 과감하게 도전함으로써, 평등한 젠더관계를 상상한다. 수치심에서 벗어난 여주인공은 자신을 성공적으로 해방시킨다. 카터는 사회가 가하는 모멸적 판단과 강요된 굴욕에서부터 '울프 앨리스'들이 벗어나도록 해준다. 인간에게 있는 동물성과 섹슈얼리티를 해방시킴으로써.

6장

추락의 시학

1. '불가능한' 비극적 추락

고대 로마제국의 영웅들은 정복전쟁을 끝내고 개선문을 통과하면서 승리의 시가행진을 했다. 전쟁에서 승리한 장군에게 허락되는 개선행렬은 로마인으로서는 최고의 영광이었다. 개선행렬 동안 개선장군은 네 마리의 백마가 이끄는 전차를 타고 '살아있는 신'으로 대접받았다. 인간신으로 숭앙받는 개선장군의 행렬에는 인간 중에서 가장 비천한 노예가 뒤따랐다. 노예는 장군의 개선행렬 동안 '메멘토 모리 Memento mori, 메멘토 모리'를 외쳤다. 오늘은 승리의 절정에 있지만 언젠가 당신 또한 추락할 것이고 죽을 것이다. '네 죽음을 기억하라.' 그 점을 잊지 말라고 노예가 외친다. 가장 비천한 자가 가장 고귀한 자의 몰락을 경고한다. 그것은 개선장군들에게 황제자리를 넘보지 말라는 경고이기도 했지만, 죽을 수밖에 없는 인간이 오만을 부리지 말고 겸손하라는 의미이기도 했다. 비록 지금은 영광의 절정에 있을지라도, 너는 죽지 않는 신이 아니라 인간임을 기억하고 또 기억하라는 명령이었다.

승리의 절정에 이르면 내려올 일 밖에 없다. 승리의 기쁨은 잠시

일 뿐 파국이 뒤따른다. 그가 '비극적 결함'이나 정치적 실패로 몰락하게 되면 영웅의 몰락은 사람들에게 깊은 연민의 감정을 자아낸다. 아무리 높은 곳에 있는 자라도 언제든 추락할 수 있다는 점에서 사람들은 연민의 정서뿐만 아니라 공포도 느낀다. 영웅의 치욕 앞에서 인생무상이라는 전율과, 평범한 자신의 삶에 위안을 받음과 동시에 후련함을 느낀다. 이것이 아리스토텔레스가 말하는 비극의 효과다.

아리스토텔레스에 의하면 비극은 '진지한' 인간행위를 모방함으로써 사람들에게 연민憐憫과 공포를 불러일으킨다. 이렇게 환기된 연민과 공포를 표출함으로써 관객은 카타르시스를 맛본다. 물론 이때 '진지한' 인간에 여자와 노예는 포함되지 않는다. 생명유지와 생식은 인간의 '자유'를 위한 것이 아니라 '필요'를 위한 것이기 때문이다. 그리스 귀족의 입장에서 볼 때, 생식과 노동 행위는 자유롭고 고귀한 것이 아니다. 따라서 생명유지에 필요한 노동을 하는 노예와 재생산의 노역을 치르는 여자들은 자유로운 시민에 속할 수가 없다. 노동은 인간의 절박한 필요에 복종하는 것이고, 복종한다면 이미 자유로운 존재가 될 수 없기 때문이다. 그런 귀족체제에서 비극의 주인공은 자유로운 남성시민(호모 폴리티쿠스)에게 국한된 것이다. 여자와 노예들의 삶은 비참하지만 비극은 아니다. 그들에게는 더 이상 추락할 곳이 없기 때문이다.

하지만 근대 이후, 신도 죽고 왕도 죽고 아비도 죽었다. 혹은 죽었다고 믿었다. 만인이 동등한 차원에 존재한다면, 만인의 삶은 자유롭고 평등하지만 깊이를 가질 수 없다. 삶의 깊이는 사라지고 동등한 표면만 남는다. 만인이 평등하므로 누구도 누구의 노예일 수 없다. 노예가 없다는 점에서 모두가 다같이 필요노동에 종사해야 한다. 노예의 노동이 주인에게는 자유와 쾌락을 가져다준다면 노예에게 그것은 노역이다. 반면 모두가 다같이 필요노동과 재생산 노동의 회로에 편입된 근대민주주의 사회에서 태생적으로 '고귀한' 인간은 없다. 그런 의미에서 만인이 동등한 높이에 있으므로, 떨어질 깊이가 없는 시대에 바닥모를 추락은 불가능하다. 니체식으로 말하자면 근대의 비극은 비극적 정조의 불가능성에 있다. 만인이 평등하다면, 누구도 자기만의 고유한 높이와 깊이를 가질 수 없다. 까마득히 높은 곳에서 아득히 깊은 곳으로 추락할 때, 그 간극으로 인해 비극적인 정서가 발생한다면 말이다. 모두가 동일한 높이와 동일한 차원에 존재한다면, 몰락이라고 부를만한 '고전적인' 비극적 정서는 불가능해진다. 도토리 키재기의 높이에서 떨어진다면 비극적 효과는 나타나지 않는다. 그러므로 근대 이후 비극은 없다. 세계의 비참이 있을 뿐이다.

비극적 추락이 불가능하다면, 근대 이후의 추락은 어떤 모습일까? 근대 이후 신의 시대는 종언을 고했고, 영웅의 시대도 끝장났다. 역사에 이름을 걸고 명예롭게 지켜야 할 사랑의 대상으로서 혁명의 이상도 사라진 시대다. 이제 비극적 추락이라기보다는 견딜 수 없이 가벼운 '세속적인' 추락이 있을 뿐이다. 거의 모든 것이 시장의 회로에 포섭된 시대에 추락의 의미를 재의미화하고 있는 소설이 존 쿳시John Coetzee의 『추락』1이다.

1. 존 쿳시, 『추락』, 왕은철 옮김, 동아일보사, 2009.

아직까지도 대학이 진리추구의 상아탑이라는 환상을 품고 있는 대학교수가 있다면, 그에게 세속적 추락은 어떤 것일까? '진리가 너희를 자유롭게 하리라'는 말에서 보다시피, 대학은 지식추구를 통해 진리에 이르고자 하는 상아탑이라고 주장하지만, 대학담론이 추구한 지식은 자본주의가 생산한 경제적 산물이다. 그런 지식은 자본의 잉여를 통해 쾌락을 산출하는 데 봉사하고 있다. 대학교수로서 루리는 그 점을 보고 있다는 점에서 '안다고 가정된 주체'이다.[2] 하지만 그는 대학이 자본시장에 봉사하고 있다는 점을 안다고 하더라도 어떤 행동도 취할 수 없고 취하려고도 하지 않는다는 점에서 냉소적 주체다. 그런 냉소적 주체야말로 체제를 유지하는 기둥이라는 점에서 그의 추락은 이미 예견되어 있었다.

이 텍스트에 등장하는 이들은 각자의 영역에서 치욕을 경험한다. 대학교수, 여자, 레즈비언 페미니스트, 창녀, 흑인, 식민지인, 동물들에게 추락과 치욕은 각기 어떤 의미일까? 근대 이전에 여성과 노예는 마치 동물처럼 인간이기에는 미흡하고 열등한 존재 취급을 받았다. 동물은 숭엄의 대상이라기보다 인간의 추락을 비유하는 데 동원되었다. 짐승에게서 신성을 보았던 신화시대 이후, 인간에 미흡한 인간은 언제나 짐승만도 못한 것으로 간주되었기 때문이다. 하지만 근대 이후 세속화는 타자에게도 인간되기의 지평을 열어주고 있다. 모두가 추락하여 동등한 선상에 서 있다는 점에서 세속화된 시대는 민주적인 시대

---

2. 대니 노부스 편, 「주인 기표와 네 담론」, 『라캉 정신분석의 핵심개념들』, 문심정연 옮김, 문학과 지성, 2013, 49-69쪽.

이기도 하다. 쿳시의 소설은 가벼운 추락의 의미가 계급적, 젠더적, 인종적, 종적種的으로 배치되면서 어떻게 해석되고 있는지를 보여주고 있다.

2. 세속적 추락, 견딜 수 없이 가벼운

"그는 이혼까지 한, 쉰둘의 남자치고는, 자신이 섹스 문제를 잘 해결해왔다."[3]고 믿는다. 『추락』의 첫 문장이다. '그'는 과거에는 현대 문학을 가르쳤지만 지금은 커뮤니케이션 학과에서 배울 의욕 없는 학생들을 열정 없이 가르치고 있는 데이비드 루리 교수다. 한때는 결혼과 아내와 가정이 필요하다고 생각했지만 지금 그는 그런 부담에서 벗어나 1주일에 두세 번 매춘으로 만족한다. 소라야와 그렇게 관계한 지 벌써 1년째다. "그의 생리적 요구는 나비의 그것처럼 아주 가벼워져"[4] 쉽게 해결된다.

대학은 시장이 되었고, 일자리를 창출하지 못하는 인문학과는 한국에서든, 남아프리카공화국에서든 통폐합의 대상이다. 신자유주의 시대 이후 대학의 존재이유는 기업이 요구하는 이윤창출에 봉사하는 지식과 인적자원의 공급에 있다. 시장사회에서 진리를 추구하고, 진리를 고백하면서 진리의 전파에 참여하는 것을 소명으로 삼는 대학

---

3. 존 쿳시, 앞의 책, 7쪽.
4. 위의 책, 13쪽.

교수는 사라졌다. 교수는 교육기계이고 학생은 교육소비자다. 직업으로서 교수는 수지맞는profitable 지식을 생산하려고 노력하면서 시장과 공모하고 있다. 이처럼 '거세된' 대학에서 "교수란 종교적인 시대가 지난 후에는 사무원에 불과하다."5 교육소비자인 학생들 또한 교육기계가 된 교수들을 존경하지 않는다. 채소장수가 채소를 팔 듯6 교수는 지식을 파는 상인일 뿐이다. 이처럼 존경심도 없이 "배우러 온 학생들은 아무 것도 배우지 못하는데, 가르치러 온 교수는 가르치면서 가장 예리한 교훈을 얻"7는다는 점에서 루리는 '안다고 가정된' 주체다. 하지만 그 사실을 안다고 하여 달라지는 것은 없다. '거세된' 대학에서 영문학과는 폐지되었고 그는 대학담론의 주인이 되지 못한다. 대학의 구조개편과 대학경영의 시장화에 맞서 그가 할 수 있는 것은 아무 것도 없다.

벤야민식으로 말하자면 루리는 대학이라는 '기호의 잔해더미' 위에서 열정이 거세된 언어로 낭만주의 시를 강의한다. 그는 변화의 열정을 상실한지 오래다. 그는 낭만적 감상이나 온정주의를 냉소한다. 시장화된 대학 안에서 그가 몰락하지 않고 사는 법은 자기감정을 드러내지 않고 자기로부터 도피하는 것이다. 교육기계로서 그는 영혼 없는 대학에서 유령처럼 살아가면서 가르침을 표절한다.

만약 섹스가 낭만적 사랑에 바탕해야 한다면, 그의 섹스 또한

---

5. 존 쿳시, 앞의 책, 12쪽.
6. 막스 베버, 『직업으로서 학문』, 전성우 옮김, 나남, 2006, 72쪽.
7. 존 쿳시, 앞의 책, 12쪽.

표절이다. 그는 고통과 책임이 따르는 사랑 대신 손쉬운 매춘을 택한다. 거의 모든 영역이 시장에 포섭된 시대에 이르면, 사랑 또한 사고팔리는 상품이 된다. 결혼제도 안에서 성관계, 가족관계 또한 이해관계로 얽혀 있다. 거추장스러운 사랑의 감정을 제쳐놓고 성적 만족만 채우려한다면, 매춘이 훨씬 간편하고 수지맞는 일이다. 그는 이렇게 좋은 해결책을 두고, 구태여 결혼은 왜 했을까 싶다. 결혼생활 중에는 섹스 한 번 하려고 해도 아내의 민감한 감정변화에 신경을 써야 했다. 결혼은 아내의 성을 마음대로 사용할 수 있는 제도적 장치라고 생각하지만, 페미니스트들이 극성을 떨고 있는 요즘 들어 그런 생각은 오산이다. 아내가 원치 않는 섹스는 부부강간에 속한다. 그의 결혼생활은 결국 실패로 끝난다. 이혼 후에는 이혼수당을 대느라 등골이 휘어진다. 결혼과 같은 멍청한 짓을 한 것에 때늦은 후회가 밀려들 정도다. 결혼과 이혼이 다반사인 사회에서 결혼으로 인해 발생하는 의무에서 자유로운 매춘이야말로 성문제나 감정노동 등을 해결해주는 편리한 시장인 셈이다. 이처럼 그의 삶은 표절이라서 가볍고 행복하다. 늙어가면서 그는 삶을 표절한다는 점에서 이미 유령8이 되어 있다.

깃털처럼 가벼워서 견딜만했던 그의 삶이 한순간에 무너지는 사건이 일어난다. 권태롭고 마비된 일상을 사는 대학교수에게 일어날 수 있는 세속적인 추락은 어떤 것일까? 세속화된 시대에 비극적 몰락은 없다. 그의 추락은 제자와의 성추문/성추행에서 비롯된다. 한국과 남아프리카공화국이라는 먼 거리와 시차를 두고 스피박이 말하는 '원

8. 존 쿳시, 앞의 책, 15쪽.

거리 생성시학telepoesis'을 적용해본다면, 남아프리카 대학의 교수로서 루리가 하는 성추문이나 한국의 대학에서 교수들이 저지르는 그 짓이나 정도 차이는 있지만 크게 다르지 않다. 서울대 교수로서는 처음으로 법정구속된 K교수는 소위 한국의 '명문가' 출신에 '천재수학자'로 알려져 있었다. 그는 교수로서의 지식과 권력, 그리고 인간적인 신뢰 관계를 이용하여 여제자들에게 상습적인 성추행을 해온 것으로 알려졌다. '서울대 K 교수사건 피해자 비상대책위원회 피해자 X' 회원들은 그에게 실형을 요구했고, 대법원은 강 전 교수에 대해 징역형 선고와 함께 성폭력치료프로그램 160시간 이수, 신상공개 3년을 명령했다. 그는 한국의 엘리트 계급으로서 누렸던 특권적 지위로부터 한순간에 추락했다. 교수에 의한 성추행이 10년 동안이나 상습적으로 가능했던 것은 학생 입장에서 대놓고 저항하기 힘든 권력관계가 있기 때문이다. 그런 일을 밝히는 것 자체가 피해자 여성의 수치심을 자극한다. 뿐만 아니라 성추행의 공론화는 젠더정의를 실현하고자 하는 용기로 받아들여지기보다는 오히려 내부고발자9로 낙인찍히는 분위기가 있다. 그 정도는 한국사회의 관행이라고들 말한다. '딸 같아서' 귀엽다고 가슴을 한 번 쓰다듬어 주었을 뿐이라는 전직 국회의장의 캐디 성추행에서부터 대학교수에 이르기까지, 남성중심적인 한국사회에서 성추행은

---

9. 309동 1201, 『나는 지방대 시간강사다』, 은행나무, 2015 참조. 남성 시간강사가 잉여 노동과 시간 착취를 공론화했을 때, 그는 용기 있는 행위로 칭찬받기보다 내부고발자로 오히려 비난받는다. 그런 행동은 대학의 관료주의적이고 위계적인 구도를 변화시키려는 열정과 용기로 간주되기는커녕 내부의 수치를 만천하에 공개함으로써 동료의 얼굴에 먹칠한 인물로 매도된다. 이에 비해 교수, 선배들과의 지적인 권력관계에서 대등하지 못한 여학생들은 주로 성추행 문제에 맞닥뜨리게 되고, 그것을 공론화했을 때 오히려 내부고발자로 취급받는다.

관행으로 포장된다. 그와 같은 행위를 '문자적'으로 받아들이는 여자들의 유머없음과 여유없음은 오히려 비난의 대상이 된다. 그런 사회분위기 탓에 학생들이 쉬쉬하고 넘어갈 수밖에 없다는 점을 K교수는 충분히 관행으로 이용해왔다.

여성운동은 권력관계로 인한 성적 대상화를 '성희롱'이라고 개념화하고, 여성을 성적 대상이 아닌 인격으로 존중할 것을 요구해왔다. '남녀고용평등법'에 의하면 직장내 성희롱은 사업주·상급자 또는 근로자가 직장 내의 지위를 이용하거나 업무와 관련하여 다른 근로자에게 고용상의 불이익을 주거나, 또는 성적 굴욕감을 유발하게 하여 고용 환경을 악화시키는 것이다. 여성이 권력관계에서 불이익을 당하지 않으면서도 사회생활과 직장생활을 할 수 있도록 만든 법적 장치가 성희롱, 성추문 개념이다. 그런데 쿳시는 젠더정의와 젠더불평등을 타파하려는 페미니스트들의 열정을 조롱하듯 성추문/성희롱 개념을 가져와서 세속적인 추락의 의미를 다시 한 번 섬세하게 음미하도록 만든다.

작가이자 영문학과 교수이기도 한 쿳시는 루리를 통해 훨씬 노회한 젠더정치의 문제를 제기한다. 루리는 페미니스트들이 공들여 만들어낸 성추문/성희롱/에로스의 경계를 심문한다. 소위 합의에 따라 이뤄진 섹스라고 하더라도, 사랑이 식고 마음이 변하면 여태까지의 사랑이 갑자기 성희롱, 성추문, 성폭행으로 뒤집힐 수는 없는가? 그렇다면 이들 사이의 경계는 무엇인가? 루리 본인에게는 에로스의 방문이었지만 상대방에게는 성추행이라고 한다면, 양자 사이의 주관적 감정과 입장 차이를 어떻게 결정할 수 있는가? 소라야의 관계에서처럼 매춘이었다면 문제가 되지 않았겠지만, '사랑'이 말썽이었다.

대부분의 소설에서 사랑을 믿지 않는 사람들이 진정으로 사랑에 빠지는 순간 그/녀의 몰락이 시작된다. 라클로Pierre Choderlos de Laclos의 『위험한 관계』에서 보다시피 나비처럼 가볍게 이 여자, 저 남자를 넘나들면서 사랑의 용도를 정치경제적으로 활용했던 사람들이 '진정으로' 사랑에 빠지는 순간 그/녀의 몰락은 예견된다. 그들은 치명적으로 몰아치는 그 순간 사랑의 감정으로부터 거리를 유지할 수가 없게 되고, 그 사랑 안에서 익사하지 않을 수 없게 된다. 그 사실을 안다고 할지라도 그로부터 빠져나올 수 없다. 여태까지 자신이 가지고 놀면서 희롱했던 그 사랑이 이제 아무리 치명적이라고 할지라도 감수하지 않을 수 없기 때문이다. 그로 인해 사랑의 비극은 위대한 것으로 승격되기도 한다. 인간의 모든 결정이 경제적 이해관계에 따르는 것만은 아니라는 점을 보여주는 데 사랑만큼 탁월한 사례도 없기 때문이다. 어떤 비용을 지불하더라도 심지어 목숨까지 감수하더라도 사랑을 선택한다면 그런 치명적 사랑은 윤리적인 것으로 칭송받는다. 그것이 사랑의 진정성을 신화화하는 방식이라고 한다면, 『추락』은 그것을 희화화한다. 사랑과 성추문의 경계를 모호하게 흐려놓는다는 점에서 루리의 파국은 가벼운 추문거리로 시작한다.

그는 자신의 강의를 듣는 여학생 멜라니 아이삭스와 관계한다. 여기서 서사적 장치는 루리의 일방적 관점을 통해 사태를 파악하도록 배치되어 있다. 갈색 피부의 멜라니가 보여주는 반응은 모호하게 그려져 있는 반면, 루리가 그녀에게 접근하는 방식은 분명하다. 루리의 입장에서 이 관계는 일방적인 것이 아니었다. 서로에게 어느 정도 이끌림은 있었다. 멜라니의 암묵적인 동의하에 이뤄진 성관계였다는 것이다. 그렇다면 성인남녀가 몸과 마음이 이끌리는 대로 잠자리를 한 것이 무슨 잘못인가라는 것이 루리의 항변이다.

멜라니는 애드리언 리치Adrienne Rich, 토니 모리슨Toni Morrison, 앨리스 워커Alice Walker를 읽은 여학생이다. 이런 작가들의 글을 읽었다면 그녀가 페미니즘의 세례를 어느 정도 받았다고 짐작할 수 있다. 두 번 이혼을 한 그가 멜라니와 길게 관계하고 싶은 생각은 전혀 없다. 그는 멜라니가 사촌언니와 함께 살고 있는 집으로까지 찾아가서 거의 강제로 자신의 욕망을 채운다. 사랑이 찾아왔다는 이유로. 멜라니는 체념하듯 무반응인 채로 이 일이 빨리 끝나기를 바라는 듯 보인다. 연극연습을 해야 했던 멜라니는 수업에 집중할 수 없었고, 이 모호한 관계를 유지하기 힘들어 스스로 자퇴를 하겠다고 말한다. 멜라니가 수업에 거의 출석하지 않았지만 루리는 C 학점을 준다. 이런 성적에 성적 대가성이 없었다고 말할 수 있을까? 멜라니가 자퇴하고 싶어 하는 이유를 알게 된 멜라니의 아버지가 루리를 찾아와 이렇게 말한다. "우리는 당신들을 믿을 수 있다고 생각하기 때문에 우리 아이들을 당신네들 손에 맡깁니다. 만약 우리가 대학을 믿지 못한다면 누구를 믿겠습니까? 루리 교수, 당신은 고매하고 권력 있고 온갖 학위를 다 갖고 있을지 모릅니다만 내가 당신이라면, 나는 내 자신이 아주 부끄러울 것입니다."[10] 하지만 루리는 그다지 부끄러움을 느끼지 않는다.

멜라니(의 남자친구)가 대학당국에 투서를 하고, 루리는 성추문으로 대학당국에 고발당한다. 그로 인해 진상규명위원회가 열린다. 위원회는 그에게 개인적으로 합의하고, 진심으로 사과하고, 심리상담을 받는다면 교수직에서 쫓겨나는 것은 면할 수 있다고 말해준다. 진상규명위원회 교수들은 동료교수가 길거리에서 빌어먹는 것을 보고 싶어하지 않는다. 동종업계 종사자로서 직업적인 의리라는 것이 있기 때문이다. 그러나 그는 자신의 혐의에 관해서는 유죄임을 인정하지만, 그 행위가 잘못되었다고는 생각하지 않는다.

페미니스트들이 젠더정의를 실현하겠다고 정의감에 불타서 말하는 성희롱이라는 단어를 그는 그야말로 희롱한다.11 요즘 페미니스트라고 하면, 못생기고 불행하며 자신이 즐길 줄 모르기 때문에 남들이 즐기는 것(특히 이성 사이의 사랑과 연애 등)조차 견딜 수 없어하는 성차별주의자이자 사회불만세력으로서 혐오의 대상이다. 열등감으로 인해 오히려 자의식과 자존심이 하늘을 찌른다. 그러다가 자기 의지대로 '연애'가 풀려나가지 않으면, 그들은 성관계를 언제든 성폭력으로 뒤집을 수도 있는 무서운 여성들이라는 편견이 있다. 이런 페미니스트들에 맞서 그는 욕망에 관한 권리를 주장한다. "어느 날 저녁, 대학 정원을 걷다가 문제의 여학생과 만났고 그 순간 어떤 일이 일어났습니다. 에로스가 들어왔다고 말하는 것으로 충분할 것입니다."12 그는 "가

10. 존 쿳시, 앞의 책, 60 쪽.
11. 위의 책, 82쪽.
12. 위의 책, 81쪽.

슴에서 우러나오는"[13] 진정성 있는 고백과 사죄를 요구하는 진상위원회의 요청을 거부한다.

그가 보기에 '진정성 있는 고백과 사죄' 운운하는 동료집단과 사회(진상위원회의 페미니스트 교수)는 인민재판을 하고 공개적으로 고백하게 하여 굴욕감을 안기려고 안달한다. 그는 자신의 행동이 유죄임을 인정하지만 강요된 반성은 하지 않겠다고 단호하게 말한다. 그는 성추문 심사위원회는 모택동 시절의 자아비판과 비슷해서 차라리 총살형이 낫겠다고 생각한다. 그가 보기에 가슴을 치고 뉘우치는 모습은 타인의 관음증을 만족시켜 주는 외설적인 장면과 다르지 않다. 사적인 것이 공적인 것이 되어버린 포르노의 시대에, 그는 벌거벗겨지는 것을 원치 않는다. 남들이 보기에는 수치스러운 몰락이지만 그의 사이키에 이 사건은 수치로 등록되지 않는다.

루리 교수의 관점에서 보자면 매춘/성추문/에로스의 경계는 지극히 모호하다. 그의 눈에 학내성폭력, 성추행, 성희롱에 관한 매뉴얼들은 젠더정의를 계몽하고 실천하려는 페미니스트들의 권력의지로 읽힌다. 사랑을 권력관계로 해석하고 나이를 초월한 노인과 소녀의 낭만적 사랑과 에로스를 세대 간의 거래로 정치화하는 것을 그는 수긍할 수 없다. 페미니스트들의 관점에 따르면, 그의 거부할 수 없는 열망은 성추행이 되고 나이 어린 사람을 선호한 것은 세대 사이에 애정을 주고받는 원조교제가 되고, 사회적 권위를 자랑하는 남성성은 권력관계를 사랑으로 혼돈함으로써, 성을 착취해온 오랜 역사를 숨기는 것으

---

13. 존 쿳시, 앞의 책, 84쪽.

로 번역된다. 사회가 강제한 추문을 받아들이지 않는다는 점에서 그는 여전히 당당하다. 물론 쿳시가 페미니스트들이 주장하는 성희롱에 관한 교훈소설을 쓰려고 한 것은 아니었다. 그랬더라면 그것은 소설이 아니라 성희롱에 관한 다큐가 되었을 테니까.

루리는 페미니스트들이 의도한 것과는 달리 자신의 태도를 부끄러워하면서 진심어린 사과를 하지 않는다. 그는 자신이 무엇을 잘못했다는 것인지 이해하지 못한다. 교수직을 유지하면서 비굴하게 살고 싶지 않다는 마지막 자존심을 유지하기 위해, 자기 행위가 성추문이 아니라 에로스라고 위로하면서 대학을 떠난다. 루리가 찾아간 곳은 딸 루시가 살고 있는 농장이다. 농장은 케이프타운 고지대의 흑인거주지에 위치해 있다. 레즈비언인 루시는 도시 백인 지식인인 그녀의 부모와는 달리 흑인 거주지역인 시골에서 꽃 농사를 지어 장터에 내다 팔고 버려진 동물을 거두면서 산다. 도시 백인지식인 부부 사이에서 태어난 루시가 흑인들 사이에서 농사를 지으면서 사는 모습이 루리에게는 낯설다. 자유주의 백인 남성 지식인인 루리의 입장에서 딸은 도무지 이해할 수 없는 타자로 다가온다. 교양 있는 부르주아인 그에게 딸의 삶은 남루하고 수치스럽게 보인다. 루리에게 루시는 딸이지만 구체적인 인물이라기보다는 남아프리카 공화국에서 백인이 짊어져야 하는 '역사적 부채'가 낳은 딸처럼 보인다.

루리는 일주일 동안 딸과 지내겠다는 생각으로 왔지만, 베브 쇼가 운영하고 있는 '동물복지연합'에서 일손을 돕게 된다. 처음에 그는 동물의 복지까지 주장하는 베브 쇼와 같은 페미니스트들에게 극심한 거부반응을 보인다. '모든 사람들이 선의가 지나쳐, 얼마 후에는 몸이 근질거려 밖으로 나가 강간을 하고 약탈을 하고 싶겠어. 아니면 고양이를 발로 차버리든가.'[14]라고 생각하는 냉소적 지식인 루리에게 이들의 활동은 위선적으로 보인다.

그가 저주처럼 내뱉은 말이 자기 눈앞에서 벌어진다. 루시의 집에 세 명의 흑인강도가 침입한다. 그들은 루리의 머리에 염산을 뿌리고 화장실에 가둔 뒤, 루시를 강간한다. 루리는 성폭력을 경찰에 신고해야 한다고 주장하지만 루시는 그것을 역사적 부채에 대한 '세금징수'로 받아들인다.

루리는 자신과 멜라니 사이의 관계에서와는 달리 딸에게는 페미니스트들이 주장해왔던 매뉴얼대로 행동하고자 한다. 경찰에 신고하여 강간범들을 처벌함으로써 법적인 정의가 그나마 실현되어야 한다고 주장한다. 경찰에 신고하지 않는 루시의 태도를 그는 이해할 수가 없다. 그것이 이 땅에서 살기 위해 백인이 치러야 할 시험이라도 된다는 말이냐고 딸에게 따져 묻는다.

루리는 강간으로 임신한 딸에게 태아를 지우라고 하지만 루시는 그것 또한 원치 않는다. 강간으로 임신한 생명은 생명이 아닌가? 어떤 생명은 생명으로 존중받고 어떤 생명은 제거되어야 할까? 강간으로 임신했다고 하여 제거해야 하는가? 루시는 생명이란 무엇인가에 대한 근원적인 질문을 루리에게 던지고 있는 셈이다. 딸의 자궁에 착상된 벌레에 불과한 것을 아이라고 부르다니, 그는 자기 귀를 의심한다.

14. 존 쿳시, 앞의 책, 111쪽.

"그런 씨가, 사랑이 아니라 증오감에서 여자 속에 내몰린 씨가, 그것도 뒤섞인 씨가, 그녀를 오염시키기 위해 개의 오줌처럼 뿌려진 씨가, 어떤 아이를 태어나게 할까?"15 그는 강간으로 인해 임신한 흑백혼혈인 씨를 아이라고 부른다는 사실 자체가 치욕스러워서 견딜 수 없다.

그는 딸에게 케이프타운을 떠나 네덜란드에서 공부할 수 있는 여건을 마련해주겠다고 제안한다. 그 편이 여기서 사는 것보다는 안전할 수 있다는 이유에서였다. 이런 제안에 루시는 오히려 이웃이자(그녀의 강간을 암묵적으로 사주한) 흑인 농장주인 페트루스의 세 번째 부인으로 들어가서 살겠다고 한다. 루시는 아버지 루리에게 말한다. "데이비드, 그의 가정으로 들어가는 것이 더 안전해요. 그것은 위협도 아니고 농담도 아니에요."16라고 대답한다. 그가 원하는 것은 그녀의 농장이고, 그것이 그녀의 지참금이 될 것이며, 페트루스는 그 점을 진지하게 제시하는 것이라고 그녀는 말한다. 그러자 루리는 개인적인 감정은 어떠냐고 묻는다. 소위 말하면 결혼의 전제조건인 사랑의 감정은 있냐는 것이 루리의 물음이다. "데이비드, 요점을 제대로 파악하지 못하고 계세요. 페트루스는 저한테 교회에서 결혼식을 올리고 와일드 코스트로 신혼여행을 가자는 게 아니에요. 그가 제의하는 것은 제휴이자 거래에요. 저는 땅을 주고, 그 대신 그의 날개 밑으로 들어가는 거죠. 그렇지 않으면, 저는 보호를 받지 못하는 좋은 사냥감이라고 경고를 하는 거죠."17 현실적으로 고려해볼 때 그녀가 그곳에서 살

15. 존 쿳시, 앞의 책, 299쪽.
16. 위의 책, 305-306쪽.

수 있는 방법은 페트루스와 거래하는 것 이외에는 없다고 루시는 잘라 말한다. 그녀는 그의 셋째 부인으로 들어가겠다고 말한다. 그러면 아이를 낳아서 키울 수 있고, 그의 친족이 됨으로써 보호받을 수 있기 때문이다. 루리는 자신이 조롱했던 것들이 딸을 통해 끔찍한 모습으로 귀환하는 것에 몸을 떤다.

> "정말 굴욕적이구나. 그토록 원대했던 희망이 이렇게 끝나다니."
> "그래요 저도 같은 생각이에요. 굴욕적이죠 그러나 어쩌면 다시 시작하기에는 좋은 지점일 거예요. 어쩌면 저는 그것을 받아들이는 걸 배워야 할 거예요. 밑바닥에서 출발하는 걸 배워야죠 아무 것도 없이. 어떤 것 밖에 없는 상태가 아니라, 아무 것도 없이. 카드도 없고, 무기도 없고, 재산도 없고, 권리도 없고, 위엄도 없고."
> "개처럼."
> "그래요, 개처럼."[18]

3. 추락 속에서 모두가 같아지리라

루리는 절대적 타자로 다가오는 루시 앞에서 철저한 치욕과 굴욕을 감수한다. 비로소 그는 깊이모를 나락으로 추락한다. 그는 더 이상 자기행동의 주인이 못된다. 치욕disgrace 속에서 평등해진다. 루리는 자

---

17. 존 쿳시, 앞의 책, 306쪽.
18. 위의 책, 309쪽.

신이 완전히 헐벗은 생명처럼 느낀다. 그런 벌거벗음 속에서 더 이상 도피는 불가능해진다. 백인과 흑인, 이성애와 동성애, 교양있는 백인과 거친 흑인들, 남성과 여성, 젊은이와 늙은이, 도시와 농촌, 아프리카인과 유럽인, 인간과 동물이라는 안정된 이분법 속에서 안전하게 살았던 루리에게 몰아닥친 추락은 그를 벌거벗은 삶으로 내몬다.

루시가 묻는다. "제가 아버지의 딸이기 때문에 더 좋은 일을 하며 살아야 한다고 생각하시는 거죠?"[19] 루리는 당혹해서 그렇지 않다고 부정한다. "제가 정물을 그리거나 러시아어를 배워야 한다고 생각하시는 거겠죠. 그 사람들이 저를 더 높은 차원의 삶으로 이끌지 않을 것이기 때문에 베브 쇼, 빌 쇼와 같은 친구들을 좋지 않게 생각하시는 거죠."[20] 루리는 더 높은 삶에서 추락한 존재라고 한다면, 루시에게 더 높은 차원의 삶은 없다. 루시는 주변화된 이웃과 동물들과 높낮이 없는 삶을 함께 나눈다.[21]

더 높은 삶의 기준이 뭔지에 관해 루시와 루리는 관점을 달리한다. 루리에게 더 높은 삶이란 교양 있는 부르주아가 갖춰야 할 인문학적인 삶이다. 버려진 동물을 돌보고 농사를 짓고 그것을 시장에 내다 팔면서 사는 루시의 삶이 루리에게 만족스러워 보일 리 없다. 적어도 대학교수이자 워즈워드에 관한 책을 쓰고 바이런의 시에 곡을 붙이

19. 존 쿳시, 앞의 책, 111쪽.
20. 위의 책, 112쪽.
21. 여기서 '동물과 같은 차원에서 삶을 나눈다'는 루시의 말이 느닷없다는 느낌이 들 수 있다. 하지만 존 쿳시 소설들의 간텍스트성을 참조한다면 루시의 말을 이해할 수 있다. 『동물의 생』에서 보다시피 쿳시에게 동물과 인간은 동등한 차원일 따름이다.

는 교양 있는 부르주아 백인 남성 지식인인 루리에게, 주변의 친구들이라고는 하나같이 지저분하고 못생긴데다 뚱뚱하고 꾸미지도 않는 레즈비언이거나, 거칠고 믿을 수 없고 가난하고 남루한 흑인들뿐인 루시의 삶에 어떻게 만족하겠는가.

하지만 철저한 추락으로 인해 그는 자신이 더 높은 삶이라고 가정했던 것의 적나라한 얼굴과 만난다. 말하자면 만인은 평등하고 자유롭고 행복할 권리가 있다는 서구의 근대적 이상이 감추고 있었던 폭력성과 대면하게 된다. 그는 스스로를 흑인들에게 관용을 베풀 수 있는 교양인으로 여겼지만, 딸의 굴욕 앞에서 통제할 수 없는 인종차별주의가 튀어나온다. 안전한 거리에 있을 때는 관용의 베일을 쓸 수 있지만 피투성이가 된 상황에서 그런 이상은 헛소리일 뿐이다. 자기 딸을 강간한 플럭스(약간 모자라는 소년)가 루시의 집 앞에서 얼쩡거리는 것을 보면서 그는 "검둥이 새끼에게 본때를 보여주고, 저 놈에게 제자리를 가르쳐주리라"[22]고 분노를 폭발한다. 루리는 자신이 "야만인"이 된다는 것이 어떤 것인지 보게 된다. 루시는 루리에게 흠씬 두들겨 맞은 플럭스의 상처를 말없이 싸매준다. 이해할 수 없는 철저한 타자로서의 딸과 그녀의 공동체 앞에서 말할 수 없는 추락을 경험한 루리는 치욕 속에서 모두가 평등해졌다는 것을 처음으로 깨닫는다.

욥처럼 루리 또한 모든 것을 빼앗긴다. 아내와 이혼하고, 학교에서 쫓겨나고, 애인이라고 착각했던 멜라니는 그를 성추행으로 몰아가고, 딸은 자기 눈앞에서 강간당하고 그 자신은 하마터면 죽을 뻔했다.

22. 존 쿳시, 앞의 책, 312쪽.

그 와중에 레즈비언인 딸은 강간으로 임신한 아이를 낳고 그녀의 재산을 강탈하고자 하는 흑인남성의 세 번째 부인으로 들어가겠다고 담담히 말한다. 루리는 개들이 '사람의 생각을 냄새로 알고' 대화할 수 있다는 베브 쇼의 말에 그야말로 개수작이라고 코웃음을 쳤다. 하지만 지금 그가 작곡한 벤조 음악과 교감하는 것은 다리가 세 개 뿐인 절름발이 개, 트라이포드뿐이다. 바닥으로 떨어졌을 때, 비로소 그는 장애를 가진 개와 음악으로 교감한다. 짐승의 차원으로 떨어진 루리는 '세 다리 병신 수캉아지'와 서로 동등한 차원이 된다.[23] 수캉아지의 안락사는 상징적인 그의 죽음과 다르지 않다. 추락으로 인해 그와 불구인 개는 같은 차원에 서게 된다. 모든 것을 상실한 그는 마침내 수치스러운 타자들과, 아무 것도 가진 것이 없다는 점에서 동등해진다.

이 소설의 서사는 초점화자인 루리의 입장에서 전개된다. 말하자면 루리의 입장에서 공감하고 동일시하도록 구성되어 있다. 독자는 루리가 자기연민의 시선으로 보고 있는 '수캉아지 세 다리'와는 쉽게 공감할 수 있지만 이 소설에서 타자들인 멜라니, 루시, 베브 쇼, 페트루스, 플럭스와 공감하기는 힘들다. 그런 맥락에서 스피박은 지배서사의 결을 거슬러 주변화된 하위주체의 목소리를 읽어낼 때 젠더정치가 가능할 것이라고 주장한다.[24] 스피박은 '하위주체는 말할 수 있는가?'라고 물으면서, 그것을 찾아내는 것이 습관적인 읽기에 저항하는 독서

---

23. 존 쿳시, 앞의 책, 324–325쪽.
24. Gayatri Chakravorty Spivak, "Ethics and Politics in Tagore, Coetzee, and Certaub Scenes of Teaching", *An Aesthetic Education in the Era of Globalization*, Harvard University Press, 2013, pp. 316-334.

이자 배움이라고 말한다.

　루리의 입장에서 보자면 루시는 수수께끼 텍스트처럼 다가온다. 그녀는 불행하고 비참해야 함에도 지극히 담담하다. 인생의 목적은 행복에 있으며 불행하려고 태어난 인간은 아무도 없다는 것을 부정할 사람이 있을까?[25] 행복은 인간의 의무로 간주된다. 그렇다면 행복의 조건은 무엇일까? 한 사회의 정상적 규범이 주는 특권들, 즉 결혼, 가족, 이성애 일부일처, 직장, 젠더적 특징으로서 여성다움, 돈, 지위가 있으면 가능하다. 그런 것들이 없다면 당연히 불행해야 한다. 지배담론은 그런 것들을 소유하면 행복해질 것이라고, 혹은 장차 미래의 행복을 약속해 줄 것이라고 설득해왔다. '행복하라'는 것이 지상명령이자 의무가 되어 버린 시대에 비체들은 마땅히 불행해야 한다. 밥상머리에 함께 앉아 있는 것만으로도 부모, 가족, 이웃을 우울하게 만드는 불행유발인자들을 루시는 골고루 갖추고 있다.[26] 그녀는 레즈비언이다. 여성적이라고 보기에는 너무 뚱뚱하다. 몸놀림이 둔하고 여성스럽지도 않다. 레즈비언인 파트너와 살고 있다. 변변한 일자리도 없이 흑인거주지의 외계인이자 주변인으로서 텃밭에서 채소와 꽃을 가꾼다. 그것을 노점의 좌판에서 팔아 생활한다. 레즈비언이면서 강간으로

---

25. Sara Amed, *The Promise of Happiness*, Duke University Press, 2010, p. 1. 아메드는 더 이상 의심할 바 없는 것으로 간주된 이 질문을 심문하는 것으로 이 책을 시작하고 있다.

26. Sara Amed, *Ibid.*, pp. 50-150. 아메드는 불행유발자들의 유형을 밥맛인 페미니스트Feminist Killjoys, 불행한 퀴어들Unhappy Queers, 우울한 이민자들Melancholy Migrants로 분류한다. 아메드는 지배담론이 이들에게 '사회적 특권이라고 일컬어지는 것들을 선택하면 행복해질 수 있음에도, 불행유발자들은 그런 선택을 하지 않아 불행해진 것이라며, 그들의 탓으로 몰아간다고 비판한다. 행복의 약속은 이들의 억압을 정당화하고 불평등을 은폐하는 정동적 기제다.

임신한 아이를 낳겠다고 한다. 그 아이를 사랑하지 않지만 키우다보면 그런 감정이 생겨날 것이라고 믿는다. 자신을 강간한 약간 모자라는 흑인소년 플럭스에게 분노하는 것이 아니라 감싸준다. 강간을 당했음에도, 그것을 고발하고 사회정의를 바로잡으려는 생각은 도무지 없다. 루리의 표현대로라면 '뒤섞인 씨, 그녀를 오염시키기 위해 개의 오줌처럼 뿌려진 씨'를 그녀는 지우려하지 않는다. 결혼은 사랑하는 사람과 해야 하는 것이 당연하고 윤리적이라고 주장하는 세상에서, 그녀는 결혼을 '거래'이자 '제휴'라고 말한다. 나이 많은 흑인남성의 세 번째 부인이 되겠다고 하면서도 그녀는 불행하기보다 무덤덤해 보인다. 서구의 근대적 인권개념을 믿고 있는 루리에게 그녀는 불가사의한 타자로 다가온다.

루시는 '상식적인' 사람이 볼 때, 행복해야 할 어떤 것도 갖추지 못했다. 행복할 수 있는 모든 조건에서 철저히 벗어나 있는 존재로서 그녀는 '행복이란 무엇인가'를 반문한다. 서구적 남성주체였던 루리가 누렸던 특권이 어디서 비롯된 것인지를 그녀는 거울처럼 되비쳐준다. 루시는 서구남성주체가 누리는 특권이 타자(식민지인, 여성, 퀴어, 페미니스트, 장애인, 동물)의 주변화와 비체화에 바탕해 있으면서도 그들의 비체화된 삶이 그들 탓이라고 정당화하면서 불평등을 은폐함으로써 가능해진다는 점을 보여준다. 모든 생명은 소중하다고 주장하지만 소중한 생명만 소중하다. 따라서 피가 뒤섞인 혼혈이나 강간으로 잉태한 생명은 생명으로 취급할 가치가 없다. 모든 사람은 평등하다고 주장해왔지만, 페미니스트, 레즈비언 퀴어들은 차별과 불평등을 견뎌야 한다. 타자들의 삶을 비정상적이고 불행하고 비천한 삶으로서 차별한다는 점에서, 모든 삶은 평등한 것이 아니라 불평등하다. 모든 인간은 존중받아야 한다고 했지만 아무 것도(권리, 의무, 위엄 등) 없는 루시는 존중받기 힘들다.

루리는 자신을 교양 있는 서구적 시민주체로 가정했지만 사실은 전혀 그렇지 못하다는 점을 그의 추락을 통해 역설적으로 보여준다. 철저한 추락 이전까지 그는 윤리적 교훈을 배우지도 못했고 젠더화된 타자에 대해서 읽어낼 수 있는 능력도 없었다. 스피박이 지적하듯 문학이 타자에 대한 상상력을 발휘할 수 있는 교육장치라고 한다면 루리의 감정교육의 문맹상태는 놀랍기 그지없다.[27] 그는 추락이라고 말하기조차 힘든 바로 그 타자들을 통해 배움에 이른다. 그를 가르친 것은 멜라니, 루시, 베브 쇼, 세 다리 장애견이다. 그는 더 이상 가르치는 선생이 아니라 비천한 타자로부터 배우는 존재가 된다.

루시는 기존의 정상성 규범에서 보자면 '아무 것도 없다는 점에서 더 이상 추락할 곳이 없는 존재다. 하지만 역설적으로 그녀는 기존의 정상성이라고 하는 것을 철저히 무너뜨린다. 그런 의미에서 루시는 아무 것도 없는 상태로 바닥에서 시작하고자 한다. 그녀는 아버지의 도움을 받아 네덜란드로 가서 고등교육을 받고, 지식인 부모의 문화적 유산을 물려받아 교양 있는 부르주아 백인 엘리트 여성이 되는 길을 선택할 수도 있었다. 하지만 그녀는 부모의 유산을 거부하고 아무 것도 없는 상태에서 출발하고자 한다. 아무것도 없기 때문에 만인은 평

---

27. Spivak, *Ibid.*, p. 324.

등하지 않다고 주장한 것이 귀족체제였다면, 아무것도 없기 때문에 만인은 평등하다로 뒤집어놓은 것, 바로 그것이 근대의 혁명성이었다. 한 번도 실현된 적이 없었던 바로 그 근대의 혁명적 이상을 구체화하고 있는 존재가 루시다. 루시는 한 번도 도래한 적이 없는 바로 그 출발선상에 다시 서 있는 셈이다. 아무 것도 없는 평등한 상태에서 다시 시작하는 법을 그녀는 배워나갈 것으로 보인다. 권리도 의무도 존엄도 없는 상태에서 벌거벗은 생명으로서. 아파르트헤이트apartheid를 무너뜨린 남아프리카 공화국에서 새롭게 시작하는 미래와 희망을 상징하는 존재로. 그래서 루시는 가난하고 불행한 존재라기보다 숭엄한 존재로 다가온다.

4. 추락의 재의미화

가장 비천한 위치의 여성이 가장 인간적인 인간의 이상이었다는 점에서 루시는 추락의 의미를 재의미화하는 윤리적 존재다. 얼핏 보면 그녀는 역사의 부채를 상환하기 위한 알레고리처럼 보인다. 초점화자가 루리이기 때문에 루시의 입장에서 공감하기란 쉽지 않도록 서사가 구성되어 있다. 혹자는 역사의 부채를 여성의 강간을 통해 갚아야 하느냐고, 그야말로 너무나 상투적인 상상력이라고 말할지 모른다. 하지만 루시는 강간을 기존의 관습적인 매뉴얼대로 받아들이지 않는다. 그로 인해 트라우마를 입고 신경쇠약에 걸리지도 않고, 분노하면서 고발하지도 않는다. 신경쇠약과 분노는 동전의 양면이다. 강간에 절대적인 의미를 부여하기 때문이다. 하지만 루시는 그것을 모든 특권을 내려놓고 이곳에서 살기 위한 세금쯤으로 여긴다. 이 지점에서 루시는 치욕과 굴욕 속에서 마침내 평등해진다는 것을 역사적 교훈으로 알고 있다. 모든 것을 상실했다는 점에서 개처럼 수치스럽게 철저히 추락한 채로 다시 시작한다. 그녀는 자신의 의지로 그곳에서 살아남을 수 있는 자유를 선택한다. 부모의 재력에 의해 네덜란드로 가서 교육받고 교양 있는 부르주아로 얼마든지 살 수 있다는 의미에서 남아프리카 공화국에서 미련 없이 벗어날 수 있는 인물이다. 그런 백인여성이었음에도 도피가 아니라, 패트루스와의 거래 안에서 자유를 얻고 자기 삶을 '자율적으로' 살아가려고 한다. 부채의 청산과 더불어 치욕 속에서 다시 시작하는 것이 루시의 선택이다. 그녀야말로 무엇을 수치스러워해야 하는지를 '아는 주체'라고 해야 하지 않을까?

어떤 상태를 비참하고 불행하고 추락한 상태로 규정하는 것 자체가 '정치적'으로 개입하는 것이다. 루시와 같은 타자를 비체화하고 행복의 조건이라고는 갖추지 못했다고 규정하는 것 자체가 정상성에 기초한 지배담론의 정치적 해석이다. 바로 그런 정상성 규범에 도전하는 것이야말로 모든 인간의 삶을 인간답게 만들려는 실천이고 그 중심에 아무 것도 가진 것 없는 루시가 있다. 추락 속에서 평등해진 루시에게 '더 높은 가치'를 지닌 삶이란 과연 무엇일까를 심문하게 만든다는 점에서, 루시는 이 텍스트에서 추락의 의미를 재의미화하고 있는 존재다.

치욕 속에서 평등해지고, 내가 타자를 관용하는 것이 아니라 이미 언제나 타자에게 포획된 존재임을 인정하는 것이 추락의 시학이라고 한다면, 추락 가운데서 '마법적으로' 비상의 가능성을 찾을 수 있을 것이다. 비록 치욕으로 무거워진 날개이지만, 그로 인해 다시 시작할 수 있는 길을 모색할 수 있다는 것이 루시의 입장이다. 여기서 하위주체로서 루시의 추락은 시작의 지평을 여는 비상일 수 있다.

인생을 살면서 추락과 실패를 경험하지 않고서 어떻게 타자를 이해할 수 있을까? 추락으로 인해 망가지고 어긋난 시간의 틈새로 귀환하는 끔찍한 타자와 대면함으로써, 루리 또한 타자를 환대하고 섬긴다는 것이 어떤 것인지 뼛속까지 각인하게 된다. 그가 개처럼 치욕스럽게 여겼던 바로 그 타자들의 자리로 추락함으로써, 역설적으로 그는 인간다운 인간이 된다. 몰염치의 시대에, 추락의 시학은 받아들이기 힘든 자신의 몰락과 실패를 받아들임으로써 가능해진다. 추락은 인간에게 바닥모를 깊이를 산출해준다. 추락으로 인해 주체는 '타자로서 자기'와 조우하게 된다. 주체의 나르시시즘이 붕괴되는 순간은 굴욕적이고 수치스럽다. 타자와 만나게 됨으로써, 자신의 괴물성이 벌거벗겨지고 주체에서 탈주체화로의 방향전환이 일어나기 때문이다. 그것이 여성화된 하위주체들이 보여주는 추락의 젠더화이자 재의미화이다.

7장

애도의 정치

* * *

　2014년 4월 16일 세월호가 천천히 가라앉는 모습을 속수무책으로 지켜본 사람들이라면 아마도 부패와 부실로 인해 한국사회의 미래가 침몰하고 있다는 묵시록적인 비전을 보았을지 모른다. 세월호 참사는 벌써 2주년을 맞이하고 있다. 어떻게 애도할 것인지는 산자들의 몫이다. 도무지 계산될 수 없는 슬픔과 고통 또한 돈으로 환산하는 시대에, 충분한 애도는 어떻게 가능한가? 정부는 세월호 특별법 하나 제정한 것으로 가능한 신속하게 세월호의 슬픔을 종결시키고 기억에서 소멸시키려 한다. 법 하나 제정하면 문제가 해결된 것처럼 착각하지만 그것은 문제의 해결이 아니라 문제의 시작이다. 만약 애도가 먼저 떠난 친구들을 기억함으로써 뒤에 남은 자들이 그들의 삶을 떠안는 사회적 책무를 다하는 것이라면 말이다.

　세월호 참사에서 보다시피 애도는 '주관적' 감정이다. 어떤 사건에 모두가 슬퍼하는 것은 아니기 때문이다. 슬픔에 빠진 사람들에게 혐오를 보내는 사람들도 있다. 비탄에 빠진 자들이 마치 불행을 전파시키는 감염원이라도 되는 듯, 혐오하면서 경계 짓고자 한다. 그래서 애도는 정치적 감정으로 이용된다. 애도가 주관적인 만큼, 같은 참상이라 하더라도 세월호 참상과 시리아 난민의 참상은 비교하기 힘들다.

시리아 내전으로 수 천 명의 시리아인들이 목숨을 잃어도 '거기서' 일어난 참상까지 '여기서' 절실히 애도할 수는 없다. 『에로스의 종말』의 저자 한병철은 한국인들이 시리아 난민들의 고통과 슬픔에 무거운 책임이 있다[1]고 말한다. 일부 한국인들에게 한병철의 주장은 공허하게 들릴 수 있다. 책임감을 통감하려면 그들의 슬픔과 아픔에 공감할 수 있는 애착이 실려야 한다. 하지만 우리가 대상에게 보내는 애도는 아무리 소비해도 고갈되지 않는 무궁무진한 자원이 아니다. 친소관계에 따라서 슬픔의 분배가 불균등할 수밖에 없다고 보았던 프로이트의 애도의 경제가 오히려 '현실검증'에 바탕한 것처럼 들린다.

애도가 가능하려면 상실한 대상이 사이키에 등록되어야 한다. 그런데 나와 희로애락을 함께 나누지도 않았고 얼굴조차 모르는 수많은 사람들의 죽음은 대체로 사이키에 등록되지 못한다. 레비나스식으로 말하자면 '내 얼굴과 타자의 얼굴이 만날 때 비로소 나는 나 자신이 되고 나 자신 속에 타자의 죽음이 포개지면서' 비로소 우리는 책임감을 느끼게 된다.[2] 그래서 나와 함께 살고 있는 고양이나 내 가족의 상실이 수 천 명의 죽음보다 더 애통하고 고통스럽게 다가오는 것이다. 따라서 애도의 정치화는 한정된 애도의 자산을 어떻게 배치할 것인가라는 애도의 경제와 밀접한 연관이 있다.

---

1. 스마트폰 생산에 쓰이는 희토류稀土類, rare earth를 싼값에 구입하여 가격경쟁력을 높이기 위해 독재반군, 정부군 할 것 없이 뒷돈을 대고 내전이 일어나게 만든 것에 유럽이나 한·중·일에도 중대한 책임이 있다. 레비나스라면 내가 책임질 일이 없었던 사건에서마저도 무한책임을 져야 한다고 주장하겠지만 그렇다고 하여 한국인들이 시리아 난민에게 책임을 느낄 것 같지는 않다.
2. Emmanuel Levinas, *God, Death, and Time*, trans. Bettina Bergo, Stanford University Press, 2000, p. 43.

애도는 여러 가지 얼굴을 한다. 모든 정동이 애도에서 기인한다고 할 만큼, 애도는 슬픔의 강도에 따라 변한다. 실존적으로 말하자면 자궁에서 떠밀려 나와 세상의 바닷가에 던져진 순간 인간은 철저히 고독하고 슬픈 존재인 것이다. 자신의 근원으로부터 떨어져 나와 타자에게 절대적으로 의존할 수밖에 없다는 점에서 그렇다. 스피노자에 따르면 모든 정동은 슬픔에서 비롯된다. 치욕은 타인으로부터 비난받는다는 관념에 수반된 슬픔이다. 복수심과 앙심은 타인을 고통스럽고 슬프게 함으로써 자신의 슬픔에서 벗어날 수 있다는 관념에 수반된 슬픔이다. 두려움은 자신이 두려워하는 큰 악을 더 작은 악으로 피하려는 욕망을 갖도록 자극되는 슬픔이다. 희망은 미래의 기쁨을 상상하는 데서 현재의 슬픔을 위로하는 것이다. 불안은 자신의 욕망이 침범당할 지도 모른다는 상상에서 비롯되는 슬픔이다. 이처럼 슬픔의 정동은 치욕, 복수심, 두려움, 희망, 불안 등으로 전환된다.[3] 자식을 잃은 부모들의 슬픔은 자식을 보호하지 못했다는 무력감, 죄책감, 수치심, 분노로 표현된다. 그들의 삶은 자식의 죽음과 더불어 중지된다. 4월 16일에 떠나보낸 아이들 때문에 5월을 맞이할 수 없어 부모는 허깨비 같은 삶을 살아간다. 부모가 어떻게 자식보다 오래 살아남을 수 있을까? 자식을 가슴에 묻은 부모의 슬픔은 분노로 바뀐다. 세월호 촛불 집회에서 어머니들은 이 무책임한 정부에게 자신의 슬픔을 분노로 폭발시켰다. 의문사한 자식을 둔 어머니들처럼 말할 수 없는 슬픔이 그들을 정치적으로 각성하게 만든다.

3. 바뤼흐 스피노자, 『에티카』, 강영계 옮김, 서광사, 2007, 198-200쪽.

다른 한편 애도는 기쁨으로 표현되기도 한다. 철부지 아이들은 엄마의 죽음 앞에서 마냥 신나게 뛰논다. 아이들은 죽음이 어떤 것인지 알지 못해서라고 흔히들 말하지만, 죽음을 모르기는 어른도 마찬가지다. 부모의 죽음 앞에서 아이들이 보이는 철없는 기쁨은 부모의 죽음에 대한 부정이다. 아직 전능성의 환상을 갖고 있는 아이들은 자기가 기뻐하면 슬픈 일은 일어나지 않고 부모가 죽지 않을 것으로 믿기때문이다. 애도는 공포와 불안으로 인해 폭력의 형태로 드러날 수 있다. 우리는 상갓집에서 행패부리고 시비거는 것으로 슬픔을 드러내는 사람을 종종 보게 된다. 혹은 애도의 상황이 자신에게 전염될까봐 두려워서 혐오로 드러나기도 한다. 이처럼 애도는 다양한 정동으로 쉽게 전염되고 전파될 뿐만 아니라 친밀성, 젠더경계선, 국경선을 따라 배치되는 정치적 감정으로 작동한다.

1. 애도의 정치화

사람들은 언제나 어떤 사건에 대해 국가를 초월하여 범국가적으로 슬퍼하면서 '합리적' 해결책을 찾는 것은 아니다. 애도의 정치가 사람들의 감정과 젠더 무의식에 호소하는 것도 바로 그 때문이다. 특히 주목경제시대 사람들의 시선을 사로잡는 것이 관건이다. 지금도 시리아 난민들은 지중해를 건너고 터키를 지나 유럽으로 들어가기 위해 목숨을 걸고 있다. 그들의 비참을 해결하는 한 방식이 EU국가의 감성에 호소하는 것이다. 그들의 감성을 건드리는 사진 한 장이 텔레비전 화면에 등장했다. 부모와 함께 지중해를 건너려다가 익사한 세 살짜리 시리아 난민 어린이 아일란 쿠르디Alan Kurdi의 죽음이 세계를 흔들어놓았다. 지중해를 건너던 시리아 난민들의 보트가 침몰하여 2015년까지 무려 2천 5백 여 명이 실종되었지만 그들의 비극은 그냥 숫자에 불과했다. 하지만 얼굴을 가진 한 아이의 비극은 세계인들의 마음을 움직인다. 그로 인해 독일의 메르켈Angela Merkel 총리는 난민들을 수용하겠다고 발표했다.

한병철은 "독일 총리는 조건 없이 난민을 수용하겠다고 했다. 굉장히 용감한 정치적 결정이었다."4고 높이 평가한다. '인간의 존엄성'에 바탕하여 조건 없이 난민을 수용하는 메르켈 총리는 날개 달린 천사가 아니라면 왜 그런 결정을 내렸을까? 모든 인간의 목숨은 소중한 것이고 존중받을 권리가 있다는 신조 때문이었을까? 속물화된 세계에서는 정치가의 선의보다는 정치적 계산을 믿는다. 정치가는 선의에 따라 행동하는 것이 아니라 무엇이 선의인지 정치화하는 자들이기 때문이다. 메르켈의 결정은 단지 난민의 고통에 공감하는 선의에서라기보다는, 난민들의 값싼 노동력을 독일이 가장 필요로 하기 때문이라고 말하면 사람들은 고개를 끄덕인다. 세계는 속물화되었고 불신이 지배한다. 이제 인간적인 깊은 슬픔에 대한 공감과 인간에 대한 존중은 설 자리를 잃은 것처럼 보인다. 파리 테러 이전에 독일의 무조건적인 난민 수용정책은 사실상 폐기된 것처럼 보인다.

4. 이유진, 「'에로스의 종말' 펴낸 한병철 "철학자들이 정치 참여해야"」, 『한겨레』, 2015년 10월 12일자.

애도는 국가의 경계를 따라 정치화된다. 어떤 죽음은 추앙받지만 어떤 죽음은 치욕으로 감춰야 한다. 시리아인 25만 명이 죽어나갈 때에도 국제사회는 무반응으로 일관했다. 하지만 프랑스 우익 풍자시사 주간지 『샤를리 애브도Charlie Hebdo』의 편집장을 위시한 12명의 죽음 앞에서 세계는 '내가 샤를리JE SUIS CHARLIE'라는 규탄의 제스처를 보여주었다. 또한 2015년 파리 바타클랑 콘서트홀을 공격하는 무차별 테러가 일어나자 '파리를 위해 기도하자#pray for paris'는 운동이 SNS를 통해 퍼져나갔다. 전세계가 파리 테러로 목숨을 잃은 사람들과 그 가족의 슬픔에 함께 애도하고 분노를 표시했다. 프랑수아 올랑드François Hollande 프랑스 대통령은 테러에 대한 응징으로 IS에 공습을 감행하겠고 했다. 테러 앞에서 사람들은 안전을 위해 자발적으로 자유를 반납하고, 군사화되는 국가에 복종하기를 원한다.5 이것을 절호의 기회로 여긴 우파들은 난민들을 추방하고 난민 "박테리아"들을 박멸하자고 주장한다. 전직 프랑스 대통령이었던 사르코지는 지하드와 관계가 있을 것으로 추정되는 용의자들을 수감하라고 목소리를 높인다. 미국의 9.11 테러 이후에도 달라진 것은 거의 없다. 테러방지라는 명분 아래 '자유를 위해서 자발적으로 자유를 억제해야 한다'는 역설에 빠져서는 안 된다6고 말하는 사람들은 그다지 많지 않다.

우리가 살고 있는 지구는 파국과 재앙으로 넘쳐나는 디즈멀랜드

---

5. 2016년 1월 20일 무렵 필자가 로마에 갔을 때, 로마의 경비는 삼엄했다. 그 많았던 홈리스, 집시들이 종적을 감추었다. IS가 다음 테러 대상으로 로마를 지목하자 로마는 완전무장한 군인들과 군견을 동원한 경찰들이 수상쩍어 보이는 관광객들을 불심검문하기도 했다.

6. https://instituto25m.info/mourning-becomes-the-law-Judith-Butler-from-part/

dismal-land가 되고 있다. 2010년 튀니지에서 시작된(노점상 청년 부와지지의 분신자살로 촉발된) 자스민 혁명Jasmine Revolution은 연이어 이집트, 알제리, 요르단, 리비아, 시리아로 전파되었다. 2011년 11월 이집트 타흐리르 광장은 아랍 민주화, 아랍의 봄을 상징했다. 혁명적 열기에 폭발적인 힘을 발휘한 것은 '분노의 금요일'에 동참한 수많은 젊은이들의 분노였다. 그리고 그들이 전파한 소셜 미디어의 힘이기도 했다. 타흐리르 광장의 혁명적 열기는 무바라크 정권을 무너뜨렸다. 민주화 요구는 튀니지, 리비아, 시리아로 걷잡을 수 없이 퍼져나갔다. 시리아에서는 40년 철권통치에 맞서는 민주화시위가 벌어졌다. 서구의 시각에서 보자면 드디어 아랍에도 민주주의의 봄이 오는 것처럼 보였다. 시리아에서 민주화 요구가 휩쓸었을 때, 독재정권/반군의 뒤를 서로 봐주면서 이익을 챙겼던 서방국가들은 시리아가 이 지경에 이를 것으로 예측하지 못했을 것이다. 그 결과 시리아는 내전에 휩쓸렸고 지금 세계가 목격하다시피 시리아인들은 죽음을 무릅쓰고 지중해를 건너 유럽으로 들어가려다가 침몰하고 있다. 유럽의 사회적 역병으로 간주되고 있는 그들의 죽음에 누가 애도하는가?

사메르 프랜지Samer Frangie는 「혁명 이후 비극의 상속」[7]에서 역사의 진보를 위해 아랍인들은 있는 힘을 다했지만 어긋난 시간 속에서 햄릿처럼 역사적 비극을 상속받았다고 말한다. 근대화만 되면 아랍의 문제는 해결될 것처럼 '잔인한 낙관주의'[8]에 기대어 살다가 그것이

---

7. 사메르 프랜지, 「혁명 이후 비극의 상속」, 〈시간의 빗장이 어긋나다〉, 2016년 국립아시아문화전당 4월 8일–17일자 팸플릿 참조.

잘못된 애착으로 드러나는 순간 애착은 자기모멸로 바뀌게 되었다는 것이다. 어긋난 '시간적 상상력'은 붕괴되고, 점점 발전하리라는 진보의 약속은 무너진다. 무수한 좌절을 경험하면서 아랍인들은 혁명 같은 것은 더 이상 믿지 않게 되었다고 한다. 근대화의 실패 이후 아랍사람들은 혁명으로부터 '면역된' 채 살아왔다고 그는 말한다. 그러다가 '마법'처럼 2011년 아주 짧은 순간 혁명이 찾아왔다. 드디어 민중이 승리했다고 감격했지만, 혁명의 순간은 짧았고, 승리에 대한 약속은 실현되지 못했으며 '더 많은 파괴와 잔해들이 아랍의 풍경을 채웠다'고 프랜지는 통탄한다. 자스민 혁명은 아랍인들에게 더 많은 파괴와 전쟁을 되돌려주었다. 아랍의 민주화 혁명은 '서사적 방향성'을 찾지 못한 채 무수한 난민을 발생시키고 수많은 죽음을 초래했지만 세계는 그들의 죽음에 무감각하다. 다른 정치적 상상력을 제시하지 못한 채 좌절된 혁명은 상실의 불가능성으로 인해 애도하지 못하게 된다.

애도는 서열화된다. 어떤 슬픔은 영웅화, 민족담론화하여 기념하고 제의로 만드는 반면, 어떤 사태는 애도조차 억압된다. 박찬경 감독의 2014년 전시 <귀신, 간첩, 할머니>가 보여주다시피, 이들은 애도의 프레임 바깥에 위치한다. 귀신은 죽어서도 애도의 대상이 되지 못한다. 그들은 역사에 기입될 수 없고 누락되어 유령으로 떠돌고 있는 자들이다. 그들은 사람들의 기억 속에서 이야기로 다가오지 못한다. 한국사회에서 분단 이후 아직까지도 빨갱이 간첩은 비가시화된 존재이다. 그들은 호모 사케르Homo Sacer가 되어도 누구도 그들을 애도하지

---

8. Lauren Berlant, *Cruel Optimism*, Durham: Princeton University Press, 2011, p. 24.

않는다. 할머니는 장구한 가부장제를 살아왔던 '여성의 시간'을 의미한다. 여성의 시간은 남성의 역사 속에서 기억으로 소환되지 못했다.

국가권력에 의해서 어떤 애도는 제의화되고 어떤 애도는 금지된다. 국가는 애도를 서열화하여 국가적 영웅으로 만들 죽음과 비체화하여 망각할 죽음으로 배치한다. 1980년 5.18 당시, 계엄군에게 사살된 사람들은 반국가적인 폭도로 몰려 한동안 애도조차 금지되었다. 1995년 '5.18 민주화운동에 관한 특별법'이 제정됨으로써 공식적으로 망자들의 명예는 회복되었고 국가차원에서의 보상이 이뤄졌다. 하지만 "성공한 혁명이라고 할지라도 희생자의 영혼과 육체를 파괴한 사건은 돌이킬 수 없다는 점에서 애도 문제에서 희생과 보상이라는 교환의 등식은 성립되기 어렵다."[9] 망자들을 망각함으로써 두 번 죽이는 것으로 끝나지 않으려면, 그들을 어떻게 재/기억할 것인지는 후세대의 몫이 된다. 한강은 한 소년의 이야기를 들어줌으로써 망각의 우물에서 기억의 서사를 길어 올린다. 그로 인해 5.18은 과거완료형 역사적 사실에서 현재진행형 허구 속으로 들어오게 된다. 망자들의 이야기가 다시 한 번 우리 곁으로 다가온다.

한강의 소설 『소년이 온다』에서 1980년 5월 18일, 중학생이었던 동호의 주검은 계엄군의 트럭에 "열십자로 겹겹이 포개"진 채 실려간다. 그리고는 어딘지도 모를 곳에 탑처럼 층층이 놓인 채 매장된다. 동호는 매장되는 자신의 모습과 그 도시를 '어린 새가 되어서 둘러본다. 자기 눈앞에서 친구 정대가 옆구리에 총을 맞고 쓰러지는 것을

---

9. 김은하, 「유령의 귀환과 비통한 마음의 서사」, 『감정의 지도그리기』, 소명출판사, 2015, 396쪽.

보았지만 동호는 친구의 죽음을 애써 부인하면서 친구의 주검을 찾아 다닌다. 동호는 친구인 정대의 주검을 찾아서 도청으로 갔다가 진압군 이 들어오는데도 끝까지 그곳에 남는다.

　살아남은 자들의 삶도 그 시간에 멈춘다. 은숙은 환자를 병원에 후송하러 나갔다가 도청진압에서 용케 살아남았다. 노동야학을 했던 대학생 성희는 어린 노동자 은숙에게 "헌법에 따르면, 우리는 모든 사람들과 똑같이 고귀해. 그리고 노동법에 따르면 우리에겐 정당한 권리가 있어"[10]라고 말문이 막힐 때마다 주문처럼 그 말을 되풀이했 다. 하지만 현실에서 어린 노동자 은숙은 노동자가 고귀하지 않음을 온몸으로 경험한다. 노조활동을 하면서 그들은 노조탄압에 맞서 최후 의 수단으로 윗옷을 벗는다. 옷 벗은 어린 여자들에게 설마 폭력진압 을 하지는 않으리라고 믿었지만 브래지어 차림의 여자아이들은 개처 럼 끌려나갔고 "등허리의 맨살이 모래에 긁혀 피가 흘렀다."[11] "우리 는 정의파다 좋다좋다"[12]고 외쳤지만 정의는 어디에도 없었다. 좌절 끝에 은숙은 고향인 광주에 왔다가 도청진압에서 살아남았지만, 그로 부터 5년이 지난 지금까지 그녀는 죽음을 살아간다. 그녀는 망자들의 삶을 대신 살아가면서 누가 산자이고 누가 죽은 자인지 모를 삶을 살아간다. 존중받지 못하고 잊혀진 사람들은 끊임없이 돌아와서 자신 의 이야기에 귀 기울여 줄 것을 요청한다. 충분한 애도가 될 때까지

10. 한강, 『소년이 온다』, 창비, 2014, 155쪽.
11. 위의 책, 156.
12. 위의 책, 158.

유령으로 떠도는 사람들의 이야기는 기억되고 되풀이되어야 한다. 기억해주고 이야기해주는 것이 그들 혼령을 위한 진혼제이기 때문이다. 동호의 혼령은 구천을 떠돌면서 자기 이야기를 들어줄 사람을 기다렸는지 모른다.

죽음 또한 사회적으로 서열화된다. 연대해서 사회적 정의를 실천하려고 했던 의문사가족들 안에서도 애도의 서열화는 예외가 아니다. 반체제 학생운동을 하다가 의문사를 당한 자식을 둔 어머니는, 단순잡범으로 감방에서 혹은 어디서 죽었는지조차 모른 채 의문사한 아들을 둔 어머니와 연대하면서도 모든 아들들의 죽음이 등가치라고 여기지 않는다.13 민주화운동 관련자로 인정받을만한 죽음과 그렇지 못한 죽음을 나누고 민주화 제단에 안치할 죽음과 그렇지 못할 죽음으로 구획한다. 그렇다면 '모두가 내 자식'으로서 사회정의를 실현할 수는 없는가? 이처럼 슬픔은 서열화되고 죽음 앞에서도 우리는 평등하지 않다.

애도는 오랜 세월 젠더화되었다. 슬픔을 억제하지 못하고 가감없이 드러내는 것은 여자들의 몫이라고 여겨졌다. 남성에게 요구된 것은 자기감정의 절제이며 그 중에서도 슬픔을 억제해야만 했다. 그래야만 공적으로 공정할 수 있을 것으로 보았기 때문이다. 그렇다면 여성들은 자기 슬픔을 넘어, 그리고 친소, 혈연을 떠나 공정할 수 있는가? 여성은 애도를 넘어 정의로울 수 있는가? 슬픔 자체가 여성적인 것이며, 그것은 사회 정의를 실현하는 데 걸림돌인가? 슬픔의 젠더정치는 어떻게 구성되고 활용되어 국가권력에 봉사하게 되는가?

13. 정원옥, 『국가폭력에 의한 의문사 사건과 애도의 정치』, 중앙대박사학위논문, 2014, 149-161쪽.

2. 애도의 젠더화

국가적 재난으로 애도할 일이 생기면 젠더 무의식은 어김없이 귀환한다. 슬픔을 통제할 수 있는 남성은 애도의 사건이 발생했을 때도 공적으로 공정할 수 있지만 여자들은 그렇지 못하다고 오랜 세월 말해져왔다. 슬픔과 눈물은 여자의 몫이다. 누구나 슬퍼할 수 있다는 점에서 슬픔은 보편적인 정서다. 하지만 국가는 슬픔을 정치화하면서, 여성적인 슬픔은 공정하기 힘들고, 그래서 공적 정의를 실현할 수 없다고 말해왔다.

고대 그리스에서 여자들의 슬픔은 공적인 영역으로 나올 수 없었다. "눈물의 쾌락"에 젖어드는 것은 도시국가의 정치에 긍정적인 영향을 미치지 못한다. 슬픔의 기억은 거부되어야 하고, 국정은 차질 없이 지속되어야 한다. 슬픔으로 일상생활이 중단되어서는 안 된다. 아고라, 즉 광장은 정치적 공간이다. 정치적 공간과 장례의 공간에서 여자들의 슬픔은 드러나지 말아야 한다. 그리스 시대 애도의 재현은 극장에서는 가능했지만 광장에서는 통제되었다.[14] 슬픔은 남성 자유시민에게서는 추방되어야 하는 것이다. 그래야 국가를 위해 '전사'할 수 있는 '전사가 되기 때문이다.[15] 플라톤은 『국가론』에서 수호자계급은

---

14. Nicole Loraux, *Mothers in Mourning*, Ithaca: Cornell University Press, 1998, pp. 10-11.
15. 호머의 『일리아드』에서 아킬레우스는 연인인 파트로클로스가 헥토르에게 전사당하자 깊이 슬퍼하지만 그의 슬픔은 재빨리 분노로 바뀐다. 연인의 복수를 위해 그는 전투에 나가 트로이 장군인 헥토르를 죽인다. 남성전사들에게 슬픔은 빨리 극복해야만 하는 정동이다. 그래야 전쟁터에서 전투를 제대로 수행할 수 있을 것으로 보았기 때문이다.

여성을 모방해서는 안 된다고 주장했다. 시인들은 슬픔을 절제하도록 하는 것이 아니라 마음껏 슬퍼하도록 부추기기 때문에 플라톤의 공화국에서는 추방되어야 할 존재들이다. 수호자로서 남성시민의 자격을 갖추려면 슬픔과 애도에 굴복하는 여성들을 모방해서는 안 된다는 것이었다. 그 중에서도 사랑에 빠진 여자, 슬픔에 빠진 여자, 병든 여자, 산고産苦에 빠진 여자를 모방해서는 안 된다. 여자들은 니오베[16]처럼 자신의 행복을 자랑하거나 슬픔에 빠져들어 자기감정을 통제하지 못한다. 이처럼 여성과 애도의 연결은 우연한 것이 아니다. 슬픔은 여성적인 것이므로, 남자가 눈물 흘리는 것은 나약한 여성적 지위로 추락하는 것이다. 남성에게서 슬픔은 가능한 빨리 추방되어야 한다.

이렇게 본다면 여성의 애도는 시민적인 질서를 구성하는 데 잠재적인 위협이 된다. 그들의 슬픔은 국가의 금지에 저항하기 때문이다. 안티고네의 슬픔은 국가적 경계에 따라 구획되지 않는다. 오이디푸스 왕은 자신의 비극적 기원을 알고 난 뒤 눈을 찔러 장님이 된다. 그는 왕위를 내려놓고 세상을 떠돌다가 콜로누스에 자신을 유폐한다. 오이디푸스의 두 아들/형제인 에티오클레스와 폴리네이케스는 왕권을 놓고 다투다가 모두 전사한다. 삼촌인 크레온 왕은 테베를 위해 싸운 에티오클레스의 주검은 성대히 장례를 치러 주고 적군이 되어 테베로 쳐들어온 폴리네이케스의 시신은 까마귀떼의 밥이 되도록 들판에 방

---

16. 그리스 신화에 등장하는 니오베는 테베의 왕비였다. 그녀는 세상에서 자신이 가장 행복한 여성이라고 자부하면서 여신과 경쟁하려는 오만에 빠져 있었다. 왜냐하면 여신인 레토는 고작 자식이 두 명(아폴로와 아르테미스)이지만 자신에게는 아들 딸 모두 14명의 자식이 있기 때문이라고 했다. 분노한 레토 여신은 아폴로와 아르테미스를 시켜 니오베의 자녀 14명을 전부 활로 쏘아 죽이게 했다. 슬픔에 빠진 니오베의 눈에서는 아직도 눈물이 흘러나오고 있다.

치해둔다. 안티고네에게 오빠는 오빠일 뿐이다. 그녀는 도시국가의 경계선을 따라 애국/매국, 친구/적으로 구분하지 않는다. 하지만 도시국가의 입장에서 보자면 안티고네의 사랑의 행위는 이적행위가 된다. 안티고네는 크레온의 명령을 거역한다. 안티고네가 원한 것은 법이 정한 대로 어떤 오빠든지 똑같이 장례를 치러달라는 것이었다. 안티고네는 처음부터 국가에 반역하고 크레온의 왕권을 전복하려고 했던 것은 아니었다. 안티고네는 체제전복을 꿈꾼 것이 아니라 폴리네이케스의 시신이 들판에서 까마귀밥이 되지 않도록 매장해달라고 요청한다. 그녀가 반역적인 여성영웅이 된 것은 오빠의 죽음을 공적으로 슬퍼할 수 없었기 때문이다. 충분히 애도할 수 있도록 해주지 않았을 때 안티고네의 슬픔은 분노로 바뀐다. 왕인 크레온의 입장에서는 피/아彼我 구분 없이 동등하게 묻어줄 수는 없었다.

안티고네는 폴리네이케스가 다름 아닌 오빠이기 때문에 명예롭게 매장해달라고 한다. 이렇게 되면 여성의 슬픔이 공적으로 공정하게 정치화될 수 있는가라는 의문이 제기된다. 박완서는 『한 말씀만 하소서』에서 아들을 잃었지만 전사도 아니고 단순한 교통사고였으므로, 탓하고 미워하고 원망할 대상조차 없는 아들의 죽음을 도무지 받아들일 수 없어서 말로 표현하기 힘든 슬픔, 고통, 분노, 앙심을 절절하게 표현한다. 그녀는 "부끄러운 얘기지만 광주 어머니들의 설움과 원한이 남의 일 같지 않은 극심한 고통으로 다가온 것도 내 설움이 있고 나서였다."[17]고 고백한다. 본인에게 뼈에 사무치는 고통과 슬픔이 아

---

17. 박완서, 「어미의 5월」, 『나는 왜 작은 일에만 분개하는가』, 햇빛출판사, 1990, 56쪽.

니고서는 사실 타인의 슬픔에 공감하기 쉽지 않고 그렇기 때문에 팔은 안으로 굽는다고들 한다. 내 아들이 강간을 하려다가 상대방의 정당방위로 목숨을 잃었다고 하더라도, 엄마로서는 피해자 여성의 입장에서서 내 아들의 잘못을 '객관적으로' 인정하기가 쉽지 않을 것이다. 그렇다면 여기서 우리는 '여성 특히 모성은 슬픔에 있어서 공정할 수 있는가?', '정의로운 슬픔이 있는가?', '정의로운 슬픔을 정의하는 것 자체가 정치적인 것은 아닌가?'라는 질문에 마주하게 된다.

　여성의 슬픔을 사적인 것으로 묶어놓는 것은 국가의 이해관계와 무관하지 않다. 남성들의 전쟁에서 뒤에 남은 여성들은 사랑하는 사람들을 잃었지만 애도마저 쉽지 않았다. 여성이 보여주는 과도한 슬픔은 위험한 것으로 간주되기 때문이다. 슬픔의 공동체가 만들어지는 것을 국가는 두려워한다. 트로이의 여왕 헤큐바가 아들 헥토르를 잃고 격렬한 슬픔을 표현했을 때, 그녀의 슬픔이 모든 트로이 여인들의 슬픔으로 전염되는 것처럼, 슬픔은 전염성이 강하다. 트로이의 헤큐바, 부에노스아이레스의 5월 광장Plaza de Mayo의 미친 어머니들, 한국의 의문사 어머니, 세월호 어머니들에 이르기까지, 그들은 슬픔을 통해 '사건'을 알리고 공유하자고 요청한다. 의문사규명을 외치는 유족들이나 세월호 유족들이 거리로 나와 외치는 것은 '들어줄 사람'을 필요로 하기 때문이다. 따라서 국가가 허용하지 않는 슬픔이 거리로 퍼져나감으로써 공유되는 것 자체가 위협적일 수 있다. 여성들이 보여주는 공공연한 애도는 남성들의 사기를 꺾어놓을 수 있고 사적인 슬픔이 격렬한 공적인 분노로 정치화될 수도 있다. 왜, 누구를 위해, 무엇 때문에 이런 상실의 슬픔과 고통을 경험해야 하는가에 대한 분노와 성찰로 이어질 수 있기 때문이다. 이렇게 본다면 여성의 슬픔은 사적이라고 하지만 슬픔 자체가 이미 언제나 공적인 것과 분리될 수 없다.

　슬픔은 사적이고 주관적이라고 하지만 '나'라는 일인칭 시점에서 벗어날 수 있도록 해주는 것이 애도다.[18] 애도는 내가 상실한 것으로 인해 나 자신이 영원히 바뀔 수 있음을 받아들일 때 일어나는 사건이다. 슬픔으로 제정신이 아닐 때 나의 넋은 내게서 빠져 나가 내 곁에 머문다. 내 곁에 머물렀던 내 넋은 타자의 모습으로 나에게로 귀환한다. 이렇게 되면 '나'는 '나'이면서 동시에 '나'가 아니게 된다. 자식을 잃은 엄마는 상실한 자식을 가슴에 묻음으로써, 잃은 자식의 삶을 유령처럼 껴안고 살아간다는 점에서 타자의 삶을 사는 것이다. 우리가 상실한 타자가 곧 내가 됨으로써 그 타자를 유령처럼 껴안고 살아가는 것이 애도의 구조라고 한다면, 애도는 사적인 것이 아니라 이미 언제나 공적인 것과의 연결 속에 있는 것이다. 이처럼 '나'가 아니라 내 안에 타자가 들어와 있는 '우리'가 얼마나 타인에게 의존하고 있으며 얼마나 취약한 존재인지를 보도록 해주는 것이 애도라고 한다면, 애도는 타자에 대한 윤리적 책임감으로 연대하도록 해주는 힘이 된다.

　애도는 희생자를 위무하고 공동체를 보존하기 위해 절실히 필요한 작업이다. 넓은 의미에서 애도는 개인적인 상실의 경험에 정당한 의미를 부여해주고, 상실한 자들을 애도하는 것이 사회정의를 실천하

18. 주디스 버틀러, 2장 「애도, 폭력, 정치」, 『불확실한 삶: 애도와 폭력의 권력들』, 양효실 옮김, 경성대학교출판부, 2008, 참조.

는 것이라는 명분을 제공해주는 것이다. 그러므로 애도는 무엇보다 나의 슬픔을 인정해줄 타인의 시선을 필요로 한다는 점에서 공동체의 책무가 된다. 비록 개인적인 사건에서 비롯된 슬픔이라고 할지라도 애도는 결코 혼자서 할 수 없다. 애도에는 제 3의 인물이 있어야 한다.[19] 소위 말해 슬픔을 인정해줄 목격자로서 뒤에 '남은 자들이 필요하다. 의문사 유족들의 비통한 목소리는 자신들의 슬픔을 인정해주고 함께 해줄 사람들이 필요하다는 외침이다.[20]

더욱이 사회적 트라우마일 경우 애도는 공공의 의례를 요구하는 정치적 과제가 될 수밖에 없다. 이는 단순히 정치적 당위에서 비롯된 주장이 아니다. 상실은 우리가 타자와 맺는 관계의 이야기다. '너'에 대한 애착이 '나'를 구성하는 경우, 만약 나가 너를 잃어버린다면, 나는 나 자신을 도무지 알지 못하는 상태가 된다. 내가 나를 알지 못하는 무지 속에 있는 우리는 자율적인 존재가 아니다. '너'가 내게로 올 때, '나'가 존재할 수 있다. 이처럼 슬픔은 우리의 근본적인 타자의존성을 사유하게 함으로써 타자에 대한 윤리적 책임감에 기반을 둔 정치 공동체 형성의 초석이 될 수 있다.

슬픔은 누군가의 기억 속에 남아 있어야 하고 그래야 상실이 가능해진다. 등록되지 않은 것을 상실할 수는 없다. 그래서 충분한 애도는 기억해줄 수 있는 증인과 목격자를 필요로 한다. 세월호 참상을 충분히 애도한다는 것은 그들의 죽음을 잊지 않고 기억함으로써 증인

---

19. 대리언 리더, 『우리는 왜 우울할까』, 우달임 옮김, 동녘 사이언스, 2011, 69쪽.
20. 정원옥, 앞의 글, 17쪽.

으로서 3자의 역할을 '충실히' 하는 것이다. 데리다 식으로 말하자면 충실한 애도는 실패할 수밖에 없기 때문에 '실패하기를 잘 해야 한다21'는 것이다. 그런 실패로 인해 애도가 서둘러 망각 속으로 빠져들지 않게 된다. 실패로 인해 지연됨으로써 애도의 약속은 '충실히' 지켜지게 된다. 국가가 충분한 애도 없이 세월호 유족들에게 인정과 보상을 지급한다면, 그것은 이런 사태에 누구도 책임지지 않으면서 서둘러 망각함으로써 문제를 봉합해버리는 방식일 뿐이다. 기억 속에서 재빨리 지우기 위해 특별법을 만들고 보상금으로 덮는 것이다. 충분한 애도는 망자들을 내 기억 속에 안치하는 것이며 그로 인해 그들의 죽음을 함께 나누어 갖는 것이다. 그런 상실과 사랑이 있었음을 기억해줄 사람, 증거하고 등록해줄 사람으로서 우리는 소환된다.

3. 빌려온 애도

'살아남은 자의 슬픔'에서 브레히트는 이렇게 노래한다.

물론 나는 알고 있다.

오직 운이 좋았던 덕택에

나는 그 많은 친구들보다 오래 살아남았다.

---

21. Jacques Derrida, *The Work of Mourning*, Chicago: The University of Chicago Press, 2001, p. 144.

그러나 지난 꿈속에서

그 친구들이 나에 대해서 이야기하는 소리가 들려왔다.

"강한 자는 살아남는다."

그러자 나는 자신이 미워졌다.

한때는 살아남았다는 슬픔에 이처럼 강렬한 수치심을 느꼈다면, 이제는 어떤 수단을 써서라도 살아남는 것이 승리가 되는 시대를 우리는 살고 있다.

　인간의 생존에 내재된 폭력성이라는 문제와 접하면서, 많은 휴머니즘 영화들이 쉽게 빠져드는 유혹이 진실한 사랑이야기이다. 어떤 극한 상황에서조차 인간의 정신적 존엄을 빼앗지 못한다는 서사를 필요로 하는 것은 무엇 때문일까? 오카 마리岡眞理는 『기억 서사』에서 그 점을 질문한다.22 그것은 인간의 이해능력을 넘어서 있는, 도무지 이해불가능하고, 설명불가능한 사건을 이해가능하고 인지가능한 서사로 만들어내려는 욕망에서 비롯된다. 이 세계의 일상을 안심하며 살아가기 위해서는 무의미한 것은 없어야 한다. 아무리 생각해도 자살할 이유가 없는 친구가 자살을 했다. 우리는 이유 없는 자살을 이해할 수 없다. 그렇다면 나 역시 무의미하게 생을 마감할 수도 있다는 사실이 두렵기 때문이다. 역사의 무의미, 우연성을 거론하는 것에 분노하는 것은 인간이 역사를 만들어나가는 집단적 주체라는 것을 조롱하기 때문이다. 삶의 무의미성으로 인한 근본적인 슬픔이 우리 세계로 침입

---

22. 오카 마리, 『기억 서사』, 김병구 옮김, 소명출판사, 2004.

해 들어오지 못하게 하고, 우리를 불안하게 하지 않도록 하기 위해 우리는 끊임없이 의미 찾기에 몰두한다.

하지만 말할 수 없는 경험을 한 당사자는 자신의 슬픔, 분노, 고통을 도무지 언어화할 수 없다. 그래서 그것을 증언해 줄 타자가 필요해진다. 그 점을 잘 드러내고 있는 소설이 헤르타 밀러Herta Muller의 『숨그네』[23]다. 이 소설에서 '나', 레오폴트 아우베르크는 열일곱 살의 게이소년이다. 그는 1945년 1월 15일 새벽 3시, 러시아로 끌려간다. '나'는 참전한 적도 없는 루마니아 소수민족출신 독일인이었다. 하지만 러시아인들에게 그는 히틀러가 저지른 범죄에 대해 책임져야할 그냥 독일인 중 하나였을 뿐이었다. 이 소설은 '나'가 직접 경험한(여기서 '나'는 오스카 파스티오르라는 루마니아의 유명한 시인이었다고 한다.) 지옥 같은 세월을 헤르타 밀러가 회고적으로 기술한 것이다. '나'의 자전적인 경험은 헤르타 밀러의 증언을 통해 간접화된다.

수용소 현장에 있었던 사람들은 결코 증언자가 될 수 없다고 한다. 그것이 아마도 '나'의 자전적인 이야기를, 헤르타 밀러가 안전한 거리에 있다는 것만으로도 죄책감을 느끼면서 다시 쓴 이유인지도 모른다. 인간이기를 포기해야 하는 영도zero의 경험을 언어로 번역한다는 것은 불가능하다. 강제수용소 안의 살아 있는 유령들, 홀로코스트에서 살아남은 생존자들, 윤리적 심연을 경험한 자들은 불가능한 증인이 된다. 수용소에서 5년을 견디고 할머니의 말대로 '나'는 살아서 귀향한다. 집으로 돌아왔지만 '나'는 나이프와 포크로 음식을 먹는 법

---

23. 헤르타 밀러, 『숨그네』, 박경희 옮김, 문학동네, 2010.

조차 까먹는다. 짐승으로 살아남은 자들은 인간의 언어를 상실했으므로 증언할 수 없다. 언어 이전의 상태에서 살았으므로. 귀향 후 '나'는 자기 이야기를 기록하려고 한다. 기를 쓰고 기록하려고 할수록 낱말의 악순환에 사로잡히고 자기 경험과는 점점 더 멀어지게 된다. 그래서 '나'는 풀려난 몸으로 누구에게도 이해받지 못하는 외톨이가 되었고 자기를 기만하는 증인이 되었다. 그래서 '나'에게는 증언자가 필요해지고 그 증언자는 타자의 슬픔을 빌려와서 애도할 수 있게 된다. 애도의 글쓰기는 타자의 자리에 서게 될 때 가능해진다.

『숨그네』는 견디기 힘든 극단적인 상황을 미학적 베일로 가려줌으로써 편안한 책읽기를 도와주는 그러한 방식을 취하지 않는다. 지옥과 같은 곳에서도 행복은 있고 사랑도 있다는 식으로 말하면서, 안전한 거리에 있는 구경꾼에게 이 소설은 치유와 위로를 전하지 않는다. 저마다 언어가 있는 사물들의 세계는 오로지 행복해지는 것만이 인생 최대의 목표인 무통증 행복주식회사의 구성원으로 살고 있는 사람들에게 자신의 풍부한 감수성을 확인하기 위한 동정심, 자기영혼을 구원하기 위한 나르시시즘을 허락하지 않는다. 이 소설에서 인간은 사물이라는 타자의 거처로 들어감으로써 한순간 새로운 존재와 조우하고 다른 존재로 변형된다. 이 작품에서 시적 은유는 고통과 슬픔의 미학적 소비가 아니라 윤리적 지평을 열어두는 장치가 된다. 그것은 타자의 고통을 자기 성찰의 대상으로 흡수해버리는 것이 아니라 자기 자신이 타자의 자리 그 자체가 되는 것이다.

그것이 '빌려온 애도'[24]의 한 형태다. 빌려온 애도란 타인이 경험한 슬픔을 자신의 것으로 혹은 자신의 애도를 마치 타인의 것으로 인용하는 것이다. 외상trauma을 경험한 사람들의 기억은 서사화에 저항한다. 캐시 캐루스Cathy Caruth, 쇼샤나 펠만Shoshana Felman 등에 따르면 외상적 경험은 그 정의상 기억을 통해 제대로 재현될 수 없다. 사건의 형상불가능성이 바로 외상적 특징이기 때문이다. 위안부 할머니들이 말한 기억들—어린 시절의 기억, 가족내력, 사랑이야기 등—은 실제와 달라서, 역사적 사실에 집착하는 역사학자들을 종종 당혹스럽게 만들었다. 할머니들의 개별적인 증언들이 법적, 역사적 증언으로서 가치가 있는가를 의심하게 된다. 그들의 기억에는 생략, 단절, 왜곡이 있다. 혹은 거짓 기억으로 변형된 소망의 한 형태로 드러나기도 한다. 그렇다면 그들은 거짓말을 하고 있는 것일까? 주관적 진실과 객관적 사실 사이에는 편차가 있다. 우리의 기억 자체도 1인칭 주체의 욕망으로 인해 사건 후 조작되고 왜곡될 수 있다. 이 점을 빌려온 애도로 설명할 수는 없을까? 그들은 자신의 서사에서 차마 말할 수 없었던 부분들을 타인의 이야기로 대체해버린다. 남의 슬픔을 가져와서 자신의 슬픔을 표현하는 것을 대리언 리더는 '애도 사이의 대화'25라고 부른다.

그것이 애도의 창조성일 수 있다. 빌려온 애도는 단지 거짓을 말하는 것이 아니다. 타인의 슬픔을 자신의 것으로 빌려오는 애도는 샤먼이 망자들에게 자기 몸을 빌려주듯, 타인의 목소리를 자신을 통해 흘려보내는 것이다. 리고베르타 멘추Rigoberta Menchu는 『나, 리고베르타

---

24. 대리언 리더, 앞의 책, 92쪽.
25. 위의 책, 92쪽.

멘추I, *Rigoberta Menchu*』라는 자서전을 통해 세계적으로 주목받았다. 과테말라 마야 인디오 출신 여성인 그녀는 마야토착민들의 인권을 위해 투쟁해왔다. 자신의 일대기를 담은 자서전으로 1992년 여성으로는 열 번째로 노벨평화상을 수상했다. 자서전에 따르면 군부의 폭정에 맞서 농민 투쟁을 하던 아버지가 산 채로 불타 숨지고, 어머니는 끌려가 윤간을 당한 뒤에 처형된다. 고향동네는 불타고 남동생은 불길에 싸여 숨진다. 형제자매, 친인척들의 참혹한 죽음으로 가득 찬 그녀의 어린 시절은 보통 사람은 상상하기 힘든, 그래서 선정적으로 느껴지는 처절함으로 점철돼 있다. 그런데 문제는 멘추의 자서전이 실제 그녀의 가족사와는 많이 달랐다는 점이다. 그녀의 이야기가 거짓말이라고 해야 할까? 그녀는 자신의 이야기와 마야원주민들이 경험했던 참혹한 현실을 그다지 구분할 필요조차 느끼지 못했을 수도 있다. 그렇다면 그녀의 애도는 빌려온 애도라고 볼 수도 있다. 빌려온 애도가 타인의 자리에 자신을 합체시키는 것이라고 한다면, 그것은 애도와 애도 사이의 대화이고 그것이 애도가 주는 허구로서의 창조성이라고 볼 수 있다. 작가들 중 우울에 시달린 사람들이 많다는 것은 그들이 무당처럼 타인의 슬픔에 자신의 몸과 목소리를 내어주었기 때문은 아닐까?

4. 사랑의 흔적으로서 애도

프로이트는 정상적 슬픔과 병리적 슬픔을 구분하기 위해 초기에는 애도/멜랑콜리를 구분한다. 애도는 상실한 대상이 있는 슬픔이다. 상실한 대상으로부터 투자한 리비도를 철회하게 되면 슬픔은 극복된다. 이렇게 본다면 애도는 슬픔을 극복하는 정상적인 과정이다. 반면 멜랑콜리는 극복 불가능한 슬픔이다. 왜냐하면 상실한 대상이 무엇인지조차 알지 못하기 때문이다. 말하자면 그것은 상실 불가능한 대상을 상실했다고 상상하는 것이라고 할 수 있다. 그것은 사랑하는 대상의 상실에 대한 거부반응으로서 철회라기보다는 차라리 가질 수 없는 대상을 마치 잃어버린 대상으로 보이게 하는 상상력에 가깝다. 아감벤 Giorgio Agamben이 말하듯 멜랑콜리는 소유한 적이 없으므로 잃어버릴 수도 없는, 따라서 상실 불가능한 어떤 것을 마치 상실한 것처럼 '가상의 장면을 무대에 올리고'[26] 연출하는 것이다. 그렇기 때문에 프로이트에게 슬픔을 극복하기 힘든 멜랑콜리는 '병적인' 현상이 된다.

프로이트가 말하는 애도가 가능하려면 잃어버린 대상을 충분히 애도한 다음 떠나보내야 한다. 멜랑콜리의 경우처럼 사랑했던 사람의 기억이 투사되어 있는 모든 것들에게서 그/녀의 자취와 흔적을 보고 영원히 슬퍼한다면 일상생활이 불가능하므로, 그것은 '정상적'으로 슬픔을 회복하는 방법이 아니게 된다. 또한 잃어버린 타자를 외부로 떠나보내는 것이 아니라 나의 내부로 떠나보냄으로써 그 타자가 나의 자아를 차지하게 되면, 나를 향한 공격성이 발휘되기도 한다. 나를 버리고 떠나간 사람을 나의 자리(나의 초자아)에 앉히고 나를 공격하도록 내버려두면, '심리적 잔혹극'이 벌어진다.

---

26. 조르조 아감벤, 『행간』, 윤병언 옮김, 자음과모음, 2015, 59쪽.

하지만 후기 프로이트에 이르면 애도와 멜랑콜리의 구분은 모호해진다. 애도작업이 자아형성의 핵심과정이 되기 때문이다. 말하자면 주체는 자기가 상실한 사랑대상과 작별할 수가 없어서 '마법적으로' 상실한 대상을 자기 안으로 떠나보낸다. 자기 안으로 떠나보낸 타자는 나에게로 귀환하여 나의 자아에 그림자를 드리운다. 이 그림자가 유령처럼 나의 자아를 구성한다. 그렇다면 사랑의 관계가 깨질 때마다 그 흔적은 남고, 자아정체성이란 바로 사랑했던 타자의 흔적이자 잔해가 된다. 우리의 자아는 곧 사랑했다가 상실한 타자가 된다. 그렇다면 사랑의 잔해로서 애도는 나의 정체성 형성에 근본이 되는 셈이다. 극복불가능한 상실의 슬픔은 자아에 달라붙어 자아의 성격을 변형시키기에 이른다. 잃어버린 타자의 흔적이 곧 '나'가 되므로.

니콜라스 아브라함Nicholas Abraham과 마리아 토록Maria Torok은 프로이트의 정상적인 애도와 병리적인 멜랑콜리의 구분을 문제적으로 보았다. 이들의 애도이론에 영향을 받은 데리다Jacques Derrida에게 애도와 멜랑콜리는 구분불가능하다. 데리다가 말하는 납골당은 잃어버린 대상을 유령처럼 자아 안에 안치하는 것이다. 그것은 타자를 소화시켜서 나와 동일시함으로써 타자를 말살하는 것이 아니다. 타자를 먹어삼키고 소화시켜 나의 피와 살로 동화시키게 되면, 우리는 나르시시즘적인 식인주체가 된다. 데리다의 주장처럼 타자의 타자성을 납골당에 유령처럼 모셔놓고 그/녀를 통해 내가 살아가는 것이 애도라고 한다면, 그런 애도는 사실상 불가능하다. 하지만 내가 살기 위해 타자를 폭력적으로 삼키고 소화시켜 또 다른 '나'를 만들어버림으로써 타자의 타자성을 말살하지 않는 것이 애도의 윤리다. 그렇기 때문에 데리다에게 타자 없는 나는 존재하지 않는다. 타자는 내면으로 들어와서 내 삶을 보고 우리 안에서 우리를 보는 유령이며 '목격자'이다. 그런 맥락에서 애도가 실패하는 지점이 곧 '애도의 법'[27]이 된다는 역설이 발생한다.

하지만 애도는 너를 나로 합체하려는 유혹으로 인해 폭력으로 전환될 수 있다. 우리는 웅크리고 앉아 훌쩍거리는 사람의 연약한 어깨를 보면서 연민을 느낄 수도 있지만 그런 모습이 내 안의 취약성을 끄집어낼까봐 두려워한다. 나도 언제든 저렇게 될 수 있음을 상기시키기에 오히려 폭력을 휘두른다. 그들의 슬픔과 취약성에 전염되고 오염되지 않기 위해 먼저 혐오를 드러낸다. 세월호 사태에 관해 일부 사람들이 표출하는 야비한 공격성과 잔혹한 심리는, 자신의 나약함과 눈물이 드러남으로써 패자로 보이지 않을까 하는 무의식적인 두려움과 혐오감으로 인한 것은 아닐까?

사랑에 빠진 사람은 사랑하는 사람이 떠나기도 전에 떠날 것을 두려워하여 타자를 유령으로 만들고 슬퍼한다. 한용운의 시구처럼 '사랑도 사람의 일이기에 만날 때에 미리 떠날 것을 염려하고' 예측 슬픔에 빠진다. 잃어버린 대상을 결코 떠나보내지 않고 자신의 내면에 그림자처럼 합체시켜놓는 것이 사랑의 유령 같은 구조이다. 따라서 '사랑이란 자기 내면에 존재하는 유령에 집착'하면서 슬퍼하는 것이다.[28]

---

27. Jacques Derrida, *The Work of Mourning*, Chicago University Press, 2001, p. 144.
28. 아감벤, 앞의 책. 245쪽.

5. 좋은 청자 되기

　망자들의 귀환을 환대하는 한 가지 방식은 그들을 기억하고, 이 야기를 들어주는 것이다. 애도를 공적인 장에서 함께 나누는 것, 애도를 밀폐된 나만의 공간에서 제의적으로 수행하는 것이 아니라 함께 걸어 나가 광장에서 공유하는 것, 그럼으로써 타인에게서 자신의 슬픔을 보고 들어줄 청자를 만드는 것이 애도의 정치다. 애도는 나의 안팎에서 목격자, 즉 사회적 청자를 필요로 하고, 그로서 애도가 가능해진다.

　토니 모리슨의 소설 『빌러비드_Beloved_』는 유령의 모습으로 역사적 고통과 슬픔을 소환함으로써 여성들 사이에 충분한 애도가 어떻게 가능한지 보여주고 있다. 124번지는 죽은 자의 귀환으로 온가족이 시달린다. "124번지는 한이 서린 곳이었다."[29] 흑인노예 가정치고 "죽은 검둥이의 한이 서까래까지 그득그득 쌓이지 않은 집은 한 채도 없"[30]기 때문이다. 세서는 영아살해를 했다는 점에서 메데이아의 후예지만 각자가 처한 방식에 따라 살해의 성격은 달라진다. 메데이아는 변심한 이아손에게 복수하려고 아이들을 죽였다면, 세서는 딸을 노예로 만들지 않으려고 죽여버린다. 이 소설은 마가릿 가너_Margaret Garner_라는 흑인 노예의 실화를 소재로 했다고 한다. 그녀에 대한 재판은 길게 끌었는데, 그것은 가너에 대한 인간적인 연민과 동정심 때문이라기보다 흑인

---

29. 토니 모리슨, 『빌러비드』, 최인자 옮김, 문학동네, 2014, 13쪽. 2016년 5월 12일 고려대학교 대학원 비교문학협동과정 수업에서 이 소설을 함께 읽었다. 번역자인 최인자 선생님이 오셔서 학생들과 나눴던 흥미로운 토론이 이 소설의 분석에 많은 도움이 되었다. 학생들과 최인자 선생님께 감사한다.
30. 위의 책, 17쪽.

노예인 그녀를 "'사람'으로 인정하여 딸을 죽인 살인죄로 기소할 것인가, 아니면 1850년에 발효된 도망노예법에 따라 단순히 잃어버린 재산으로 취급하여 무죄방면할 것인가 하는 논쟁 때문이었다"[31]고 역자는 전한다.

이 소설은 인간의 언어로는 차마 '전할 만한 이야기가 아닌' 것을 전하려는 역설적인 노력이다. 흑인노예들은 인간이 '아니었으므로' 인간의 역사로는 차마 기억할 수 없고, 인간의 언어로는 차마 말할 수 없는 것들을 어떻게 전할 수 있는가? 역사의 어긋난 시간 속에서 짐승이었던 사람들의 이야기는 '이성적'인 인간의 언어로는 전해질 수 없다. 잔혹동화가 되어버린 역사의 광기에서 유령으로 귀환하는 그 아이, 빌러비드의 웅얼거림에 귀 기울여 들어주는 것 외에 달리 무슨 방법이 있었을까? 세서는 아기유령으로 떠돌다가 육신을 입고 돌아와서 보채고 행패부리는 빌러비드를 재워주고 먹여주고 달래주고 위로해주고 이야기를 들어준다.

빌러비드의 이야기는 결코 마무리될 수 없는 서사라는 점에서 마침표가 없다. 빌러비드는 단지 목이 잘려 죽은 세서의 어린 딸의 유령인 것만은 아니다. 그녀의 웅얼거림은 3백년에 걸쳐 노예선을 타고 오다가 수장된 6천만 명 이상의 아프리카 노예들의 합창이자 그들을 삼킨 파도소리이기도 한다. 물속에서 '나' 위로 죽은 남자의 얼굴이 포개진다. '나'는 '나'이자 그녀인 빌러비드의 몸을 다시 잃고 싶지 않다. 그런데 "죽은 남자가 시끄러운 구름처럼 길을 가로막고"[32] 있어서

---

31. 토니 모리슨, 앞의 책, 457쪽.

'나가 몸으로 체현되는 것은 쉽지 않다. '나'는 깊은 물속에서 헤엄쳐 올라와 잃어버린 그 얼굴과 합쳐지고 싶다. 두 번 다시 그녀를 잃거나 그녀로부터 버림받고 싶지 않다. 이렇게 하여 124번지는 요란한 아기 유령의 흔적으로 넘쳐나게 된다. 그런데 18년 만에 124번지를 찾아온 폴 디에게 강제로 쫓겨난 아기유령은 몸을 입고 마침내 빌러비드로 귀환한다. 빌러비드는 세서의 분노, 죄책감, 고통과 슬픔이라는 과거의 짐을 운반하고서 되돌아온다. 자기 역사, 자기 이야기가 없었던 빌러비드는 게걸스럽게 엄마의 이야기를 삼킨다. 모든 것을 잃었음에도 변명조차 할 수 없었던 엄마 세서는 자신이 저지른 짓에 처음으로 변명한다. 세서와 빌러비드는 서로의 이야기로 허기를 채운다. 살아남은 어린 딸 덴버는 엄마가 언니 빌러비드처럼 자기도 죽이지 않을까 두렵다. 덴버의 공포와 빌러비드의 광기는 세서가 그들에게 물려준 증상이기도 하다.

정신줄을 놓은 사람들 사이에서 누군가는 정신줄을 붙잡아야 한다. 빌러비드와 엄마가 엉겨 붙어 상처주고 할퀴면서도 서로 떨어질 수 없는 상황에서, 덴버는 점점 말라가는 엄마를 보살피기 위해 124번지에서 세상 바깥으로 걸어 나간다. 세서가 저지른 그 사건 이후로 18년 동안 124번지의 문은 굳게 닫혀 있었다. 세서가 감방에 다녀 온 이후부터 이웃과 더 이상 교류는 없었다. 이웃에게 결코 도움을 청하지 않았던 세서의 오만에 이웃은 무시와 비난으로 맞섰다. 덴버가 나가서 도움을 청하자 세서에게 등을 돌렸던 이웃이 돌아온다. 세서가

32. 토니 모리슨, 앞의 책, 349쪽.

그만하면 유령에게 충분히 시달렸다는 사실이 그동안 세서를 끔찍하게 여겼던 그들의 마음을 움직였다. 끔찍한 미움이 끔찍한 사랑으로 바뀐 것처럼. 그 뿐만 아니라 이웃들은 세서와 빌러비드에게서 그들 자신의 모습을 보았기 때문이다. 그들 또한 자식을 동물대장에 기록하지 않으려고 젖을 물리지 않고 죽게 내버려두거나, 혹은 노예로 팔려 나가는 것을 보지 않으려고 아이를 물에 던져버리기도 했던 것이다. 서른 명의 여자들이 세서에게서 자신의 슬픔과 고통을 보고 함께 푸닥거리에 나선다. 성녀 석스가 죽은 이후 사라졌던 이웃 공동체가 잠시 회복된다. 아기 유령은 공동체의 공유된 슬픔으로 허기를 달랜 듯, 124번지를 떠난다. 그만하면 충분히 애도받은 것처럼.

애도는 이웃의 슬픔과 고통에 서로 목격자가 됨으로써 그것을 함께 나눌 때 가능해진다. 억울하게 죽은 자들의 이야기를 기억한다는 것은 그들의 억울함과 슬픔과 고통을 공동체가 함께 풀어서 해소하는 것과 다르지 않다. 따라서 우리에게 필요한 것은 단지 법을 제정하고 잊어버리는 것이 아니라, 오래 기억하는 것이다. 잊지 않고 기억한다는 것은 깊은 애도와 더불어 가능한 일이다. 충분한 애도는 슬픔의 이야기에 귀를 기울이고 기억해줄 목격자를 요구한다. 슬픔을 함께 나누고 동참해줄 타자가 있을 때 사회적 애도가 가능하기 때문이다. 귀기울여 들어주는 청자가 있을 때 애도가 가능해지고 충분한 애도는 마음의 평화를 가져다 줄 수 있다. 망자의 평화는 사회정의가 실현될 때 해소된다. 마음의 평화는 곧 정의의 실현이다. 이것이 슬픔의 치유에 좋은 청자가 필요한 이유다.

8장

사랑의 용도

1. n포 세대, 사랑의 문법

　사랑의 문법은 시대에 따라 변한다. 한국사회에서 요즘 젊은이들에게 사랑은 어떻게 다가올까? '3포 세대', '5포 세대'를 넘어 'n포 세대'라고 자조하는 젊은이들에게 사랑은 사치로 보인다. 컴퓨터가 사람의 일자리를 빼앗아가는Jobs took our jobs 시대이므로 사랑보다 일자리가 더욱 절실하다. 일자리가 있어야 사랑, 결혼, 출산이 가능하다고 믿는다. n포 세대는 사랑으로 결혼에 이르는 것만이 윤리적 선택이라고 믿지 않는다. 그들에게 결혼은 여러 선택지 중 하나다. 자본주의 사회에서 사랑은 친밀한 관계에서 거래되는 상품의 하나가 되고 있다. 이런 시대에 사람들은 감정, 돈, 시간을 투자한 만큼 정확히 사랑으로 환산되어 되돌아오길 기대한다. 하지만 사람들 사이에 친밀성의 거래는 불투명하다. 내가 사랑하는 만큼 상대도 날 사랑한다는 보장은 없다. 사랑에 상처받고 손해보지 않으려고 n포 세대들은 '간보고 썸탄다.' 불확실한 시대, 불투명한 사랑은 두렵지 않을 수 없다. 일자리가 없는 젊은이들은 결혼에 이르는 것조차 쉽지 않다. 일자리가 일종의 지참금으로 기능하기 때문이다. 결혼은 필수가 아니라 선택이라고 믿지만,

n포 시대에 결혼(이성애든, 동성애든)은 아무나 할 수 있는 것이 아니다. 한국사회는 점점 결혼할 수 있는 계급과 없는 계급으로 구획되어가고 있는 것처럼 보인다.

n포 세대의 절박함이 묻어있는 이야기가 사축동화[1]다. 요즘 인어공주의 소원은 멋진 왕자님의 사랑을 얻는 것이 아니다. 인어공주는 마녀를 찾아가서 소원을 말한다. 인어공주의 소원은 정규직이다. 마녀는 인어공주에게 자기 회사에 정규직으로 취업을 하는 대신 아름다운 목소리를 달라고 거래를 제안한다. 인어공주는 정규직으로 취업하여 뛸 듯이 기쁜 순간도 잠시, 월급은 깎이고, 휴일근무와 야근은 당연하다. 너무 피로하고 힘들어서 노동청에 신고하려 했지만 그녀는 이미 목소리를 잃은 뒤였다. 인어공주는 사회적 거품의 하나로 사라진다.

요즘 청년들이 시간과 돈이 있으면 가장 먼저 하고 싶다는 것이 자기계발이다. 스펙을 쌓고 온갖 자격증을 따서 자격을 갖추면 사랑이 찾아오리라는 희망에 매달린다. n포 세대는 무엇이든 포기할 수 있다. 집착하면 더욱 상처받고 좌절하기 때문에 집착하지 않는다. 그럼에도 한국의 n포 세대는 일본의 '사토리 세대'와는 달리 행복해보이지 않는다. 한국에서 이십대 자살률이 모든 세대를 통틀어 1위이다. '이생망'이라는 신조어에서 보다시피 그들은 염려하고, 초조하고, 불안하다. 시간도 없고 일자리도 없는 그들에게 연애는 먼 나라 이야기다. "스펙 쌓느라 너무 바빠서" 친구, 이웃, 우정 그런 가치는 관심 밖이다.

---

1. 사축社畜 동화에서 사축은 회사의 가축이라는 뜻이다. 사축동화란 회사원들이 자신들의 현실을 유명동화 스토리를 개작하여 풍자하는 짧은 글인데, 인어공주, 금도끼 은도끼, 성냥팔이 소녀, 백설공주 등이 패러디 소재로 등장한다.

스펙을 쌓기 위해 연애를 포기하는 시대에 연애도 스펙이 된다. 스펙 쌓기 9종 세트에는 '학벌, 학점, 영어점수, 어학연수, 공모전, 자격증, 봉사활동, 인턴, 마지막으로는 성형까지 들어간다.[2] 여기에 10종 세트로 연애가 포함되어야 할 것 같다. 취업면접에서 면접관은 압박면접이라는 이름하에 무례한 질문을 예사로 던진다. 연애의 경험이 있냐고 대놓고 묻는다. 소위 젊은이들이 목매는 기업에서는 연애 한 번 못해본 사람은 뽑지 않을 것이다. 연애를 못했다는 것은 자기만 알고, 남에게 자신을 선물로 줄 수 있는 여유가 없고, 그런 면에서 이기적이며, 인간관계를 소홀히 한 사람이라는 점에서 경험부족이고, 감정적으로도 문제가 있는 인물로 평가한다. 그들은 기업이 가장 필요로 하는 사회자본을 축적하지 못한 인물로 취급된다. 자기계발과 스펙쌓기를 위해 연애에 시간과 감정과 에너지를 투자하지 않았던 그들에게 이제 연애자본을 내놓으라고 한다. 연애자본 또한 빈익빈 부익부로 양극화되어 있다. 취업하기 위해 연애하는 시간도 줄이고 놀지도 못하고 노력했는데, 거꾸로 취업전선에서는 '너 연애 해봤니?'라고 묻는다.

게다가 기업은 인간성 말살의 시대이므로 인성을 중시하겠다고 으름장이다. 친구는 언젠가 경쟁자가 될 것이므로 친구가 넘어지든 쓰러지든 상관하지 말고 너나 잘 하시고 너나 살아남으라고 명령하는 시대다. 사이코패스를 권장하는 시대이므로 거꾸로 인성을 내세운다. 인성 또한 계량화되고 지수화된다. 인성지수는 인맥, 연애와 같은 사

---

2. 오찬호, 「대학은 어디로 진격하고 있는가?」, 경희대학교 후마니타스 칼리지 제7회 교양교육학술심포지움 발표문, 2016년 2월 19일.

회자본으로 계산된다. 감성지수, 창의성지수, 탄력지수, 놀이지수에 덧붙여 사랑지수, 관계지수까지 나올 것이다. 모든 감성들마저 지수화하여 자본의 회로에 재투자된다.

이와 같은 자본주의 시장사회에서, 사람들은 알랭 바디우Alain Badiou의 소망과는 달리 '사랑해'라는 선언을 먼저 하지 않으려고 한다. '사랑해'라는 말을 하는 순간 사랑에 있어서 약자의 위치에 서게 된다고 보기 때문이다. 근대 이전 낭만적 사랑의 주도권은 남성에게 있었으므로 '사랑해'라는 말은 남성 쪽에서 먼저 고백해야 하는 것이 당연시되었다. 하지만 21세기를 살아가는 남자들은 '널 사랑해'라고 말하기를 주저하고 망설인다. 그런 선언에 책임지기가 두렵기 때문이다. 사회 전체가 비정규직화된 시대에, 사람들은 먼저 '사랑해'라고 말하고 싶어 하지 않는다. 이처럼 사랑의 선언을 두려워하는 시대에, 사랑의 젠더정치는 어떻게 작동하고 있을까?

2. 이런 사랑

사랑 또한 시장에서 사고 팔리는 상품이 된지는 어제오늘 일이 아니다. 사랑이 소진된 시대이므로 철학자 알랭 바디우는 역설적으로 사랑을 예찬한다. 알랭 바디우의 『사랑예찬』에 의하면 인간의 '본질'은 사랑에 있다. 바디우의 주장은 아담 스미스가 주장한 경제적 인간에 대한 하나의 반박이다. 아담 스미스에게 인간은 욕망하는 존재이고 자기이해관계에 충실한 존재다. 그러므로 사람들에게는 손해보지 않으려는 본성이 있다고 가정했다. 하지만 인간이 오로지 자기 이해관계에만 매달리는 단순한 경제적 인간이라는 주장을 반박하는 증거가 사랑이다. 바디우에게 사랑은 계산적인 교환이 아니다. 사랑은 미리 수익을 기대하고 투자하는 것(금융에서의 선물거래처럼)이 아니라, 그야말로 하나의 '사건'이기 때문이다. 그는 특이하게도 사회를 구성하는, 혹은 진리를 구성하는 네 가지 영역을 정치/과학/예술/사랑으로 꼽는다. 사회를 구성하는 핵심영역은 거의 언제나 경제영역으로 간주되었다. 하지만 그에게서 경제영역은 사회구성체의 한 범주로 존재하지 않는다. 그렇다면 사랑이 이 모든 것을 떠받치는 견고한 토대의 역할을 할 수 있을까?

바디우는 『사랑예찬』에서 요즘 사람들의 사랑방식을 비판하면서 플라톤 식의 고전적 사랑을 논한다. 모든 것이 이해관계로 환산되는 시대라고 하지만 그것을 초월할 수 있다는 증거가 사랑이라고 그는 말한다. 하지만 인터넷 사랑 보험회사 미틱[3]은 위험제로의 사랑을 광고한다. 사랑에 보험드는 사회, 고통은 없애고 쾌락만 주는 사랑의 보험은 가능한가? 미틱의 사랑보험계약서에서 주장하는 것처럼, 안정과 안락은 추구하고, 위험은 없애는 것이 가능할까? 그처럼 손해보지 않고 상처입지 않으려 하는 시대에 사람들은 왜 행복해보이지 않는가? 그래서 그는 이 시대에 들어와 다시 사랑을 '재발명'해야 한다고 선언한다. 그에게 사랑은 보험이 아니라 선언이다. '사랑해'라는 선언

---

3. 미틱Meetic: 프랑스 온라인 데이트 사이트.

은 물질적 담보이자 약속이며 구속이다. 그에게 사랑은 절대적으로 우연한 만남의 사건이며 다수가 되는 경험이다. 바디우에 의하면 사랑의 물질적 토대는 말로 선언하는 것이다. 말은 약속이고 구속이다. 사랑하는 사람들은 그 선언을 증거로 서로 합쳐진다. 그렇기 때문에 사랑은 진화심리학자들이 주장하는 것처럼 단지 종족유지의 위장술도 아니고, 정신분석학자들이 말하는 것처럼 성적 욕망을 충족시키기 위한 전략도 아니다.

그에게 사랑은 '진리의 절차'다. 사랑은 우연으로부터 지속성, 인내, 약속, 충실성을 이끌어낸다. 그런 맥락에서 사랑은 우연을 고정시킴으로써 영원성을 통보하는 것이다. 하지만 사랑이 애초에 격렬한 실존적 위기이기도 한 까닭은 그것이 고정되기 힘들기 때문이다. 그렇기 때문에 사랑은 진리의 절차처럼 매 순간 다시 선언되어야 한다. '난 널 사랑해'라고.

알랭 바디우의 『사랑예찬』은 구태의연해 보인다. 그것은 플라톤 이후로 서구철학자들이 끊임없이 주장해온 것이다. 이와 같은 영원한 사랑이 가능할까? 모든 것이 시장화된 세계에서 바디우가 말하는 불멸의 사랑은 강박편집증처럼 보인다. 그런 사랑은 클레랑보 증후군 de clerambault's syndrome[4]처럼 지독한 집착일 때 가능하지 않을까? 그런 사랑에 관한 이야기가 이언 맥큐언의 『이런 사랑 _Enduring Love_』이다.

---

4. 정신과의사인 드 클레랑보의 이름을 딴 정신과적인 증상으로서, 상대방이 보여주는 무관심, 혐오가 실제로는 자신에 대한 사랑의 표현이라고 굳건히 믿는 증상이다. 드 클레랑보 증상의 환자는 유명인이나 자신보다 높은 신분의 사람과 연애로 의사소통하고 있다고 생각한다. 심지어 한 번도 만나지 않은 대상일지라도 자신을 사랑하고 있다고 확신하며, 자신이 없으면 대상은 진정 행복해 질 수 없다고 믿는다.

『이런 사랑』에서는 첫 장면부터 극적인 사건이 발생한다. 그 사건으로 인해 우연히 같은 현장에 있었던 사람들의 삶이 서로 기묘하게 얽혀 들어가게 된다. 사랑이라는 이름으로. 피크닉을 나온 사람들 머리 위로 헬륨 기구풍선이 날아오는 모습이 보인다. 헬륨 기구풍선은 지상에 내려앉았지만 갑작스런 돌풍에 휩싸여 다시 공중으로 떠오른다. 그 안에는 아직 내리지 못한 어린 소년이 타고 있었다. 다섯 명의 남자가 헬륨 풍선에 매달리지만 강풍 앞에서 속수무책이다. 누구랄 것도 없이 잡았던 손에서 힘이 풀린다. 산악구조대원이자 의사였던 존 로건을 제외한 모든 사람들이 결국 로프를 잡았던 손을 놓는다. 살기 위해 손을 놓았던 사람 중 한 명인 제드 페리가 화자인 '나'를 쳐다본다. '나'는 그의 눈길을 느낀다. 그가 '나'의 시선을 붙잡은 것은 1초 남짓하다. 그 순간 '나'는 살아남았다는 공범의식으로 인해 그에게 따스한 시선을 보낸다. 제드는 그 1초의 사랑에 평생 매달린다. 1초의 우연한 순간이 그에게는 영원한 사랑으로 지속된다.

제드는 화자의 일거수일투족에서 사랑의 신호를 읽어낸다. 화자의 손끝이 스치고 지나간 나무울타리에서 화자의 온기를 느끼고 화자가 넘겼던 책장에서 사랑의 메시지를 읽어낸다. 이처럼 모든 것에서 사랑의 신호를 읽어냄으로써 어떤 사람에게 강박적으로 매달리는 증상(흔히 말하는 스토킹)이 클레랑보 증후군이다. 그들은 상대가 보여주는 혐오, 저주마저 사랑의 신호로 해석한다. 하지만 그것을 정신병적인 것으로 간단히 넘겨버릴 수 없다. 극단적으로 보자면, 사회는 그것을 유별난 사랑이나 행동으로 받아들이기 때문이다. 일방적으로 사랑하다가 치정살인에 이르는 것마저 사랑이라는 이름으로 미화되고 용서된다. 이처럼 사랑에서 정상/비정상을 규정하기란 쉽지 않다. 이 소설 전체에서 사랑의 믿음이 흔들려 본 적 없는 유일한 사람은 페리다. 그의 사랑은 어떤 시련과 시험에도 흔들림이 없다. 단 1초의 눈길이 그에게는 영원한 사랑으로 고정된다. '사랑은 우연을 고정시킴으로써 영원성을 통보하는 것'이라는 알랭 바디우의 사랑예찬은 페리에게서 극단적으로 실현된 것처럼 보인다.

하지만 불안과 불신이 팽배한 시대에 '이런 사랑'이란 불가능하다. 사랑 또한 시장에서 자유롭게 선택하고 거래되는 시대이지 않은가! 지금의 사랑보다 언제 더 나은 사랑이 나를 찾아올지 모른다는 조바심으로 인해 '우리'는 현재의 사랑이 마지막 사랑임을 확신할 수 없다. 더 나은 사랑의 선택은 지금 사랑의 배신을 뜻한다. 서로 상처입지 않고 손해보지 않으려는 시대에 사랑의 배신은 또 다른 선택과 다르지 않다. 이런 시대에 에바 일루즈는 감정의 젠더정치경제를 '성찰적으로' 다시 읽어내고자 한다.

3. 사랑의 젠더정치경제

사랑에 관한 분석은 넘친다. 하지만 사랑이 어떻게 젠더 감정불평등으로 연결되고 그것이 어떤 물질적 토대와 맞물려 있는지를 연결시키려고 했다는 점에서 에바 일루즈의 사회학적 분석은 주목할 만하다. 그녀의 분석은 현란한 여타의 사랑이론에 비해 소박한데다, 이성애 중산층 중심의 낭만적 사랑에 집중되어 있다는 한계가 있다. 그럼에도 사랑에 있어서 젠더 불평등이 초래되는 물질적 토대를 분석해보겠다는 그녀의 야심은 페미니즘의 사랑담론에서 중요한 의미를 지닌다. 슐라미스 파이어스톤Shulamith Firestone과 같은 급진적 페미니스트들은 성, 사랑, 결혼, 가족 등을 권력관계로 해석함으로써 스윗홈sweet home을 스웻홈sweat home으로 탈신비화시켰다. 파이어스톤에게 사랑은 남성권력의 원천이며, '남성지배'라는 건축물을 유지하도록 해주는 '시멘트'이다.5 사랑이라는 이름으로 여성들에게 희생, 헌신, 봉사하게 만드는 사랑, 결혼, 가족에서부터 여성은 해방되어야 할 것으로 파이어스톤은 주장했다. 급진적 페미니스트로서 파이어스톤의 주장은 제2물결 당시 신선하고 혁명적이었다. 언제나 칭송받았던 사랑이 가부장제를 지탱해주는 권력기제였음을 통렬하게 비판했기 때문이다.6 하지만 21세기에 이르러 그와 같은 사랑의 탈신비화는 여성의 욕망을 제대로 읽어내지 못하는 것으로 에바 일루즈는 회의한다. 그녀의 회의는 성, 사랑, 결혼을 해석하는 기존 페미니즘적 접근에 대한 비판적 재고를 요청한다. 모든 인간관계가 파편화된 시대에 이르러, 사랑이라는 이름으로 어떤 관계맺기가 가능한지를 그녀는 다시 분석해보고자 한다.

---

5. 에바 일루즈, 『사랑은 왜 아픈가』, 김희상 옮김, 돌베개, 2013, 18쪽.
6. 슐라미스 파이어스톤, 『성의 변증법』, 김예숙 옮김, 풀빛, 1983 참조. 페미니즘이 급진성을 상실하게 되면서, 21세기에 이르면 그녀의 주장은 페미니스트의 이미지를 희화화하는 데 활용된다. 이제 페미니스트는 사랑을 혐오하는 여자들, 남성을 미워하고 사랑받지 못하는 불행한 여자들이라는 식으로 혐오의 대상이 된다.

알랭 바디우가 사랑의 철학화를 수행했다면, 에바 일루즈는 사랑의 젠더정치경제를 분석하고자 한다.[7] 그녀의 기획은 마르크스가 자본주의의 핵심구조를 상품으로 보았던 것처럼, 금융자본주의 시대 핵심 상품으로서 사랑을 분석하려는 것이다. 일루즈는 변덕스런 사랑의 감정 자체가 어떻게 자본주의 시장경제에 핵심인지를 분석함과 동시에, 이것이 정치적으로 평등하고 자유롭다고 주장하는 민주주의 사회에서 어떻게 젠더의 '감정불평등'을 구축하는지를 분석한다. 그녀에 따르면, 사랑은 이데올로기로서 단순히 상부구조에 속하는 것이 아니라 감정투자에 바탕한 교환구조를 가지고 있고, 구체적 사회관계를 형성한다(상징자본, 사회자본). 그녀는 감정 중에서도 '사랑'의 감정이 물질적인 토대를 가질 수 있는가, 그것이 감정자본이 될 수 있는가에 집중한다. '사랑해'라고 선언함으로써 사랑을 끊임없이 '재발명'하려고 노력하지 않는 시대라고 한다면, '사랑해'라는 약속과 선언을 두려워하는 시대라고 한다면, 그것은 책임지지 않으려는 이기심과 도덕성의 추락에서 기인한 것이기보다는 젠더 도덕성의 생태계가 변화되었기 때문이라고 에바 일루즈는 진단한다.

그렇다면 21세기에 이르러 사랑의 생태계는 어떻게 변한 것일까? 그 점을 고찰하기 위해 그녀는 19세기 제인 오스틴Jane Austen의 소설로 되돌아간다. 그녀의 분석에 따르면 페미니즘의 세례를 받은 오늘날의 여성들보다 제인 오스틴 시대의 여성들이 더욱 주체적으로 보인다.

---

7. 알랭 바디우에게 트리스탄과 이졸데의 낭만적 사랑은 둘이 하나가 되는 융합적인 사랑이다. 바디우에게 이것은 다수로서 무대에 서는 사랑이 아니라 둘이 하나로 합체되는 경험이라는 점에서 비판의 대상이 된다.

그 시절에는 여성을 보호해줄 사회가 있었기 때문이었다. 그리고 사회 공동체의 도덕적 규범과 개인의 윤리 사이에 그다지 갈등이 없었다는 것이다.[8] 수많은 페미니스트들이 가부장제의 억압적, 부정적 측면을 강조한 것과는 달리 에바 일루즈는 가부장적 사회의 보호기능에 다시 주목한다. 그녀에 따르면 가부장제의 보호기능에 매달리는 것은 보수적인 향수가 아니다. '사회'가 파괴됨으로써 인간관계가 철저히 단절된 시대에 이르러 여성들이 보여주는 양가적 욕망을, 많은 페미니스트들이 제대로 읽어내지 못한다는 것이 오히려 문제다. 한편으로는 자율적이고 독립적이며 평등한 존재로 존중받길 원하면서, 다른 한편으로는 구속받고 보호받고 싶은 여성들의 모순된 욕망을 말이다.

근대 계몽주의 시대에 바라본 사랑과 근대 이후의 사랑은 시대적 맥락에 따라 다양한 모습으로 다가온다. 19세기 중반 제인 오스틴의 세계에서 남자와 여자는 부의 정도, 신분, 교양, 인격 등을 기준으로 하여 서로 동질적인 사회 계층끼리 결혼했다. 시민혁명 이후라고는 하지만 계급질서는 무너지지 않았다. 당시 영국사회는 가문, 신분, 재산의 정도에 따라 사회적 위상이 촘촘하게 결정되는 여전한 계급 사회였다. 귀족들이 정략결혼을 했다면, 시골지주 계층 또한 그들 나름의 엄격한 계급질서에 따라 엇비슷한 집안끼리 결혼했다. 결혼제도는 기존의 계급질서를 유지하고 재생산하는 장치였다. 제인 오스틴의 『오만과 편견』의 그 유명한 첫 구절은 결혼이 무엇인지 명료하게 보여준다. "재산 꽤나 가진 독신남성에게 아내가 필요하다는 것은 보편적

---

8. 가부장적 사회와 여성들 사이에 그다지 갈등이 없었다는 에바 일루즈의 주장은 비판의 여지가 다분하다.

진리다. 그런 남자가 이사를 오게 되면, 그 주변의 집안들은 그를 자기 집안 딸들 중 누군가가 차지하게 될 재산으로 여기고는 한다."

그 시절 여성이 남성을 골라잡아서 결혼하는 것은 자연의 질서처럼 당연한 것이었다. 오스틴의 세계에서 여자에게 남자는 평생 붙잡아야 할 재산목록이었다. 오늘날처럼 결혼은 선택이 아니라 필수였다. 경제적으로 독립할 수단이 거의 없었던 여성들에게 결혼은 사회적 이동 수단이자 신분상승의 기회가 되기도 했다. 결혼제도 안에서, 여성의 순결과 정숙은 자신의 가치를 높이는 자산이었다. 남성들은 여성과 맺은 약속과 신의를 지키는 것을 자신의 명예로 여겼다. 명예, 신의와 같은 사회적 덕목이 사랑의 감정보다 우선했다. 지역사회는 신의, 약속, 명예와 같은 덕목을 바탕으로 개인을 보호해주는 역할을 했다.

서구의 자유사상이 일제강점기 조선으로 유입되면서 자유연애가 유행했던, 그 시절로 거슬러 올라가본다면 그때는 여성을 그나마 보호해주는 가부장제의 우산이 있었다고 할 수 있다. 가문의 강제로 조혼을 했던 모던보이들은 자신이 스스로 선택한 신여성들과 결혼하고자 했다. 반면 조강지처 구여성은 사랑의 유무가 이혼사유라고 보지 않았다. 사랑과 상관없이 결혼은 부모와 가문이 정해주는 대로 했기 때문이다. 그들은 남편의 사랑은 없더라도 시부모 모시며 가부장적 질서에 따라 사는 삶에서 적어도 윤리적인 우월감을 맛볼 수 있었다. 그런 삶을 굴종이라 여기고 자기비하와 모멸을 느꼈던 것이 아니라, 사회로부터 윤리적으로 승인받는다는 자부심을 가질 수 있었던 것이다. 마을 전체가 조강지처의 편이었기 때문이다. 아무런 잘못도 없는 조강지처를 버린 남성은 비난받고, 지역 공동체 전체가 버림받은 여성의 편을 거들어주었다. 여성은 자존감에 상처 입을 수 있는 상황에서도 견딜 수 있는 힘과 자신의 정당성을 충분히 확보하게 된다. 그런 의미에서 가부장제 사회가 여성들에게 어느 정도 보호기능을 수행한 것은 사실이다. 이제는 반인권적이라는 이유로 폐지되었지만, 간통법은 힘든 시절을 함께 살아온 조강지처를 보호해야 한다는 취지에서 제정된 것이었다.

근대 이후 자본주의 시장은 "개인적인 이익의 극대화"와 더불어 공정한 경쟁이 가능한 합리적 장치라고들 주장해왔다. 자본주의 시장 사회에서 자유란 선택할 수 있는 권리와 다르지 않다. 시장에서 '합리적 선택'[9]이란 어떤 상황에서도 이익을 극대화하고 비용을 최소화하는 것이다. 이런 사회에서 사랑은 이해관계를 초월한 것이 아니라 이해관계에 바탕한다. 사랑 또한 시장에서 경쟁하는 하나의 상품이 된다. 성적인 자유로 인해 시장에 과잉 공급되는 성상품으로 성적 인플레이션이 심해졌다. 성적인 자유는 사랑, 결혼의 의미를 변화시킨다. 결혼 유지비용 대비 결혼기능(성적 서비스, 자녀양육, 책임)을 외주했을 때의 편익을 따지는 시대가 되었다. 존 쿳시의 『추락』에서 데이비드 루리가 처음에 보여준 것처럼, 매춘, 사랑, 결혼 또한 윤리적 측면에서가 아니라 비용과 편익을 따져서 선택하는 상품이 되었기 때문이다.

이처럼 근대 이후 결혼생태계의 물질적 토대 또한 변화되었다. 지역공동체가 해체되면서, 개인들은 결혼시장에서 각자도생하게 된

9. 레나타 살레츨, 박광호 옮김, 『선택이라는 이데올로기』, 후마니타스, 2014, 24쪽.

다. 이제 동네사람들이 중매쟁이로 나서는 일도 없어졌다. 변화된 결혼생태계에서 사회는 배우자 선택에 간섭하지 않는다. 서로가 서로를 선택할 자유가 주어져 있을 뿐이다. 이런 결혼문화와 생태계의 변화는 도시의 인구집중과 더불어 노동계급의 형성과 무관하지 않았다.

19세기 직업으로서 가정주부의 탄생은 일자리를 두고 남성과 경쟁하지 못하도록 하기 위한 것만은 아니었다. 여성의 가정주부화는 보호해줄 여성과 보호하지 않을 여성을 나누는 장치이기도 했다.10 산업화 이후 남성은 생계부양자, 여성은 가정주부라는 성별노동분업이 확립되던 시기였으므로, 집 바깥에서 일하는 것은 방종한 '직업'여성들이나 하는 짓으로 여겨졌다. 빈민여성들에게는 이처럼 공적 공간에서의 일자리가 주어졌지만, 그들이 저임금의 열악한 노동에서 벗어난 것은 아니었다. 가난한 여성에게 자기 집을 갖는 것은 절실한 소망이기도 했다.

농촌에서 몰려들어 도시의 노동인구를 형성하게 된 도시빈민들에게 주택문제는 심각한 것이었다. 열악한 노동환경에 처한 빈민 여성은 자기만의 공간을 갖기 힘들었다. 주거난에 시달렸던 도시하층민 여성들은 집으로 누구를 초대하고 싶어도 초대할만한 변변한 공간이 없었다. 그로인해 1920년대 무렵에는 집 바깥에서 자유롭게 만나는 하층민들의 데이트 문화가 형성되었다.11 보호받고 안전한 삶을 누리

---

10. 물론 가정 폭력, 아내구타, 아동구타, 근친상간과 같은 온갖 부정적인 측면에서 보자면 스윗홈은 스윗홈이 된다. 그 점은 많은 페미니스트들, 그 중에서도 사회주의 페미니스트들이 지적해온 바이다.

11. 베스 L. 베일리, 『데이트의 탄생』, 백준걸 옮김, 앨피, 2015.

는 특권층의 입장에서는 데이트가 자유와 가능성의 확장이라고 보았겠지만, 하층민에게 데이트는 '기회의 결핍'에서 비롯된 것이었다. 생활비를 벌기도 빠듯한 여성들에게는 오락과 즐거운 유흥을 위한 장소와 비용을 남성들의 대접에 의존하게 되었다. 자신을 하층계급이라고 여기는 여성들이라야 타인의 시선에 아랑곳하지 않고 공공장소인 영화관, 댄스홀, 길거리를 자유롭게 나다닐 수 있었다. 하지만 데이트 문화가 주는 자유로움은 밑에서부터 위로 올라가 상류층에게도 전파되었다. 상류층도 하층계급이 누리는 이런 문화적 '자유'를 자유의 모델로 삼기에 이르렀다. 하층빈민들의 삶의 조건이 만들어낸 데이트 문화는 자유라는 이름으로 사회전반으로 확장되었다.

4. 자유와 평등의 딜레마

후기 근대에 이르러 결혼은 필수가 아니라 선택이 되었다. 자유롭게 연애하다가 마음이 변하면 헤어지는 것은 당연하다. 임신을 했다고 하더라도 결혼으로 책임져야 한다고는 생각하지 않는다. 더 나은 조건을 가진 사람이 나타나면 언제든지 헤어지고 다시 선택할 수 있다. 사랑하는 사람들 사이에 신뢰와 약속의 윤리가 삭제되고 오로지 이해관계에 따르게 된다면, 현재의 연애가 가장 완벽한 것인지는 새로운 사랑과 만나기 이전까지는 알 수가 없다. 자유로운 선택에는 구속도 없지만 믿음도 없다. 새로운 사랑이 찾아오면 부채감 없이 옛사랑을 떠날 수 있는 선택의 자유가 있기 때문이다. 친밀한 관계에서 선택과 배신의 경계가 모호해진다. 탄탄한 지역사회의 도덕적 잣대와 감시와 판단이 소멸된 시대에 사랑의 배신을 응징할 수 있는 공동체의 윤리적 시선은 더 이상 없다.

페미니즘의 해방 기획은 여성이 남성의 사적 소유물이 되는 것에서 벗어나 자유와 평등을 추구하는 것이었다. 투쟁하여 쟁취한 자유가 동시에 불안과 불신과 불확실성을 초래했다는 것은 아이러니다. 여성의 섹슈얼리티를 규제했던 수많은 규범들, 관습들, 법적인 억압 장치를 해체하는 데 페미니즘은 주력했고, 여성들 또한 선택의 자유와 성적 자율성을 누리게 되었다. 그런데 섹스에서의 자유의 증가는 반작용 또한 수반했다는 점에 에바 일루즈는 주목한다. 사회는 정도의 차이는 있지만 여전히 남성 중심적이므로, 성적 자유에 있어서 여성과 남성이 결코 대등한 관계가 못된다. 그리하여 성적 자유는 젠더 불평등으로 되돌아오게 된다는 것이다. 선거권 투쟁에서 보다시피 정치적인 평등은 어느 정도 실현되었다지만, 경제적인 불평등은 여전하다. 동일노동 동일임금이 현실화된 국가는 아직까지 어디에도 없다. 정치적 젠더평등이 소득에 있어서 경제적인 젠더평등을 담보해준 것은 아니다. 그런 상황에서 여성의 성적 자유는 시장에서 자유롭게 경쟁해야 한다는 대가를 치르게 된다. 사회전반의 시장화는 섹슈얼리티의 영역이라고 하여 예외가 아니다. 시장 원리에 따라 사랑 또한 자유경쟁을 통해 쟁취하는 것이라고 한다면, 그것에 실패한 자는 전적으로 자기 탓을 할 수밖에 없다.

그렇다면 섹스의 자유가 어떻게 자유주의 시장경제의 자유 경쟁 원리와 비슷하다는 것일까? 페미니즘은 열정적으로 성적 평등을 지향했음에도, 어떻게 하여 결과적으로 성적 불평등을 용인하고 공모하게 되었다는 것일까? 에바 일루즈에 따르면 남성과 여성이 구사하는 섹스전략의 특성상 감정불평등이 형성될 수밖에 없다는 것이다. 진화심리학자들이 통상적으로 말하는 것처럼 남성은 여러 여자를 즐기고 싶어 하므로 한 여자에게 많은 감정을 소비할 수가 없다. 그래서 거리 유지가 쉽다면, 여성은 임신 등의 이유로 관계가 깊어질수록 한 남자에게 감정적인 독점을 원한다. 그로 인해 여성에게는 자유와 자율성을 원하면서도 동시에 구속받고 싶어하는 양가성이 있다는 말이 된다. 이것이 소위 젠더에 따라 감정적 불평등을 낳게 되는 조건이 된다.

젠더 감정불평등의 조건을 이런 식으로 설명하는 것은 진부할 뿐만 아니라 아무 것도 설명해주는 것이 없다. 말하자면 남성은 일과 자유를 원하고 여성은 사랑과 구속을 원한다는 상투적 이분법의 재탕으로 읽히기 때문이다. 여기서 에바 일루즈는 남성과 여성의 선택조건의 생태계를 변화시킨 물질적 토대에 주목한다. 소비자본주의 시장 구조에서 남성은 여성에 비해 더 많은 직장선택, 성선택의 기회를 누릴 수 있다. 게다가 선택의 자유에 따른 지역사회의 시선을 의식할 필요조차 없다. 따라서 경제적으로 우월한 남성의 위치는 과거보다 오히려 더 젠더 사이의 감정적 불평등을 심화시킨 셈이 된다. 에바 일루즈가 분석의 대상으로 삼은 남성은 백인 전문직(주로 지식인) 이성애 중산층 남성들이다. 그들은 경제력은 물론이고 육체자본, 사회자본, 상징자본까지 가지고 있으므로 누릴 것이 많은데다가 성적 시장에서의 자유까지 얻었으니 오만방자하기 이를 데 없다는 것이다. 그 점은 제인 오스틴이 『오만과 편견』에서 오만의 대명사인 '다아시'라는 인물을 통해 일찌감치 말해준 바 있다.

19세기는 헌신과 약속을 지키는 것이 중요했다면, 21세기는 인정과 끝없는 사랑의 확인이 필요해졌다. 이제 사랑은 한 번의 약속으로 고정되지 않는다. 남성의 경제력에 의존하지 않아도 되는 여성들이 이처럼 사랑받고 인정받고자 하는 것은 클레랑보 환자처럼 사랑중독이거나 관계중독이어서가 아니다. 자유민주주의 사회에서 형식적으로는 모든 인간이 자신의 배경과는 무관하게 평등하고 자유롭게 경쟁한다. 그런 사회에서 계급을 떠나 사회적으로 인정받을 수 있는 탁월한 요소가 사랑이 된다. 사랑받는다는 것은 자아의 가치를 확인해주는 증거가 된다. 사랑받는다는 느낌은 자존감을 고취시킨다. 이제 사랑은 '계급인정' 대신에 '자아인정'을 가능케 한다. 사랑받는다는 사실만으로도 우리는 불안에서 구원받는다. 사랑은 타자에게 인정받는 것이므로 존재의 불안과 불확실성에서 벗어나도록 해준다. 따라서 낭만적 사랑은 자존감을 두고 협상을 벌이는 경합무대가 된다. 그런데 이런 사랑의 인정은 한 번으로 끝나는 것이 아니다. 그것은 매번 경쟁을 통해 쟁취해야 한다. 정말 피곤한 사회가 된 것이다.

이렇게 본다면 자율성과 타자의 인정은 사랑의 문제에서 이중구속으로 이끄는 주범일 수 있다. 우리가 자율적인 존재라면 타인의 인정을 욕망할 필요가 없다. 그런데 문제는 내가 자율적인 존재라는 사실 자체를 타인으로부터 인정받아야 한다는 점에서 자율과 인정은 딜레마에 처한다. 세상은 자신과 같은 자율적 존재로 넘쳐나고, 자율적인 존재임을 인정받기 위해서는 헤겔식으로 말하자면 목숨을 건 인정투쟁이 필요해진다. 타인의 욕망의 대상이 되어야만 내가 존재함을 인정받기 때문이다. 욕구하는 존재는 그 자체 안에 이미 타인의 욕구의 대상이 되어야 한다는 필연성이 새겨져 있다. 사랑은 변하고 사랑 이후에는 오랜 아픔이 뒤따른다. 사랑의 구조 자체에 이미 아픔과 슬픔이 담겨있다. 그렇기 때문에 사랑의 인정투쟁에서 패배하면, 깊은 상처를 입고 자존감은 추락하게 된다. 사랑은 거절당하고 상처받을 수 있는 위험을 감수해야 한다. 내가 먼저 '사랑해'라고 고백하는 순간 사랑의 약자로서 자신을 노출하는 것이다. 그러니 어떻게 '사랑해'라는 말을 먼저 하고 싶어 하겠는가. 결코 손해보지 않고 결코 약자의 위치에 서고 싶지 않은 것이 호모 이코노미쿠스homo economicus라고 한다면 말이다.

매번 서로의 사랑을 인정받고자 노력하면서도 매달리지 않고 자신의 자율성을 유지하는 것은 인정, 자율, 사랑이라는 세 개의 공을 가지고 곡예를 하는 것과 다를 바 없다. 자율과 인정의 딜레마가 서로 양립하기 힘든 방향으로 진행되어 온 것이 신자유주의 시대에 이르러 변화된 남녀관계의 생태 아키텍처이다. 예를 들어, 모든 것을 포기하고(직장, 임대아파트) 남자를 찾아간 한 여자는 남자의 열정이 식었다는 것을 알지만 책임지라고 할 수가 없다. 임신을 했다고 하더라도 그녀의 자존심(남자에게 매달리지 않는다는 것을 보여주고 싶은 자율성)이 그 사실을 밝히는 것을 허락하지 않는다. 싱글맘으로 살더라도 사랑에 매달리는 것보다 자기 독립성의 욕구가 더 크기 때문이다. 19세기라면 여자가 결혼상대 남자를 찾는 것은 당연한 일이고, 임신을 이유로 남자에게 매달린다고 하여 여성의 자존감이 심각하게 상처입지 않는다. 여성이 남성을 통하지 않고서는 독립을 할 수 없었던 시절이었으므로 남성에게 의존하는 것이 수치는 아니었다. 그 시절 결혼상대자를 찾는 것이 아니라 자유롭게 연애할 상대를 찾는다고 하면 오히려 부도덕한 여성이라고 지탄받았을 것이다. 그런데 지금은 어떤가? 상대를 구속할 의도가 없다는 것을 서로에게 보여주어야 한다. 진지한 만남을 원한다고 말하는 순간 남자 편에서 겁먹고 뒷걸음질 칠 수도 있다. 그런 만남을 구속이자 부담으로 여기기 때문이다. 토니 모리슨의 『술라』[12]에서 바람둥이 에이젝스는 술라를 사랑한다. 그녀가 결코 그를 구속하지 않기 때문이다. 그런데 시간이 흐르고 술라가 정갈한 저녁 식사를 차려놓고 앞으로 저녁을 함께 먹자고 말하는 순간, 에이젝스는 뒤도 돌아보지 않고 도망친다.

　　오늘날 사람들은 사랑의 약속을 자유의 구속으로 여긴다. '난 널 사랑해'라고 말하는 순간 그것은 약속이 된다. 약속을 했다가 내일 더 좋은 사람이 나타나면 억울할 것이고, 이 한 번의 약속이 평생 지속될 것으로 생각하지 않는다. 오늘의 나와 내일의 나를 다르게 느낄 수 있다. 결합과 약속은 구속이자 자유의 박탈로 간주된다. 의무를 강조하는 결합은 상대의 자율성과 자유를 빼앗는 것으로 등치된

---

12. 토니 모리슨, 『술라』, 송은주 옮김, 문학동네, 2015.

다. 내 자아의 가치는 처음부터 정해진 것이 아니라 서로 주고받는 관계를 통해 끊임없이 협상하고 재협상해야 한다. 인정은 자율과 균형을 이뤄야하기 때문에 인정의 공급과잉이 빚어지지 않도록 하는 것이 지금의 사랑의 문법이자 사랑의 경제다. 사랑에서 거리유지를 하지 못하면 약자가 되고 상처를 입는다는 게임의 논리가 작동한다. 그런 게임규칙에서는 여성이 감정적으로 약자의 입장에 서기 쉽다고 에바 일루즈는 지적한다. 그것이 신자유주의 시대 더욱 불평등해진 젠더의 감정정치이다.

이처럼 남자들이 자유를 원하면서 책임지는 상황으로 빠져들지 않으려는 데에는, 남녀의 권력관계가 예전과 달라진 것에서 비롯된 남성의 두려움이 작동하고 있다. 페미니즘이 젠더권력관계를 정상화시키기 위해 성희롱, 데이트강간, 데이트폭력, 성폭력 등을 법제화함으로써, 남성들은 사랑관계에서 예전처럼 폭력적이고 마초적인 권력(과거 남성성으로 간주된 것)과 권위를 누리지 못하게 되었다. 과거에는 남성성의 발현으로 간주되었던 것들이 지금은 마초적인 폭력성으로 여겨진다. 오늘날 남성들은 그로 인해 자신들이 거세되었고 여성화되었다는 불안이 있다. 그런 거세의 중심에 페미니즘이 있다는 것이고 페미니즘에 대한 남성들의 혐오감은 이런 공포와 불안과 무력감의 한 표현일 수 있다.

여왕 옴팔레는 영웅인 헤라클레스를 자신의 노예로 만든다. 헤라클레스는 여자 옷을 입고 공손하게 소아시아의 여왕인 옴팔레를 업고 다니거나 여왕의 시녀들과 함께 수다를 떨고 웃고 떠들면서 뜨개질을 하기도 한다. 여장한 헤라클레스는 남성의 입장에서 볼 때는 거세된 남성이고 남성의 치욕이자 수치가 된다. 새로운 젠더권력관계의 배치가 남성을 치욕스럽게 만듦으로써 그들이 앙심을 품도록 한 지점은 없을까? 젠더 권력의 불평등을 평등한 관계로 만들고자 했던 페미니즘의 노력은 또 다른 복병과 만났다고 할 수 있다. 그 따위 앙심쯤 가볍게 무시하지 않는다면 말이다.

▶ 헤라클레스와 옴팔레
바르톨로마이우스 스프랑게르

5. 사랑의 생태 변화

낭만적 사랑, 자유연애, 성해방은 19세기의 주요한 문화적 혁명이자 발명품이었다. 성해방 자체가 페미니즘의 해방기획의 하나였다. 인간의 자아가 성적 자아(LGBITT)로 등치되면서, 성적 자유는 권리로 직결되었다. 페미니즘 또한 성적 자유를 확대하는 해방기획을 추구해 왔다. 성평등, 성해방, 행복추구, 사랑의 자유는 근대적인 민주주의 공동체가 핵심으로 여기는 가치들, 동등한 권리, 선택의 자유, 자율성과 독립성, 행복추구, 인권의 개념으로 확장되었다.

21세기에 이르러, 성, 사랑, 섹슈얼리티, 성적경향성, 결혼 등은 라이프 스타일로 간주되기에 이르렀다. 싱글맘, 동성애, 트랜스젠더에 대한 거부감은 줄어들었다. 당사자들의 적극적인 운동으로 낙인은 자부심으로 전환되고 있다. 이제 많은 여성들이 자유롭게 사랑은 하되, 결혼에 얽매이고 싶어 하지 않는다. 한국여성의 50%가 결혼은 필수가 아니라 선택이라고 말한다. 동일노동 동일임금의 이상은 실현되지 않았다고 하더라도 교육받고 경제력을 갖게 된 여성들에게 결혼은 그다지 유리할 것이 없다는 인식이 확산되었다.

남자는 결혼하는 것이 이익이라면, 여자는 손해라는 의식이 확산됨으로써, 비혼으로 살겠다는 여성의 비율이 높아진다. 여성들에게 결혼 이외의 선택지가 열렸다는 말이다. 여성들은 사랑이 여성억압을 재생산하고 가부장제를 영속하는 데 공모한다는 점도 인식하게 되었다. 하지만 동성결혼 합법화에서 보다시피, 결혼할 수 있다는 것만으로 '정상성'을 인정받는다. 그런 사회에서는 페미니스트들이 결혼제도를 아무리 비판해도 그것에 대한 은밀한 욕망이 있다는 사실 또한 부인할 수 없다. 젠더 이해관계에 반(反)하는 욕망도 있다. 사람들에게는 친밀한 관계를 맺고자 하는 '내밀한 열망'이 있다. 신자유주의의 유연화 정책은 일자리뿐만 아니라 인간관계도 단기적인 관계로 만들었다. 사회 전반에 불확실성이 지배하고 있다. 모든 것이 불확실해질수록 불안하게 떠도는 개인들에게 보호받고 구속받고 싶은 욕망은 더욱 절실해질 수 있다. 자유만큼이나 구속받고 싶고, 자율성만큼이나 타자의 인정을 필요로 한다. 이렇게 되면, 사랑을 다만 권력관계로만 보았던 초기 페미니즘은 자기 이론의 실패와 오류를 인정하고 성찰해야 한다는 것이 에바 일루즈의 주장인 셈이다.

페미니즘은 여자들에게 '착한 여자'이기를 그만두라고 계몽해왔다. 착해야만 사랑받고 인정받는다면, 그것이야말로 가부장제를 영속화시키는 사랑의 기제라고 페미니즘은 비판해왔다. 자기이해관계를 따지기에 앞서 희생하고 순종하는 여자들은 미덕의 화신이 아니라 자아가 없는 굴종적인 여성이자 타인까지 의존적으로 만들기 때문이다. 그러다보니 영악하고 속물적이고 자기이해관계에 밝아서 절대 손해보지 않는 여성이 페미니스트로 간주되고 있다. 페미니즘은 개별 여성의 이기심에 호소한 것이 아니라 젠더불평등한 사회제도의 변혁을 추구해왔지만, 페미니즘 이론 안에는 오해받기 십상인 지점들이 있다. '개인적인 것이 정치적인 것'이므로 개별 여성의 행위는 언제나 공적이고 정치적인 함의를 갖기 때문이다.

모든 것이 세속화 혹은 탈신비화된 시대에 사랑 또한 탈신비화의 대상이다. 페미니즘은 무엇보다 사랑을 탈신비화함으로써 사랑이 지배/종속의 권력관계임을 밝혀냈다. 결혼제도는 여성들이 무보수 가사노동에 헌신하고 희생하게 함으로써 여성들의 빈곤과 의존상태를 강화한다. 그런 여성억압적인 사랑의 구조로부터 해방을 추구해온 것이 페미니즘의 기획 중 하나였다. 에바 일루즈는, 그러나 사랑이라는 감정은 여성에게 희생과 헌신만을 강요한 것이 아니라, 친밀성의 공간과 불확실한 시대에 확실성을 제공해준다는 점을 무시할 수 없다고 주장한다. 사랑의 탈신비화는 이제 페미니즘에게 양면의 칼날로 되돌아오고 있다.

결혼제도와 가족제도를 해체하는 것만으로 여성이 자유로워지고 해방되는 것은 아니다. 가족 안에서 여성이 희생자 노릇만 한 것도 아니다. 장구한 역사 속에서 일부일처제가 성립된 것은 극히 짧은 기간이었다. 일부일처제는 여성의 사회적 지위획득과 유지에 유리했기 때문에, 여성들이 장구한 세월에 걸친 투쟁으로 얻어낸 것이기도 하다.

이제 페미니즘의 입장에 선다는 것만으로 정치적으로 정당하고, 여성의 욕망을 제대로 파악할 것으로 믿는 것은 환상이다. 그것은 좌파라는 것만으로 윤리적 정당성을 확보했던 시절은 지난 것과 마찬가지다. 신자유주의 시장경제에서 좌파는 의제마다 우파와 경쟁을 해야한다. 그 점은 페미니즘도 마찬가지이다. 페미니즘의 젠더정치가 정치적 올바름이라는 당위에 머물러 있다고 한다면 시대적 맥락에 따라 변화하는 여성의 욕망을 제대로 조명하기는커녕 사후적으로 뒤따라

가기에도 급급해질 수 있다. 페미니즘 의제로 설정된 것들을 끊임없이 성찰해야만 운동의 급진성 또한 담보될 것이다. 오늘날의 맥락에서 사랑의 젠더정치를 끊임없이 재해석하는 것도 그런 이유에서다.

9장

공감의 상상력

1. 페밍아웃 시대

페미니스트라고 자처하는 한 여학생이 웃으면서 요즘 자신의 처지를 말했다. 그녀는 소개팅 자리에서 하마터면 '페밍아웃(페미니스트+커밍아웃)' 당할 뻔 했다는 것이다. 농담이었지만 딱히 농담으로만 간주할 수 없는 페이소스가 담겨 있었다. 요즘은 페미니스트라고 하면 누구에게도 환영받지 못한다는 분위기가 팽배해 있다. 그러면서도 "페미니스트로 살려면 어떻게 해야 하죠?"라고 물었다. 그래서 페미니스트 프리메이슨[1]을 조직하고 길거리에서 스쳐 지나칠 때, 고양이 문신으로 서로 알아보는 비밀결사체를 만들자고 했다. 귀걸이, 머리핀, 반지, 문신에 고양이 문양이 있으면 페미니스트라는 신호로 해석한다. 토마스 핀천Thomas Pynchon의 『49호 품목의 경매』처럼, 비밀결사체를 만들면 이 외설스런 시대에 대단히 유혹적이지 않겠냐고 농담을 주고받았다. 페미니스트가 낙인이고 혐오의 대상인 시절이다. 한국 사회에서 한 세대 동안의 페미니즘 실천 이후 맞이한 페미니즘의 현주소다.

이런 시절이므로 '페미니즘은 휴머니즘이다'에서부터 다시 시작

---

1. 프리메이슨Freemason: 세계시민주의적·인도주의적 우애를 목적으로 하는 비밀단체.

해야 한다는 목소리가 나온다. 한 세대 전으로 거슬러 올라가서 다시 반복하면서도 반복 가운데서 차이를 찾아내는 것이 현재 페미니즘이 해야 할 실천이라고 한다면, 마사 누스바움의 이론에 다시 한 번 귀 기울여 보는 것도 의미가 있지 않을까 한다.

마사 누스바움은 인간의 종언이 선언된 시대에 다시 인간의 가치 회복을 이야기하는 자유주의 페미니스트이다. 많은 페미니스트들이 자유주의 페미니즘의 한계를 지적하면서 그것의 죽음을 선언함으로써 페미니즘의 급진성을 담보하고자 했다. 그럼에도 불구하고 지금도 여전히 페미니스트 실천은 기존의 법질서와 국가 장치 안에서 움직이고 있다는 점에서 자유주의 페미니즘 그 이상으로 나아간 것처럼 보이지 않는다. 한국에서 페미니즘이 국가질서를 벗어나 변혁을 추구한 적은 거의 없었다. 그런 맥락에서 여성의 법적, 제도적 장치를 통해 젠더 불평등을 해소하려고 했던 자유주의 페미니즘과 현재 페미니즘의 실천이 그다지 동떨어져 있는 것처럼 보이지 않는다. 제도화된 페모크라트Femocrat들은 여성들이 자유로운 시장경쟁을 할 수 있도록 여성역량강화, 성주류화를 주로 담당해왔다. 지금과 같은 젠더 불균형과 비대칭성에서 벗어나기 위해 필요한 여성할당제 또한 그런 사례에 해당할 것이다. 그렇다면 지금의 페미니즘 운동을 성찰하기 위해서라도 자유주의 페미니즘의 재활용 가능성을 한 번 재고할 필요가 있을 것이다.

마사 누스바움은 대놓고 '자유주의가 어때서?'라고 말한다. 여러 저서를 통해 그녀는 일관되게 연민, 사랑, 공감, 정의를 역설해왔다.

그녀에 따르면 법적 정의를 실현하기 위해서는 시적 정의에 의지해야 하고, 사회정의를 실현하기 위해서는 정치적 감정으로서 사랑을 포함시켜야 한다. 사회정의를 실현하는 데 사적인 감정은 배제되어야 한다는 주장에 그녀는 비판적이다. 공정한 사회정의를 실현하는 데 공적 이성만으로는 역부족이다. 정치적 감정에 사랑을 포함시키는 것이 훨씬 효과적이라는 것이다. 그래서 최근 저서 『정치적 감정*Political Emotion*』에서 그녀는 사랑과 공감이 정치적 실천에 필수적인 감정임을 역설한다. 누스바움은 그런 정치적 정의를 실현할 수 있는 체제가 자유민주의의라고 못박는다. 그녀의 주장은 300년 전 자유주의 페미니즘이 출발선상에서 주장했던 것들과 그다지 다르지 않다. 하지만 그런 근대적 기획이 여전히 미완으로 남아 있다고 한다면, 누스바움식 자유주의 페미니즘의 용도를 다시 한 번 성찰해보는 것도 의미가 있을 것이다.

2. 페미니즘은 휴머니즘이다?

21세기에 들어오면서 기존의 여성억압과 여성차별은 형식적, 법적으로는 상당 부분 해소되었다. 여성‘만’이 특별히 차별당한다는 주장은 설득력을 잃게 되었다. 시장에서 자유롭게 경쟁한다는 점에서 여성에게만 진입장벽이 가혹한 것은 아니다. 전지구화 시대에 사회적 약자로 따지자면 여성보다 더욱 약자의 위치에 있는 사람들은 헤아릴 수도 없이 많다. 호모 사케르들은 도처에 존재한다. 기동성, 생산성,

'정상성'이 떨어지는 장애인, 비시민권자, 불법체류자, 난민, 이민자들에 비해 여성이 더 약자인 것도 더 차별받는 것도 아니다. 제도적 민주주의가 확보된 국가의 여성들은 구조적 불평등이 상존하고 있음에도 여성이라는 이유만으로 억압받거나 차별받는다고 그다지 느끼지 않는다. 그러다보니 페미니즘이 더 이상 젠더범주만으로 설득력을 갖기 힘들다는 목소리가 줄기차게 제기되고 있다.

자본주의 너머를 상상하기 힘들 정도로 전지구적 자본주의가 진행된 시장사회에서는 이윤을 남기기 위해 모든 것은 신속하게 순환되고 교환되어야 한다. '변해야 살아남는다'고 외치는 사회에서, 장기지속적인 것은 변화의 걸림돌이 된다. 구조적 유연성이 요구되는 시장사회에서 정규직을 요구하는 것은 시대에 역행하는 것이 된다. 고용유연화시대에 고정된 가치를 추구한다는 점에서 그것은 시대착오적인 것[2]으로 내몰린다. '나는 이중인격자다'라는 것이 광고 카피가 될 정도로, 이중인격, 다중인격, 기회주의 등이 긍정적인 가치가 되고 있다. 이런 시대에 '인간은 그 자체로 존엄하다'는 고전적인 휴머니즘의 전제는 더 이상 설 자리가 없어진다.

인간의 가치가 완전히 실종되었다는 위기의식은 다시 인간의 가치를 생각하도록 만든다. 인간이 사라지면 인간에 속한 여성 또한 사라지지 않을 수 없기 때문이다. 캐롤 길리건Carol Giligan은 『저항에 합류하기』에서 '우리는 어디서 와서 어디로 가고 있는가?'라고 질문한다.[3]

---

2. 사카이 다카시, 『통치성과 '자유': 신자유주의 권력의 계보학』, 오하나 옮김, 그린비, 2011 참조.
3. Carol Giligan, *Joining the Resistance*, Cambridge: Polity Press, 2011, 2장 참조.

한 세대 동안 페미니스트들은 "우리"와 같은 막연한 주어를 사용하지 않았다. 그런데 '다른 목소리'를 주장한 캐롤 길리건에서부터 '젠더 허물기'를 통해 젠더불확실성을 주장한 주디스 버틀러에 이르기까지, 페미니스트들은 "우리"라는 집단적인 주어를 다시 소환하고 있다. 일부 페미니스트들은 인간의 "보편성"이라는 인문학적인 주제로 다시 귀환하는 것처럼 보인다. 캐롤 길리건이 던지고 있는 '우리는 어디서 왔으며, 우리는 누구이며, 우리는 어디로 가는가?'라는 물음은 전형적인 인문학적 질문이다. 리타 펠스키Rita Felski는 『페미니즘 이후의 문학』 이후에 다시 『문학의 용도』를 질문하면서 인간적인 가치의 문제에 집중한다. 『우리는 어떻게 포스트휴먼이 되었는가』를 질문하는 캐서린 헤일즈Katherine Hayles에서부터 '나쁜 페미니스트'를 선언한 록사나 게이Roxana Gay에 이르기까지, 다양한 페미니스트 이론가들은 다방면에서 다시 인간이 된다는 것의 의미가 무엇인지 묻는다. 그리고 마사 누스바움은 자유주의적인 관점에서 '페미니즘은 휴머니즘이다'를 주장하면서 적극적으로 양자의 결합을 모색한다.

마사 누스바움은 『섹스와 사회적 정의Sex & Social Justice』에서 '페미니즘은 휴머니즘'[4]이라고 선언한다. 다너 해러웨이Donna Haraway의 '사이보그 선언문' 이후 여성인간 또한 종언을 고했다. 안티휴머니즘의 시대를 거치고 지나온 21세기에 페미니즘이 다시 휴머니즘으로 돌아간다는 것은 무엇을 의미하는 것일까?

---

4. Martha C. Nussbaum, *Sex & Social Justice*, New York: Oxford University Press, 1999, pp. 7-9.

근대적 혁명의 시기와 더불어 탄생한 자유주의 페미니즘은 여성의 생물학적인 차이를 차별화하는 법적, 정치적 제도에 저항하려고 했다. 1789년 프랑스 혁명은 <인간과 시민의 권리선언The Declaration of the Rights of Man and Citizen>을 통해 혁명의 원칙을 공표했다. 하지만 보편적 권리선언은 그 안에 위험을 내포하고 있었다. 이 권리선언에서 배제된 사람들, 여성, 노예, 어린이, 외국인, 유색인, 빈자들의 불만은 예비되어 있었던 것이다. 그런 의미에서 프랑스 인권선언은 애초부터 보편적인 인권선언이 아니었다. 1791년 올랭프 드 구즈의 『여성과 시민의 권리선언The Declaration of the Rights of Woman and Citizen』은 보편적 인권을 요청한다.5 구즈는 혁명이 표방하는 보편적 인간에 과연 여성이 포함되어 있는지를 심문한다.6

하지만 질문 자체가 역설이라고 조앤 스콧Joan Scott은 지적한다. 모두가 평등한 보편적 인간이 되려면 출생, 부, 직업, 교육정도, 재산, 젠더, 인종, 계급, 종교 등을 초월하는 추상적 개인을 설정해야만 한다. 그런데 여성의 구체적인 차이에 바탕하여 추상적이고 보편적 인간에 넣어달라는 주장은 그 자체로 모순이라는 것이다.7 따라서 조앤 스콧은 페미니즘이 출발지점에서부터 역설에 기대고 있었음을 지적한다. 페미니즘은 여성의 정치적 차별에 저항하는 운동이다. 그런 만큼 정치

---

5. 조앤 스콧, 『페미니즘의 위대한 역설』, 공임순 외 옮김, 앨피, 2006, 63-65쪽.
6. 드 구즈는 여성의 차이를 주장하면서도 여성을 남성과 동등하게 대접할 것을 동시에 요구한 셈이다. 그녀의 유명한 말, '여성이 단두대에 설 수 있다면 의회의 단상에도 설 수 있어야 한다'는 말이 그런 역설을 보여준 셈이다.
7. 조앤 스콧, 위의 책, 42쪽.

에서 남녀의 성차를 제거함으로써 젠더평등을 지향하는 운동이다. 그와 동시에 페미니즘은 여성의 차이에 기대어 여성의 권리와 이해관계를 대변해야 한다. 한편으로는 '여성'의 차이를 없앰으로써 보편적 인간에 속하도록 하려고 했다면, 다른 한편에서는 여성의 차이에 바탕한 성차의 개념을 재생산해야만 했다. 이처럼 성차를 생산하면서도 동시에 거부해야 하는 이중구속 상태에서 페미니즘 운동은 역설적으로 진행되어 왔다는 것이다.

처음부터 역설을 안고 출발했던 페미니즘 운동의 한 갈래는 주로 법적, 제도적으로 여성의 평등을 주장하는 자유주의 페미니즘으로 진행되었다. 자유주의 페미니즘은 정치적 평등을 달성하기 위해 초기에는 선거권 운동에 집중했다. 하지만 여성의 선거권 보장과 절차적 민주주의가 성취된 서구에서 자유주의 페미니즘은 운동성을 상실하게 되었다. 뿐만 아니라 국가 법질서 안에서 변화를 요구했던 자유주의 페미니즘의 한계가 지적되면서 그것의 운동성은 소진된 것처럼 보였다. 포스트모던 시대에 이르러 자유주의적 부르주아적 자아 개념, 즉 세계를 해석하는 주인으로서의 객관적이고 보편적인 자아 개념은 무수한 비판의 표적이 되었다. 수많은 포스트 이론들(포스트마르크스주의, 포스트구조주의 포스트식민주의, 포스트모더니즘 등)이 인간의 죽음을 선언한 것은 인간이 세계의 중심도 아니고 만물의 척도는 더구나 아니라는 점 때문이다. 인간은 세계에 의미를 부여하는 역사의 주인이 아니라 기존의 상징 질서 속으로 던져진 존재에 불과하다. 인간은 더 이상 존재와 의미를 통합할 수 있는 역사의 주체가 아니다.

여기서 한 걸음 더 나가면 인간은 정보패턴에 불과한 깜빡이는 기표 flicking signifier[8]에 다르지 않다. 이와 같은 반(反)휴머니즘을 거친 다음 다시 인간으로 돌아가려고 한다면 페미니즘은 어떤 휴머니즘을 주장할 수 있을 것인가?

이 질문과 관련하여 마사 누스바움은 후세대 페미니스트들이 거의 폐기처분해버린 자유주의 페미니즘의 전통을 물려받아서 재활용하고자 한다. 마사 누스바움은 포스트휴머니즘 시대에 들어와서 찾아보기 힘든 주장들, 즉 인간의 존엄성, 인간의 보편적 가치와 품위를 거듭 주장한다. 21세기에 이르러 휴머니즘이 인간중심주의여서는 안된다는 점을 잘 알고 있는 '자유주의' 페미니스트로서 그녀가 주로 다루는 주제는 '정의의 영토'이다. 그녀가 주장하는 사회정의는 인간뿐만 아니라 동물에 대한 정의, 지구적 정의global justice로 확장된 것이다. 지구촌의 모든 존재가 공존할 수 있는 가능성을 모색하는 것이 그녀가 주장하는 새로운 휴머니즘이다. 인간과 동물이 서로에게 정의로울 수 있는 것이 휴머니즘으로서 페미니즘이다. 이제 페미니즘은 계급, 인종, 젠더차별에 저항할 뿐만 아니라 종차별을 지양하기 위한 운동인 셈이다.

그녀의 휴머니즘은 생명있는 모든 존재와의 공감과 공존을 역설한다. 그녀는 동물 종에게도 '정의의 영토'가 확장되어야 한다고 강조한다. 루소가 말했다시피 인간에게는 타자의 고통을 상상할 수 있는

8. N. Katherine Hayles, "Virtual Bodies and Flickering Signifier", *How We Became Posthuman: Virtual Bodies in Cybernetics, Literature and Informatics*, Chicago: University of Chicago, 1999.

능력이 있다. 인간뿐만 아니라 다른 종種의 고통까지 상상할 수 있어야
한다고 주장한 사람이 제레미 벤담Jeremy Bentham이다. 벤담은 이성, 언
어의 유무에 따라 인간과 동물을 위계적으로 차별화하지 않는다. 그는
고통담론에 의거하여 종차별주의speciesism에 반대했다. 벤담에게 모든
생명체의 목적은 고통을 피하고 쾌락을 최대화하는 데 있다. 고통의
유무에 따라 불/행을 측정하고자 했던 그의 공리주의에 따르면, 인간
과 다른 종이라고 하여 그들에게 고통을 가하는 것은 사회전체의 행복
을 감소시키는 행위다. 인간이나 마찬가지로 동물도 고통을 느낀다.9
고통담론에 주목한 벤담이 보기에, 인간이 타자로서의 동물에게 고통
을 가할 권리는 어디에도 없다.

피터 싱어Peter Singer와 같은 동물해방론자들 또한 동물의 해방에
대한 근거를 고통에서 찾는다. 그는 인종차별주의, 성차별주의, 종차
별주의를 동궤로 놓는다.10 사람들은 피부색이 다르다는 이유로 인종
차별racism을 하고, 성별이 다르다는 이유로 성차별sexism을 하고, 자신과
종이 다르다는 이유로 종차별을 해왔다. 메리 울스톤크레프트가 『여
성의 권리옹호』를 출간했을 때, 그 책을 패러디하여 『짐승의 권리
옹호』라는 책이 익명으로 출판되었다. 그 책은 여성이 남성과 평등하
다고 주장한다면 개나 고양이도 인간과 더불어 평등하다고 말해야

---

9. Jeremy Bentham, *An Introduction to the Principles of Morals and Legislation*, ed. J.
   H. Bums and H. L. A. Hart(London: Methuen, 1982). Chapter 17, section, 1. 전문은
   다음 웹사이트에서 찾아볼 수 있다. "Classical Utilitarianism Web site", http://www.la.utexas.
   edu/research/poltheory/bentham/ipml/
10. 피터 싱어, 『동물해방』, 김성환 옮김, 인간사랑, 2005, 1장 참조.

하지 않겠는가라고 비꼬고 있다. 그런데 지금 동물해방론자들은 바로 그 '짐승의 권리 옹호'를 진지하게 주장하고 있다.

인간중심주의의 폭력성을 해체하려고 했던 해체철학자 자크 데리다는 서구철학자들, 즉 데카르트, 칸트, 하이데거, 라캉, 심지어 레비나스에 이르기까지 '동물에 의해 보여지는' 인간주체를 상정한 적이 없다고 말한다.[11] 동물에 의해 보여지는 절대적 수동성과 마주하면서 인간이 느끼는 부끄러움이 인간을 인간이도록 만들어준다고 데리다는 말한다. 원죄 이전에는 벌거벗음은 없었다. 동물의 벌거벗음은 자연이지 벌거벗음이 아니다. 로고스 이전, 원죄 이전을 환기시키는 동물이라는 타자 앞에서 인간은 자신의 벌거벗은 동물성에 '깊은 슬픔'과 수치심을 맛보게 된다. 데리다는 자기 고양이의 보는 시선 속에서 자신의 벌거벗겨짐을 보고 아찔한 현기증을 느낀다.

하지만 자신을 비추는 거울로서의 동물을 전부 학살한 지금, 인간은 어디서 자신의 부끄러움을 성찰할 수 있는 거울을 만나게 될까? 종차별/젠더차별적인 육식이성중심주의carnologocentrism는 타자를 잡아먹고 삼켜서 '나로 동화시키는 문화이다. 육식이성중심주의는 동물을 완전히 박멸해버렸다. 동물은 이제 동물원에 가지 않는 한 만날 수 없다. 동물로서의 인간의 모습을 비쳐줄 거울은 사라졌다. 자기모습을 비쳐줄 대상을 잃어버린 인간이 자신을 회복할 수 있을까? 그것이 문제다.

마사 누스바움이 말하는 '동물에게 정의'는 데리다 식의 철학적,

---

11. 자크 데리다, 「동물, 그러니까 나인 동물」, 최성희·문성원 옮김, 『문화과학』, 통권 76호, 321쪽.

시적 사색에서 비롯된 것은 아니다. 자유주의자 입장에서 그녀는 동물 해방론자들처럼 동물의 권리 자체가 인간에게 양도할 수 없는 자연권임을 인정해야 한다[12]고 주장한다. 존 로크가 인간의 양도할 수 없는 자연권으로 생명권, 자유권, 행복추구권을 꼽았다면, 그런 자연권은 동물에게도 확장되어야 한다는 것이다. 인간이 아닌 동물도 건강한 환경 속에서 마음대로 움직일 자유, 건강하게 자기 종을 번식할 권리, 풍요롭게 살 복지권[13]이 있다고 보기 때문이다. 동물은 단지 고통받지 않아야 한다는 차원이 아니라, 동물로서의 자기능력을 발휘하면서 자유롭게 움직일 수 있는 동물공동체에서 번창할 권리가 있다고 그녀는 역설한다.

3. 서사적 상상력

동물을 포함하여 고통받는 타자의 고통을 느낄 수 있으려면 무엇보다 자신을 타자의 자리에 세울 수 있는 상상력이 필요하다. 마사 누스바움은 그것을 서사적 상상력이라고 일컫는다. 인간은 이야기, 시, 소설, 오페라 등의 예술작품과 이야기를 통해 남들과 소통하고 공감한다. 하지만 누구나 고통 받으면 힘들다는 사실에 공감하기란

---

12. Keith Tester, *Animal and Society: The Humanity of Animal Rights*, London: Routledge, 1991 참조.
13. 에스트라 테일러 엮음, 「마사 누스바움: 정의」, 『불온한 산책자』, 한상석 옮김, 이후, 2012 참조.

생각만큼 쉽지 않다. 만인이 평등하다는 사실을 받아들이는 것은 생각만큼 쉬운 것도 자명한 것도 아니다.『빌러비드』가 보여주었던 것처럼, 흑인노예제도는 흑인을 인간이하의 동물로 취급함으로써 죄의식 없이 그들을 부리고 죽이고 학살할 수 있었다. 데카르트가 동물은 고통을 느끼지 못하는 자동기계이므로 인간이 얼마든지 부려도 된다고 보았던 것처럼, 백인노예주들은 자동기계로서 흑인노예들은 고통조차 못 느끼는 것으로 취급했다. 린 헌트Lynn Hunt가 주장하다시피14 흑인노예도 다 같은 인간임을 알려준 것은『톰 아저씨의 오두막』과 같은 당대의 '감상적인' 베스트셀러 대중소설이었다. 인간은 누구나 동등한 존재이며 그 자체로 존엄하다는 생각은 민주적인 시민을 형성하는 데 필수적이며 그런 자질을 향상시키는 데 문학적 상상력은 필수적이다.15 아이히만이 괴물이 되었던 것은 타인의 고통을 상상할 수 있는 능력이 완전히 결여되었기 때문이었다. 문학적 상상력은 타인에 대한 배려와 이해, 도덕적 감정을 키우는 밑거름이 된다. 그러므로 누스바움에게는 타자에게 감정이입할 수 있는 서사적 상상력이야말로 타자를 이해하는 데 필수적인 덕목이 된다.

누스바움이 설파하는 타자와의 공존에 대한 상상력은 정치적으로 민주주의에 바탕할 뿐만 아니라 국민국가 차원을 넘어서 있는 것이다. 타자의 고통을 배려할 수 있는 상상력은 국가의 경계선에 편협하게 머물러 있어서는 불가능하다. 그래서 누스바움에게 페미니즘은 휴

14. 린 헌트,『인권의 발명』, 전진성 옮김, 돌베개, 2009.
15. 마사 누스바움,『공부를 넘어 교육으로』, 우석영 옮김, 궁리, 2012.

머니즘일 뿐만 아니라 세계시민주의cosmopolitanism여야 한다. 세계시민주의적인 입장에 설 때라야만 지구적 정의를 실현할 수 있는 가능성이 열린다. 이런 지구적 정의의 실현은 단지 젠더 범주만으로는 실현불가능하다. 따라서 사소한 정체성(젠더, 섹슈얼리티, 종교의 정체성과 같은 개인적인 정체성뿐만 아니라 국가의 일원이라는 국가적 정체성을 포함하여)의 정치에 함몰되지 않으려면 '추상적 보편성'에 입각해야한다.16 이런 주장이야말로 근대적 자유주의가 보여준 혁명정신이었다는 것이다.

누스바움에 따르면 서사적 상상력을 통해 타자를 이해할 수 있는 공감능력이 '법' 안에 포함되어야만 사회정의가 실현될 수 있다. 그것이 누스바움이 말하는 법 안에 실현된 시적 정의다. 사회적 약자에 대한 '동등한' 배려가 가능할 때 민주주의적인 인간성이 실현된다. 그러기 위해서는 감성과 공감을 여성의 영역이자 사적 영역으로 배제할 것이 아니라 법이라는 공적 영역에 포함시켜 보편적 정의의 요소로 파악해야 한다. 그러므로 시인과 법관을 동일시해야 한다는 그녀의 주장은 법과 예술의 관계를 새롭게 정립하려는 야심찬 기획17으로 보아야 할 것이다.

그녀의 보편적 세계시민주의에 따르면 국가의 이해관계에 완전히 종속되는 맹목적 애국심에서 벗어나야 하고, 그럴 때 지구적 정의

---

16. Martha C. Nussbaum, *Sex& Social Justice*, New York: Oxford University Press, 1999, pp. 3-25 참조.

17. Martha C. Nussbaum, "Democratic Citizenship and the Narrative Imagination", *Cultivating Humanity*, New York: Harvard University Press, 1998.

를 실현할 수 있는 세계시민의식은 확보된다. 타고르에게 지대한 영향을 받은 그녀는 지금과 같은 국민국가의 이해관계와 편협한 애국심에서 벗어나 추상적 보편성의 입장에 설 수 있을 때, 이웃 나라 혹은 다른 나라들에게 공정할 수 있는 글로벌 정의가 가능하다고 주장한다.18 그렇게 하려면 정치에 마땅히 사랑의 감정이 포함되어야 한다.

그렇다면 우리가 어떻게 그런 품위 있고 교양 있는 세계시민이 될 수 있다는 것일까? 시민, 국민으로 자신을 정체화해 주는 국가를 초월하여 어떻게 보편적인 정의의 편에 설 수 있다는 것인가? 아담 스미스 이후로 인간은 욕망하는 존재이며 자신의 이해관계를 끝까지 관철시킬 수 있다는 점에서 합리적인 존재라고 배워오지 않았던가? 폭력적이고 이기적인 인간이 젠더, 계급, 인종, 종교, 국가의 이해관계를 떠나서 중립적이고 보편적인 지구적 정의의 입장에 어떻게 설 수 있다는 것인가?

4. 혐오에서 벗어나 인류애로

그녀는 인간이 존엄성을 회복하려면 혐오감에서 벗어나 인류애의 정치politics of humanity로 나아가야 한다고 역설한다. 그녀가 말하는 인류애의 정치는 호기심과 조율과 존중이 서로 조화를 이루는 정치적 태도를 의미한다. 로마의 철학자 키케로Marcus Tullius Cicero는 그것을 라

---

18. 마사 누스바움, 『공부를 넘어 교육으로』, 우석영 옮김, 궁리, 2011, 145-146쪽.

틴어로 후마니타스humánitas라고 명명했으며, 18세기 아담 스미스Adam Smith는 그것을 '고통받는 타인들에 대한 관대하고 유연하게 참여할 수 있는 공감 능력'[19]으로 기술한다.

인류가 다시 한 번 품위 있는 세계시민이 되려면 나쁜 감정들을 절제할 수 있는 인문학적인 시민정신을 함양해야 한다는 대답을 그녀는 내놓는다. 누스바움은 이성적이고 합리적이며 책임지는 자유주의적 개인을 주장하면서도, 이성이 감정을 억압하는 것이 아니라 이성과 감정이 공존하는 조화로운 자아를 주장한다. 따라서 누스바움에게 정의롭고 공정한 사회를 지향하는 데 가장 위험한 두 가지 도덕적 감정은 혐오감disgust과 수치심shame이다. 이 두 가지 감정은 원초적 형태로 유년기에 발생하며, 인간 육체의 결함, 필멸성, 나약함, 의존성에서 비롯된다. 인간의 삶이 보여주는 이런 특징들은 야심차고 지적인 존재들에게는 견디기 힘든 것들이며, 도덕적인 삶을 위협하는 원천이 된다. 혐오감은 보이는 동물적인 육체의 악취와 부패에 대한 거부반응으로 드러난다. 하지만 일반적으로 그 정도에서 끝나지 않는다. 왜냐하면 사람들은 "냄새나는 놈, 끈적거리는 놈, 역겨운 놈" 등으로 부르면서 자기 육체에 대해 자신이 느끼는 불쾌함을 투사할 다른 인간 집단을 찾기 때문이다. 많은 경우의 인종적 증오와 대부분의 여성혐오증에는 그런 요소들이 들어있다.

수치심은 더욱 복잡하다. 그녀가 '원초적 수치심primitive shame'이라

---

19. Martha Nussbaum, *From Disgust to Humanity*, New York: Oxford University Press, 2010, p. xviii.

고 부르는 수치심이 있다. 이 유형은 우리가 타인을 필요로 한다는 바로 그 사실에서 비롯된 수치심인 바, 바위처럼 단단한 형태의 불사신을 추구하면서 그것을 남자다움manliness이라고 칭하는 데서 비롯된 수치심이다. "진짜 사나이"가 완벽하게 자족적인 존재라고 한다면, 그것에 미흡한 어떤 형태의 나약함이나 부족함은 훼손된 남성성의 표시가 된다.

인도에서의 종교적 폭력에 관한 최근의 연구에서[20] 누스바움은 2002년 구자라트Gujarat 학살과 그 밖의 다른 곳에서 일어났던 학살에서, 호전적인 힌두인들이 무슬림들에게 가한 폭력 사건에서 수치심이 중요한 작용을 했다는 점을 발견했다. 힌두 남성들은—처음에는 무슬림들에게, 다음은 영국인들에게 당한—수세기 동안의 굴욕을 이야기로 후세대에게 대물림한다. 자신들의 사내다움이 훼손당했다는 집단의식으로 인해 그들의 이야기는 세대를 통해 전해져 내려간다. 그들은 자랑스러운 미래의 조국 건설은 성공적인 저항을 통해 자신들에게 굴욕감을 안겨주었던 사람들을 그 땅에서 깨끗이 몰아낼 때 가능한 것으로 보았다. 힌두인의 명예와 민족적 자긍심이 드높아질 때 그런 미래의 국가가 도래하리라 희망하면서 말이다. 그런 이야기는 무슬림 남성들에 대한 폭력뿐만 아니라, 이 학살에서 희생자가 되었던 많은 무슬림 여성들에게의 성폭력을 부추기는 커다란 요인이 되었다고 누스바움은 지적한다.

---

20. Martha Nussbaum, *The Clash Within: Democracy, Religious Violence, and India's Future*, Cambridge, MA: Harvard University Press, 2007, chapter 6 참조.

섹슈얼리티의 문제에서도, 이성애가 지배적인 사회에서는 동성애자로 하여금 자신이 동성애자라는 사실 때문에 스스로 수치심을 느끼도록 만든다. 이것은 동성애에 대한 혐오감을 동성애자 스스로 내재화하지 않을 수 없기 때문에 발생하는 수치심이다. 게이를 낙인으로 만드는 사회에서 게이들은 그런 사회적 시선을 내재화할 수밖에 없다. 이처럼 혐오감은 타인의 인간성을 부정하는 것이다.

누스바움에 의하면 혐오감은 도덕적 둔감함에서 비롯된다. 도덕적으로 둔감한 사람은 타인을 지저분한 굼벵이들이나 역겨운 쓰레기로 간주한다. 그런 사람은 타자의 눈으로 경험하고 느끼고 세계를 보려는 '서사적 상상력'이 결핍되어 있다. 그들은 상상력을 통해 타인의 입장에 서 보려고 노력하지 않는 지적으로 게으르고 둔감한 사람들이다. 둔감한 사람들은 법과 질서를 문자적으로 따른다. 그들에게는 타인의 입장에 자신을 세울 수 있는 능력이 없기 때문에 법과 질서의 이름으로 무슨 짓이든 냉정하게 실행할 수 있다. 혐오감은 타인을 비인간으로 간주하는 것이다. 그것은 인간을 인간 이하로 보는 태도이다.

그렇다면 타인을 어떻게 인간으로 볼 수 있는 능력이 생기는가? 루소도 말했다시피 그것은 상상력을 통해 타인의 입장에 자신을 놓는 것이다. 인류애는 자동적으로 드러나는 것이 아니다. 인간을 수단이 아니라 목적으로 대하라는 칸트의 정언명령은 교육에 의해 습득되는 능력이다. 그녀에 따르면 사람에 대한 존중은 상상력 없이는 불가능하다. 오로지 상상력만이 차갑고 추상적인 도덕과 법이라는 범주를 우리가 함께 할 수 있는 어떤 것으로 변화시킨다. 그래서 문학을 통해

서사적 상상력을 발휘하는 것이야말로 사회정의에 필수적이다. 누스바움에 의하면 인간을 존중할 수 있는 교육은 다름 아닌 인문학을 통해서 성취될 수 있다. 이익을 위한 교육이 아니라 민주주의를 위한 교육에 인문학은 필수적이다.[21] 그것이 인문학이 존재해야 할 이유이고 페미니즘이 당파적인 젠더의 이해관계를 초월하여 인문학과 동맹을 맺어야 하는 이유이기도 하다.

5. 사랑의 취약성에 열리기

앞서 누스바움이 언급했다시피 혐오감은 인간이 자신의 허약함을 인정하지 않을 때 나온다. 그래서 누스바움은 『향연』을 읽으면서, 소크라테스가 주장하는 사랑의 영원불멸성이 아니라 알키비아데스가 경험하는 사랑의 허약성에 주목한다.[22] 플라톤의 『향연』에 대한 관심은 주로 아리스토파네스의 사랑론과 소크라테스의 입을 빌어서 말하는 디오티마의 사랑에 집중되어 있었다. 반면 알키비아데스의 사랑 이야기는 거의 주목받지 못했다. 그런데 누스바움은 인간의 허약성, 바로 그 점을 인정할 때 사랑이 가능하다는 것을 보여주기 위해 알키비아데스의 사랑을 재해석한다.

---

21. 마사 누스바움, 『공부를 넘어 교육으로』, 2장 「이익을 위한 교육, 민주주의를 위한 교육」 참조.
22. Martha Nussbaum, *The Fragility of Goodness*, New York: Cambridge University Press, 1986, 6장 'The Speech of Alcibiades: A Reading of the Symposium' 참조.

그리스 고전철학의 전공자인 누스바움은 『향연』의 맥락까지 상세하게 분석한다. 알키비아데스 당대의 아테네 극작가들이 그를 보는 관점은 정치적 입장에 따라 복잡했다. 아리스토파네스는 자신의 희극 『개구리』에서 그 당시 아테네에 정치적 자유, 언론의 자유가 말살되고 있다는 공포를 드러내고 있다. 아테네 사람들이 정치적 불안과 비탄에 빠져 있을 때 마지막 정치적 희망이 알키비아데스였다. 『개구리』에서 알키비아데스는 핵심적인 등장인물이며, 아테네가 그를 갈망하고 있는 것으로 묘사된다. 플루타르크는 알키비아데스가 살아있는 한 민주주의에 대한 희망의 불씨가 미약하나마 살아날 것이라고 고대한다. 아테네는 그를 사랑했지만 혐오했고 결국 그를 추방했으면서도 그리워한다. 에이스킬로스는 알키비아데스의 귀환을 간절히 바란다.23 반면 유리피데스는 알키비아데스를 자기중심적이고 쓸모없는 인간으로 비난한다. 이처럼 알키비아데스는 아테네의 민주주의를 상징하는 복잡한 인물이었다.

『향연』에서 소크라테스의 사랑의 비상ascent of love을 가장 비판한 사람이 아리스토파네스와 알키비아데스였다. 아리스토파네스는 코믹한 버전으로, 알키비아데스는 비극적 버전으로 소크라테스의 사랑을 비판한다. 알키비아데스는 소크라테스처럼 진리의 영원불멸성을 향해 나가는 사다리로 사랑을 활용하지 않는다. 그는 자신의 직접적인 경험을 통해 에로스가 무엇인지 이야기한다. 그에 의하면 특별한 삶에 대한 열정을 배우는 것이 사랑이다. 알키비아데스는 추상화된 불멸의

---

23. Martha Nussbaum, *Ibid.*, pp. 169-171.

에로스가 아니라 육신을 가진 구체적인 사랑을 말한다. 아름다운 청년이었던 그는 소크라테스에 대한 절절한 사랑을 토로한다. 그는 사랑 일반에 관해 이야기하지 않는다. 소크라테스에 대한 사랑은 세상에서 가장 고유한 사람에 대한 사랑이므로 일반화할 수 없다. 알키비아데스의 이야기는 자존심이 상해서 상처입고 때로는 더듬거리고 때로는 길을 잃고 이야기에 일관성도 없다.

알키비아데스의 소크라테스에 대한 사랑은 현자이자 철학자에 대한 사랑이기에 앞서 동성애이다. 그리스 동성애에서 소년에게 삽입 성교는 허용되지 않았다. 성인이 소년을 착취의 대상으로 삼아서는 안 된다는 이유에서다. 사랑받는 소년eromenos은 자극해도 흥분이 되지 않을 정도로 자제력을 갖춰야 명예가 유지된다. 푸코가 지적하듯이[24] 장차 국정을 책임져야 할 젊은 세대가 나이든 남성의 매춘대상이 된다면 그들에게서 어떤 윤리적 덕목과 책임감을 거론할 수 있겠는가. 바로 그런 이유로 소년은 성적 흥분을 절제하고 자기 단련을 해야 하는 것으로 설정되었다.

알키비아데스는 젊은 시절 사랑의 유혹으로 명예를 저버린 적이 없었고, 그런 의미에서 자제력을 충분히 갖추고 있었다. 그런데 소크라테스를 만나는 순간 모든 것이 달라진다. 그는 자존심도 명예도 팽개치고 소크라테스에게 매달린다. 그에게 사랑의 경험은 소크라테스가 말하듯 추상적인 불멸성, 영원성을 향해 나아가는 사랑의 비상이 아니라 갑작스런 열림이자 열고 싶은 압도적인 열정이다. 그의 사랑

---

24. 푸코, 『성의 역사』 제2권 『쾌락의 활용』, 문경자·신은영 옮김, 나남, 1990, 222-243쪽 참조.

앞에서도 전혀 흔들림 없는 소크라테스가 그를 사랑의 약자로 만든다. 소크라테스에게 이끌리는 자신의 귀를 막고 세이렌을 피하듯 도망치려고도 한다. 그렇게 하지 않으면 평생 그로부터 벗어날 수 없을 것 같아서였다고 고통스럽게 고백한다. 소크라테스는 그에게 수치심을 느끼도록 한 유일한 사람이었다. 때로는 소크라테스가 차라리 죽어버렸으면 했다는 그의 발언은 상대를 열고 싶은 욕망으로 허기져 있음을 보여준다. 타자를 열고 싶다는 욕망은 근본적으로 성적인 이미지이다. 자신의 미모에 대한 자부심과 그로 인한 허영심은 줄어들었지만 소크라테스에 관해서 진실을 알고 싶은 그의 욕망과 호기심은 줄어들지 않는다. 비록 소크라테스의 외모는 추할지라도 그 내면에 있는 아름다움을 열고 싶은 알키비아데스의 욕망, 그것은 성적인 것이기도 하고 지적 호기심이기도 하다. 그것은 틈새를 열고 그 갈라진 틈으로 은밀한 내면을 들여다보고 알고 싶은 욕망이다. 이렇게 본다면 성적인 욕망과 지식에 대한 욕망은 겹쳐진다.

여기서 누스바움은 연인에 대한 이해는 감각, 정서, 지성의 미묘한 상호작용으로 획득되는 것이라고 주장한다. 추상적인 지식(사랑을 통해 영원불멸성에 도달하려는 소크라테스의 욕망)과 감각적인 접촉과 정서적인 친밀함에 의해 경험된 지식으로서 알키비아데스의 사랑은 대립적인 것이 아니다. 반면 소크라테스는 목석이고, 남들도 목석으로 만든다. 그로 인해 알키비아데스는 상처입고 수치심을 느끼고 자신의 허약함을 인정하게 된다. 그는 사랑으로 인해 조롱받고 명예는 실추된다. 그는 사랑의 유혹에 흔들리지 않는 소크라테스로 인해 고통받고 상처받지 않을 수 없다.

사랑은 이처럼 취약성에서 나온다. 서로에게 취약해지지 않는다면 서로를 사랑할 수 없다는 것이 누스바움의 주장이다. 누스바움은 알키비아데스를 통해 사랑의 완전성이 아니라 사랑의 취약함을 주장한다. 알키비아데스는 소크라테스로 인해 처음으로 좌절하고 수치심을 느끼고 분노한다. 자기 의지의 허약함에 좌절한다. 자기는 사티로스처럼 생긴 이 추남을 왜 사랑하는가? 혹은 추남인 소크라테스를 자신뿐만 아니라 아테네의 모든 꽃미남들이 왜 하나같이 사랑하는가? 그것이 알키비아데스의 의문이었다. 『향연』에서 보면 소크라테스는 바위처럼 단단한 몸, 사랑의 유혹에 동요하지 않는 고결성, 군사적 용맹함을 전부 갖추고 있는 인물이다. 그런 소크라테스가 추구하는 것은 불멸성(진리의 불멸성)이자 완전성이다. 누스바움은 그런 바위 같은 단단함이 남성다움으로 쉽게 연결되고, 남성 자신이 가진 취약성은 여성적인 것으로 투사하게 된다고 지적한다. 그러므로 그녀는 인간의 자율성, 총체성, 영원성을 말할 것이 아니라 인간의 원초적 의존성, 허약성, 유한성을 인정하는 것이 필요하다고 주장한다.

『향연』에서 소크라테스는 불멸성을 논리적으로 입증하는 것이 아니라 비유적으로 입증한다. 이데아의 세계에서나 있을 법한 영원불멸성을 이해시키기 위해 그는 여성의 생식능력을 끌고 들어온다. 사랑에도 여러 단계가 있으므로 사다리를 타고 올라가는 사랑의 비상을 통해 우리는 불멸성에 이르게 된다. 육체적인 불멸성을 유지하는 것이 자손생산이다. 여기서 한 단계 더 비상하면 영혼의 불멸성에 이르게 된다. 그것은 여성 육체의 유한한 생식능력을 바탕으로 하여 남성의 완전성, 영원성을 구축하는 방식과 다르지 않다.

한국사회에서 여성 혐오와 모멸을 널리 유포하고 있는 '일베'는 공감을 '좋아요' 대신 '일베로'라고 표시한다. 그들은 반감(비호감)을 '민주화'로 번역한다. 그들에게 민주화는 가장 경멸스럽고 적대적인 개념이다. 이런 시대에 예술작품을 읽고 인문학을 공부하면서 자유민주주의적인 열정으로 인류애를 회복할 수 있을 것이라고 주장하는 마사 누스바움의 입장은 대단히 소박해 보인다.

하지만 누스바움의 주장은 '뉴 노멀new normal'의 시대에 어울리는 젠더 정치이론처럼 보인다. 그것은 갈등보다는 조화, 반발보다는 연민을 강조하는 것이다. 2008년 금융위기 발생 이전에는 신자유주의적인 경제정책을 기반으로 한 자유무역과 규제완화가 경제적인 표준normal이었다면, 2008년 금융위기 이후 정부·가계·기업에 광범위하게 나타나는 3저 현상, 즉 저성장, 저소득, 저수익이 새로운 표준new normal이 되고 있다. '신자유주의로는 더 이상 안돼'라는 분위기가 출몰하면서, 정부가 시장에 다시 강력하게 개입해야 한다는 목소리가 나오고 있다. 노조는 투쟁이 아니라 기업가의 고충에 공감을 표시해야 한다. 사람들은 일자리를 잃지 않기 위해 알아서 임금을 동결하거나 삭감하면서 일자리를 나누는 것에 동의해야 한다. 동일노동, 동일임금, 성별고용평등의 요구는 기꺼이 포기해야 한다. 청년들은 비정규직을 이제 당연히 받아들이고, 무급인턴이라고 좋으니 그저 출근할 수 있는 직장이 있다는 사실에 안도해야 한다. 미래를 계획할 수 없을 만큼 삶은 불확실해졌다. 이제 사람들은 사회 정의를 요구하기보다 체념한다. 이렇게 하여 양극화 시대 삶의 보수화는 급격히 진행된다.

이런 시대에 걸맞는 이론이 누스바움의 사랑, 연민, 공감에 바탕한 자유주의 페미니즘처럼 보인다. 그녀가 주장하는 연민의 윤리학은 사회적 연대보다 사적인 연민에 호소한다. 경제적 공포는 개인적 '역량강화'로 해소하고 법적 정의는 '시적 정의'에 호소하고 정치적 부패는 '정치적 감정'에 맡기고 젠더불평등은 자유주의 휴머니즘에 의지하라고 그녀는 설득한다. 페미니즘은 가부장제에 분노하기보다 연민할 때 인류애에 이르게 될 것이라고 누스바움은 강조한다. 사회적 약자들에게 오히려 강자를 연민하도록 하고 강자에게는 관용을 설득한다. 그것은 가진 것 없는 자들의 감정자본 마저 강자에게 자발적으로 갖다 바치도록 순치시킨다. 그녀가 말하는 인문학의 역할 또한 순치기능을 담당한다.

누스바움의 인문학적 페미니즘은 이미 실험이 끝난 것처럼 보이는 교양 있는 자유주의의 시민적 이상에 바탕하고 있다는 점에서 문제적이다. 그녀가 주장하는 품위 있고, 교양 있는 보편주체는 백인남성 부르주아의 이상이라는 점을 많은 페미니스트들이 누누이 지적해왔다. 누스바움은 바로 그런 이상을 버릴 것이 아니라 젠더를 넘어서 그런 이상적 자아를 재활용해야 한다고 주장한다. 그녀의 입장에서 보자면 페미니즘의 편협성은 목욕물을 버리려다가 아이까지 내다버리는 우를 범하고 있다는 것이다.

마지막으로 누스바움의 주장을 요약하자면, 인간의 얼굴을 한 페미니즘은 열정과 사랑을 회복하고, 탈이해관계를 추구하는 방향으로 나가야 한다는 것이다. 인간은 사랑하는 동물이다. 섬처럼 고독하고 자유로운 개인들이 세계와 조우하고, 세계를 발명하고, 세계에 대해 책임지는 것은 '사랑'을 통해서이다. 불확실성의 시대를 살고 있는 우리가 사랑을 바탕으로 타인들과 함께 산출한 세계만이 우리가 접근할 수 있는 세계이며, 따라서 이 세계에 대해 우리는 책임을 져야 한다는 것이다. 결국 그 책임은 자유로운 개인으로서 인간 혹은 여성이 짊어져야 한다. 그녀의 입장은 한 번도 성취된 적이 없었던 근대성의 약속과 다르지 않다. 그런 약속을 어떻게 실현시켜 나갈 것인지는 결국 도래할 시대의 페미니스트들에게 주어진 과제인 셈이다.

감사의 글

여기 실린 글들은 기존에 발표한 것들도 있지만 이 책의 기획의 도에 맞춰서 대부분 수정되었다. 그러다보니 자기복제와 자기인용으로 인해 조각보처럼 얼룩덜룩해졌다. 남의 말을 '무의식적으로' 훔쳐와서 나의 말처럼 사용한 것도 많을 것이다. 지적 정직성을 위배한 것일 수 있지만, 다중지성시대이므로 엄격한 지적 소유권을 주장하는 것 자체가 그다지 의미가 없다는 변명으로 자신에게 면죄부를 주고 있다. 이 글들은 여성문화이론연구소 정신분석 세미나가 없었더라면 상상조차 하지 못했을 것이다. 15년 동안 함께 세미나를 진행하면서, 시대적 맥락에 따라 논의되었던 문제들에 대해 정신분석 세미나회원들, 여성문화이론연구소 회원들과 나눴던, 말의 성찬과 언어적 선물의 결과물이다. 여성적 목소리를 찾기 위한 꾸준한 노력들, 자신들이 가진 것들(언어, 지식, 정보, 애정 등)을 기꺼이 선물로 나누어준 회원들의 넉넉함이 없었더라면, 길 위에서 여태까지 버텨내기 힘들었을 것이다. 월요일 독서클럽 회원들에게 고맙기 그지없다. 여기에 인용된 소설들은 거의 모두가 월요일 독서클럽회원들과 함께 읽었던 작품들이다. 그곳에서 함께 토론하면서 나왔던 이야기들을 마치 내 것인 것처럼 인용부호도 없이 활용한 것들도 많을 것이다. 여러모로 감사드린다. 이 원고를 자세히 읽고 자상하게 코멘트해준 이경 선생님께 감사드린다. 이번 학기에 페미니즘 공부를 함께 한 대학원 학생들에게도 감사한다. 새로운 세대들의 새로운 고민과 논의들이 나에게 신선한 자극이 되었다. 열악하기 그지없는 환경 속에서 작업을 해준 여이연 사미숙 편집장에게 감사한다. 이 모든 사람들의 도움이 없었다면 보잘 것 없는 책이나마 결과물로 내놓지 못했을 것이다.